TRANZLATY

El idioma es para todos

Η γλώσσα είναι για όλους

El llamado de lo salvaje

Το Κάλεσμα της Άγριας Φύσης

Jack London
Τζακ Λόντον

Español / ελληνικά

Hacia lo primitivo
Στο Πρωτόγονο

Buck no leía los periódicos.
Ο Μπακ δεν διάβαζε εφημερίδες.
Si hubiera leído los periódicos habría sabido que se avecinaban problemas.
Αν είχε διαβάσει εφημερίδες, θα ήξερε ότι θα υπήρχαν προβλήματα.
Hubo problemas, no sólo para él sino para todos los perros de la marea.
Υπήρχαν προβλήματα όχι μόνο για τον ίδιο, αλλά για κάθε σκύλο της παλίρροιας.
Todo perro con músculos fuertes y pelo largo y cálido iba a estar en problemas.
Κάθε σκύλος με δυνατούς μύες και ζεστό, μακρύ τρίχωμα θα είχε μπελάδες.
Desde Puget Bay hasta San Diego ningún perro podía escapar de lo que se avecinaba.
Από το Πιούτζετ Μπέι μέχρι το Σαν Ντιέγκο, κανένα σκυλί δεν μπορούσε να ξεφύγει από αυτό που ερχόταν.
Los hombres, a tientas en la oscuridad del Ártico, encontraron un metal amarillo.
Άντρες, ψάχνοντας στο σκοτάδι της Αρκτικής, είχαν βρει ένα κίτρινο μέταλλο.
Las compañías navieras y de transporte iban en busca del descubrimiento.
Ατμοπλοϊκές και μεταφορικές εταιρείες κυνηγούσαν την ανακάλυψη.
Miles de hombres se precipitaron hacia el norte.
Χιλιάδες άντρες έσπευσαν στη Βόρεια Χώρα.
Estos hombres querían perros, y los perros que querían eran perros pesados.
Αυτοί οι άντρες ήθελαν σκυλιά, και τα σκυλιά που ήθελαν ήταν βαριά σκυλιά.
Perros con músculos fuertes para trabajar.
Σκύλοι με δυνατούς μύες για να μοχθούν.

Perros con abrigos peludos para protegerlos de las heladas.
Σκυλιά με γούνινο τρίχωμα για να τα προστατεύει από τον παγετό.

Buck vivía en una casa grande en el soleado valle de Santa Clara.
Ο Μπακ έμενε σε ένα μεγάλο σπίτι στην ηλιόλουστη κοιλάδα της Σάντα Κλάρα.
El lugar del juez Miller, se llamaba su casa.
Το σπίτι του Δικαστή Μίλερ ονομαζόταν το σπίτι του.
Su casa estaba apartada de la carretera, medio oculta entre los árboles.
Το σπίτι του βρισκόταν μακριά από τον δρόμο, μισοκρυμμένο ανάμεσα στα δέντρα.
Se podían ver destellos de la amplia terraza que rodeaba la casa.
Μπορούσε κανείς να δει την πλατιά βεράντα που εκτεινόταν γύρω από το σπίτι.
Se accedía a la casa mediante caminos de grava.
Το σπίτι προσεγγιζόταν από χαλικόστρωτα μονοπάτια.
Los caminos serpenteaban a través de amplios prados.
Τα μονοπάτια ελίσσονταν μέσα από απέραντους χλοοτάπητες.
Allá arriba se veían las ramas entrelazadas de altos álamos.
Από πάνω υψώνονταν τα αλληλοσυνδεόμενα κλαδιά ψηλών λεύκων.
En la parte trasera de la casa las cosas eran aún más espaciosas.
Στο πίσω μέρος του σπιτιού τα πράγματα ήταν ακόμα πιο ευρύχωρα.
Había grandes establos, donde una docena de mozos de cuadra charlaban.
Υπήρχαν μεγάλοι στάβλοι, όπου μια ντουζίνα γαμπροί κουβεντιάζονταν
Había hileras de casas de servicio cubiertas de enredaderas.
Υπήρχαν σειρές από καλύβες υπηρετών ντυμένες με κλήματα

Y había una interminable y ordenada serie de letrinas.
Και υπήρχε μια ατελείωτη και τακτοποιημένη σειρά από
βοηθητικά σπίτια
Largos parrales, verdes pastos, huertos y campos de bayas.
Μακριές κληματαριές με σταφύλια, πράσινα λιβάδια,
οπωρώνες και χωράφια με μούρα.
Luego estaba la planta de bombeo del pozo artesiano.
Έπειτα υπήρχε η μονάδα άντλησης για το αρτεσιανό
πηγάδι.
Y allí estaba el gran tanque de cemento lleno de agua.
Και εκεί ήταν η μεγάλη τσιμεντένια δεξαμενή γεμάτη με
νερό.
**Aquí los muchachos del juez Miller dieron su chapuzón
matutino.**
Εδώ τα αγόρια του Δικαστή Μίλερ έκαναν την πρωινή τους
βουτιά.
Y allí también se refrescaron en la calurosa tarde.
Και δρόσησαν εκεί κάτω το ζεστό απόγευμα επίσης.
**Y sobre este gran dominio, Buck era quien lo gobernaba
todo.**
Και πάνω από αυτή τη μεγάλη επικράτεια, ο Μπακ ήταν
αυτός που την κυβερνούσε ολόκληρη.
Buck nació en esta tierra y vivió aquí todos sus cuatro años.
Ο Μπακ γεννήθηκε σε αυτή τη γη και έζησε εδώ όλα τα
τέσσερα χρόνια του.
**Efectivamente había otros perros, pero realmente no
importaban.**
Υπήρχαν πράγματι και άλλα σκυλιά, αλλά δεν είχαν
πραγματικά σημασία.
En un lugar tan vasto como éste se esperaban otros perros.
Αναμένονταν και άλλα σκυλιά σε ένα μέρος τόσο
απέραντο όσο αυτό.
**Estos perros iban y venían, o vivían dentro de las
concurridas perreras.**
Αυτά τα σκυλιά έρχονταν και έφυγαν ή ζούσαν μέσα στα
πολυσύχναστα κυνοκομεία.

Algunos perros vivían escondidos en la casa, como Toots e Ysabel.

Μερικά σκυλιά ζούσαν κρυμμένα στο σπίτι, όπως ο Τουτς και η Ίζαμπελ.

Toots era un pug japonés, Ysabel una perra mexicana sin pelo.

Ο Τουτς ήταν ένα ιαπωνικό πανκ, η Ίζαμπελ ένα μεξικανικό άτριχο σκυλί.

Estas extrañas criaturas rara vez salían de la casa.

Αυτά τα παράξενα πλάσματα σπάνια έβγαιναν έξω από το σπίτι.

No tocaron el suelo ni olieron el aire libre del exterior.

Δεν άγγιξαν το έδαφος, ούτε μύρισαν τον αέρα έξω.

También estaban los fox terriers, al menos veinte en número.

Υπήρχαν επίσης τα φοξ τεριέ, τουλάχιστον είκοσι τον αριθμό.

Estos terriers le ladraron ferozmente a Toots y a Ysabel dentro de la casa.

Αυτά τα τεριέ γάβγιζαν μανιασμένα στον Τουτς και την Ίζαμπελ μέσα στο σπίτι.

Toots e Ysabel se quedaron detrás de las ventanas, a salvo de todo daño.

Ο Τουτς και η Ίζαμπελ έμειναν πίσω από τα παράθυρα, ασφαλείς από κάθε κακό.

Estaban custodiados por criadas con escobas y trapeadores.

Τους φρουρούσαν υπηρέτριες με σκούπες και σφουγγαρίστρες.

Pero Buck no era un perro de casa ni tampoco de perrera.

Αλλά ο Μπακ δεν ήταν σκύλος σπιτιού, ούτε ήταν σκύλος κυνοτροφείου.

Toda la propiedad pertenecía a Buck como su legítimo reino.

Ολόκληρη η περιουσία ανήκε στον Μπακ ως νόμιμο βασίλειό του.

Buck nadaba en el tanque o salía a cazar con los hijos del juez.

Ο Μπακ κολυμπούσε στη δεξαμενή ή πήγε για κυνήγι με τους γιους του Δικαστή.

Caminaba con Mollie y Alice temprano o tarde.

Περπατούσε με τη Μόλι και την Άλις τις πρώτες ή τις τελευταίες ώρες.

En las noches frías yacía junto al fuego de la biblioteca con el juez.

Τις κρύες νύχτες ξάπλωνε μπροστά στη φωτιά της βιβλιοθήκης με τον Δικαστή.

Buck llevaba a los nietos del juez en su fuerte espalda.

Ο Μπακ πήγαινε βόλτα τα εγγόνια του Δικαστή στη γερή του πλάτη.

Se revolcó en el césped con los niños, vigilándolos de cerca.

Κυλίστηκε στο γρασίδι με τα αγόρια, φυλάσσοντάς τα στενά.

Se aventuraron hasta la fuente e incluso pasaron por los campos de bayas.

Τόλμησαν να πάνε στο σιντριβάνι και μάλιστα πέρασαν από τα χωράφια με τα μούρα.

Entre los fox terriers, Buck caminaba siempre con orgullo real.

Ανάμεσα στα φοξ τεριέ, ο Μπακ περπατούσε πάντα με βασιλική υπερηφάνεια.

Él ignoró a Toots y Ysabel, tratándolos como si fueran aire.

Αγνόησε τον Τουτς και την Ὑζαμπελ, φερόμενος τους σαν να ήταν αέρας.

Buck reinaba sobre todas las criaturas vivientes en la tierra del juez Miller.

Ο Μπακ κυβερνούσε όλα τα ζωντανά πλάσματα στη γη του Δικαστή Μίλερ.

Él gobernaba a los animales, a los insectos, a los pájaros e incluso a los humanos.

Κυριάρχησε πάνω σε ζώα, έντομα, πουλιά, ακόμη και ανθρώπους.

El padre de Buck, Elmo, había sido un San Bernardo enorme y leal.

Ο πατέρας του Μπακ, ο Έλμο, ήταν ένας τεράστιος και πιστός Άγιος Βερνάρδος.

Elmo nunca se apartó del lado del juez y le sirvió fielmente.

Ο Έλμο δεν έφυγε ποτέ από το πλευρό του Δικαστή και τον υπηρέτησε πιστά.

Buck parecía dispuesto a seguir el noble ejemplo de su padre.

Ο Μπακ φαινόταν έτοιμος να ακολουθήσει το ευγενές παράδειγμα του πατέρα του.

Buck no era tan grande: pesaba ciento cuarenta libras.

Ο Μπακ δεν ήταν τόσο μεγαλόσωμος, ζύγιζε εκατόν σαράντα κιλά.

Su madre, Shep, había sido una excelente perra pastor escocesa.

Η μητέρα του, η Σεπ, ήταν ένα καλό σκωτσέζικο ποιμενικό σκυλί.

Pero incluso con ese peso, Buck caminaba con presencia majestuosa.

Αλλά ακόμα και με αυτό το βάρος, ο Μπακ περπατούσε με βασιλική παρουσία.

Esto fue gracias a la buena comida y al respeto que siempre recibió.

Αυτό προερχόταν από το καλό φαγητό και τον σεβασμό που πάντα λάμβανε.

Durante cuatro años, Buck había vivido como un noble mimado.

Για τέσσερα χρόνια, ο Μπακ ζούσε σαν κακομαθημένος ευγενής.

Estaba orgulloso de sí mismo y hasta era un poco egoísta.

Ήταν περήφανος για τον εαυτό του, ακόμη και ελαφρώς εγωιστής.

Ese tipo de orgullo era común entre los señores de países remotos.

Αυτού του είδους η υπερηφάνεια ήταν συνηθισμένη στους άρχοντες της απομακρυσμένης υπαίθρου.

Pero Buck se salvó de convertirse en un perro doméstico mimado.

Αλλά ο Μπακ γλίτωσε από το να γίνει χαϊδεμένος σπιτόσκυλο.

Se mantuvo delgado y fuerte gracias a la caza y el ejercicio.

Παρέμεινε αδύνατος και δυνατός μέσα από το κυνήγι και την άσκηση.

Amaba profundamente el agua, como la gente que se baña en lagos fríos.

Αγαπούσε πολύ το νερό, όπως οι άνθρωποι που κάνουν μπάνιο σε κρύες λίμνες.

Este amor por el agua mantuvo a Buck fuerte y muy saludable.

Αυτή η αγάπη για το νερό κράτησε τον Μπακ δυνατό και πολύ υγιή.

Éste era el perro en que se había convertido Buck en el otoño de 1897.

Αυτός ήταν ο σκύλος που είχε γίνει ο Μπακ το φθινόπωρο του 1897.

Cuando la huelga de Klondike arrastró a los hombres hacia el gélido Norte.

Όταν η απεργία του Κλοντάικ τράβηξε τους άντρες στον παγωμένο Βορρά.

La gente acudió en masa desde todos los rincones del mundo hacia aquella tierra fría.

Άνθρωποι από όλο τον κόσμο έσπευσαν στην κρύα γη.

Buck, sin embargo, no leía los periódicos ni entendía las noticias.

Ο Μπακ, ωστόσο, δεν διάβαζε εφημερίδες ούτε καταλάβαινε ειδήσεις.

Él no sabía que Manuel era un mal hombre con quien estar.

Δεν ήξερε ότι ο Μανουέλ ήταν κακός άνθρωπος για να έχεις παρέα.

Manuel, que ayudaba en el jardín, tenía un problema profundo.

Ο Μανουέλ, που βοηθούσε στον κήπο, είχε ένα σοβαρό πρόβλημα.

Manuel era adicto al juego de la lotería china.

Ο Μανουέλ ήταν εθισμένος στον τζόγο στο κινεζικό λαχείο.

También creía firmemente en un sistema fijo para ganar.

Πίστευε επίσης ακράδαντα σε ένα σταθερό σύστημα για τη νίκη.

Esa creencia hizo que su fracaso fuera seguro e inevitable.

Αυτή η πεποίθηση έκανε την αποτυχία του βέβαιη και αναπόφευκτη.

Jugar con un sistema exige dinero, del que Manuel carecía.

Το να παίζεις με ένα σύστημα απαιτεί χρήματα, τα οποία ο Μανουέλ δεν είχε.

Su salario apenas alcanzaba para mantener a su esposa y a sus numerosos hijos.

Ο μισθός του μόλις που συντηρούσε τη γυναίκα του και τα πολλά παιδιά του.

La noche en que Manuel traicionó a Buck, las cosas estaban normales.

Τη νύχτα που ο Μανουέλ πρόδωσε τον Μπακ, τα πράγματα ήταν φυσιολογικά.

El juez estaba en una reunión de la Asociación de Productores de Pasas.

Ο Δικαστής βρισκόταν σε μια συνάντηση του Συνδέσμου Παραγωγών Σταφίδας.

Los hijos del juez estaban entonces ocupados formando un club atlético.

Οι γιοι του Δικαστή ήταν απασχολημένοι με τη δημιουργία ενός αθλητικού συλλόγου τότε.

Nadie vio a Manuel y Buck salir por el huerto.

Κανείς δεν είδε τον Μάνουελ και τον Μπακ να φεύγουν μέσα από τον οπωρώνα.

Buck pensó que esta caminata era simplemente un simple paseo nocturno.

Ο Μπακ νόμιζε ότι αυτή η βόλτα ήταν απλώς μια απλή νυχτερινή βόλτα.

Se encontraron con un solo hombre en la estación de la bandera, en College Park.

Συνάντησαν μόνο έναν άντρα στο σταθμό σημαίας, στο Κόλετζ Παρκ.

Ese hombre habló con Manuel y intercambiaron dinero.

Αυτός ο άντρας μίλησε στον Μανουέλ και αντάλλαξαν χρήματα.

"Envuelva la mercancía antes de entregarla", sugirió.

«Τυλίξτε τα εμπορεύματα πριν τα παραδώσετε», πρότεινε.

La voz del hombre era áspera e impaciente mientras hablaba.

Η φωνή του άντρα ήταν τραχιά και ανυπόμονη καθώς μιλούσε.

Manuel ató cuidadosamente una cuerda gruesa alrededor del cuello de Buck.

Ο Μανουέλ έδεσε προσεκτικά ένα χοντρό σχοινί γύρω από το λαιμό του Μπακ.

"Si retuerces la cuerda, lo estrangularás bastante"

«Στρέψε το σχοινί και θα τον πνίξεις πολύ»

El extraño emitió un gruñido, demostrando que entendía bien.

Ο ξένος γρύλισε, δείχνοντας ότι κατάλαβε καλά.

Buck aceptó la cuerda con calma y tranquila dignidad ese día.

Ο Μπακ δέχτηκε το σχοινί με ηρεμία και γαλήνη αξιοπρέπεια εκείνη την ημέρα.

Fue un acto inusual, pero Buck confiaba en los hombres que conocía.

Ήταν μια ασυνήθιστη πράξη, αλλά ο Μπακ εμπιστευόταν τους άντρες που γνώριζε.

Él creía que su sabiduría iba mucho más allá de su propio pensamiento.

Πίστευε ότι η σοφία τους ξεπερνούσε κατά πολύ τη δική του σκέψη.

Pero entonces la cuerda fue entregada a manos del extraño.

Αλλά τότε το σχοινί δόθηκε στα χέρια του ξένου.

Buck emitió un gruñido bajo que advertía con una amenaza silenciosa.

Ο Μπακ έβγαλε ένα χαμηλό γρύλισμα που προειδοποιούσε με μια ήσυχη απειλή.

Era orgulloso y autoritario y quería mostrar su descontento.

Ήταν περήφανος και επιβλητικός, και ήθελε να δείξει τη δυσαρέσκειά του.

Buck creyó que su advertencia sería entendida como una orden.

Ο Μπακ πίστευε ότι η προειδοποίησή του θα ερμηνευόταν ως διαταγή.

Para su sorpresa, la cuerda se tensó rápidamente alrededor de su grueso cuello.

Προς έκπληξή του, το σχοινί τεντώθηκε γρήγορα γύρω από τον χοντρό λαιμό του.

Se quedó sin aire y comenzó a luchar con una furia repentina.

Ο αέρας του κόπηκε και άρχισε να πολεμάει με ξαφνική οργή.

Saltó hacia el hombre, quien rápidamente se encontró con Buck en el aire.

Όρμησε προς τον άντρα, ο οποίος συνάντησε γρήγορα τον Μπακ στον αέρα.

El hombre agarró la garganta de Buck y lo retorció hábilmente en el aire.

Ο άντρας άρπαξε τον Μπακ από το λαιμό και τον έστριψε επιδέξια στον αέρα.

Buck fue arrojado al suelo con fuerza, cayendo de espaldas.

Ο Μπακ ρίχτηκε με δύναμη κάτω, προσγειώνοντας ανάσκελα.

La cuerda ahora lo estrangulaba cruelmente mientras él pateaba salvajemente.

Το σχοινί τον έπνιξε τώρα άγρια ενώ κλωτσούσε άγρια.

Se le cayó la lengua, su pecho se agitó, pero no recuperó el aliento.

Η γλώσσα του έπεσε έξω, το στήθος του σφίχτηκε, αλλά δεν πήρε ανάσα.

Nunca había sido tratado con tanta violencia en su vida.

Δεν είχε ποτέ στη ζωή του υποστεί τέτοια βία.

Tampoco nunca antes se había sentido tan lleno de furia.

Επίσης, ποτέ πριν δεν είχε νιώσει τόσο βαθιά οργή.

Pero el poder de Buck se desvaneció y sus ojos se volvieron vidriosos.

Αλλά η δύναμη του Μπακ εξασθένησε και τα μάτια του έγιναν γυάλινα.

Se desmayó justo cuando un tren se detuvo cerca.

Λιποθύμησε ακριβώς τη στιγμή που ένα τρένο σταμάτησε εκεί κοντά.

Luego los dos hombres lo arrojaron rápidamente al vagón de equipaje.

Έπειτα οι δύο άντρες τον πέταξαν γρήγορα στο βαγόνι αποσκευών.

Lo siguiente que sintió Buck fue dolor en su lengua hinchada.

Το επόμενο πράγμα που ένιωσε ο Μπακ ήταν πόνος στην πρησμένη γλώσσα του.

Se desplazaba en un carro tambaleante, apenas consciente.

Κινούνταν μέσα σε ένα τρεμάμενο κάρο, έχοντας μόνο αμυδρά τις αισθήσεις του.

El agudo grito del silbato del tren le indicó a Buck su ubicación.

Η διαπεραστική κραυγή μιας σφυρίχτρας του τρένου έδειξε στον Μπακ την τοποθεσία του.

Había viajado muchas veces con el Juez y conocía esa sensación.

Είχε συχνά ταξιδέψει με τον Δικαστή και ήξερε τι συναισθανόταν.

Fue una experiencia única viajar nuevamente en un vagón de equipajes.

Ήταν η μοναδική εμπειρία του να ταξιδεύεις ξανά σε ένα βαγόνι αποσκευών.

Buck abrió los ojos y su mirada ardía de rabia.

Ο Μπακ άνοιξε τα μάτια του και το βλέμμα του έκαιγε από οργή.

Esta fue la ira de un rey orgulloso destronado.

Αυτή ήταν η οργή ενός περήφανου βασιλιά που είχε εκδιωχθεί από τον θρόνο του.

Un hombre intentó agarrarlo, pero Buck lo atacó primero.

Ένας άντρας άπλωσε το χέρι του να τον αρπάξει, αλλά ο Μπακ τον χτύπησε πρώτος.

Hundió los dientes en la mano del hombre y la sujetó con fuerza.

Βύθισε τα δόντια του στο χέρι του άντρα και το κράτησε σφιχτά.

No lo soltó hasta que se desmayó por segunda vez.

Δεν το άφησε μέχρι που λιποθύμησε για δεύτερη φορά.

—Sí, tiene ataques —murmuró el hombre al maletero.

«Ναι, έχει κρίσεις», μουρμούρισε ο άντρας στον υπάλληλο των αποσκευών.

El maletero había oído la lucha y se acercó.

Ο μεταφορέας είχε ακούσει τον αγώνα και είχε πλησιάσει.

"Lo llevaré a Frisco para el jefe", explicó el hombre.

«Θα τον πάω στο Φρίσκο για το αφεντικό», εξήγησε ο άντρας.

"Allí hay un buen veterinario que dice poder curarlos".

«Υπάρχει ένας καλός σκύλος-γιατρός εκεί που λέει ότι μπορεί να τους θεραπεύσει.»

Más tarde esa noche, el hombre dio su propio relato completo.

Αργότερα εκείνο το βράδυ, ο άντρας έδωσε την πλήρη δική του αφήγηση.

Habló desde un cobertizo detrás de un salón en los muelles.

Μίλησε από ένα υπόστεγο πίσω από ένα σαλούν στις αποβάθρες.

"Lo único que me dieron fueron cincuenta dólares", se quejó al tabernero.

«Μου έδωσαν μόνο πενήντα δολάρια», παραπονέθηκε στον υπάλληλο του σαλούν.

"No lo volvería a hacer ni por mil dólares en efectivo".

«Δεν θα το ξαναέκανα, ούτε για χίλια λεφτά μετρητά.»

Su mano derecha estaba fuertemente envuelta en un paño ensangrentado.

Το δεξί του χέρι ήταν σφιχτά τυλιγμένο σε ένα ματωμένο ύφασμα.

La pernera de su pantalón estaba abierta de par en par desde la rodilla hasta el pie.

Το μπατζάκι του παντελονιού του ήταν σκισμένο ορθάνοιχτο από το γόνατο μέχρι το πόδι.
—¿Cuánto le pagaron al otro tipo? —preguntó el tabernero.
«Πόσο πληρώθηκε η άλλη κούπα;» ρώτησε ο υπάλληλος του σαλούν.
"Cien", respondió el hombre, "no aceptaría ni un centavo menos".
«Εκατό», απάντησε ο άντρας, «δεν θα έπαιρνε ούτε σεντ λιγότερο».
—Eso suma ciento cincuenta —dijo el tabernero.
«Αυτό κάνει εκατόν πενήντα», είπε ο υπάλληλος του σαλούν.
"Y él lo vale todo, o no soy más que un idiota".
«Και τα αξίζει όλα, αλλιώς δεν θα είμαι καλύτερος από έναν ηλίθιο.»
El hombre abrió los envoltorios para examinar su mano.
Ο άντρας άνοιξε τα περιτυλίγματα για να εξετάσει το χέρι του.
La mano estaba gravemente desgarrada y cubierta de sangre seca.
Το χέρι ήταν άσχημα σκισμένο και γεμάτο κρούστα από ξεραμένο αίμα.
"Si no consigo la hidrofobia…" empezó a decir.
«Αν δεν πάθει υδροφοβία...» άρχισε να λέει.
"Será porque naciste para la horca", dijo entre risas.
«Θα είναι επειδή γεννήθηκες για να κρεμιέσαι», ακούστηκε ένα γέλιο.
"Ven a ayudarme antes de irte", le pidieron.
«Έλα να με βοηθήσεις πριν φύγεις», του ζήτησαν.
Buck estaba aturdido por el dolor en la lengua y la garganta.
Ο Μπακ ήταν ζαλισμένος από τον πόνο στη γλώσσα και το λαιμό του.
Estaba medio estrangulado y apenas podía mantenerse en pie.
Ήταν μισοστραγγαλισμένος και μετά βίας μπορούσε να σταθεί όρθιος.

Aún así, Buck intentó enfrentar a los hombres que lo habían lastimado.

Παρόλα αυτά, ο Μπακ προσπάθησε να αντιμετωπίσει τους άντρες που τον είχαν πληγώσει τόσο πολύ.

Pero lo derribaron y lo estrangularon una vez más.

Αλλά τον έριξαν κάτω και τον έπνιξαν για άλλη μια φορά.

Sólo entonces pudieron quitarle el pesado collar de bronce.

Μόνο τότε μπόρεσαν να πριονίσουν το βαρύ ορειχάλκινο κολάρο του.

Le quitaron la cuerda y lo metieron en una caja.

Αφαίρεσαν το σχοινί και τον έσπρωξαν σε ένα κλουβί.

La caja era pequeña y tenía la forma de una tosca jaula de hierro.

Το κλουβί ήταν μικρό και είχε το σχήμα ενός τραχιού σιδερένιου κλουβιού.

Buck permaneció allí toda la noche, lleno de ira y orgullo herido.

Ο Μπακ έμεινε εκεί όλη νύχτα, γεμάτος οργή και πληγωμένη υπερηφάνεια.

No podía ni siquiera empezar a comprender lo que le estaba pasando.

Δεν μπορούσε να αρχίσει να καταλαβαίνει τι του συνέβαινε.

¿Por qué estos hombres extraños lo mantenían en esa pequeña caja?

Γιατί τον κρατούσαν αυτοί οι παράξενοι άντρες σε αυτό το μικρό κλουβί;

¿Qué querían de él y por qué este cruel cautiverio?

Τι τον ήθελαν, και γιατί αυτή η σκληρή αιχμαλωσία;

Sintió una presión oscura; una sensación de desastre que se acercaba.

Ένιωθε μια σκοτεινή πίεση· ένα αίσθημα καταστροφής που πλησίαζε.

Era un miedo vago, pero que se apoderó pesadamente de su espíritu.

Ήταν ένας αόριστος φόβος, αλλά κατέκλυσε έντονα την ψυχή του.

Saltó varias veces cuando la puerta del cobertizo vibró.

Αρκετές φορές πετάχτηκε πάνω όταν η πόρτα του υπόστεγου χτύπησε με θόρυβο.

Esperaba que el juez o los muchachos aparecieran y lo rescataran.

Περίμενε να εμφανιστεί ο Δικαστής ή τα αγόρια και να τον σώσει.

Pero cada vez sólo se asomaba el rostro gordo del tabernero.

Αλλά μόνο το χοντρό πρόσωπο του ιδιοκτήτη του σαλούν κρυφοκοιτούσε μέσα κάθε φορά.

El rostro del hombre estaba iluminado por el tenue resplandor de una vela de sebo.

Το πρόσωπο του άντρα φωτιζόταν από την αμυδρή λάμψη ενός κεριού από ζωικό λίπος.

Cada vez, el alegre ladrido de Buck cambiaba a un gruñido bajo y enojado.

Κάθε φορά, το χαρούμενο γάβγισμα του Μπακ μεταβαλλόταν σε ένα χαμηλό, θυμωμένο γρύλισμα.

El tabernero lo dejó solo durante la noche en el cajón.

Ο φύλακας του σαλούν τον άφησε μόνο του για τη νύχτα στο κλουβί

Pero cuando se despertó por la mañana, venían más hombres.

Αλλά όταν ξύπνησε το πρωί, έρχονταν κι άλλοι άντρες.

Llegaron cuatro hombres y recogieron la caja con cuidado y sin decir palabra.

Τέσσερις άντρες ήρθαν και μάζεψαν προσεκτικά το κιβώτιο χωρίς να πουν λέξη.

Buck supo de inmediato en qué situación se encontraba.

Ο Μπακ κατάλαβε αμέσως την κατάσταση στην οποία βρισκόταν.

Eran otros torturadores contra los que tenía que luchar y a los que tenía que temer.

Ήταν περαιτέρω βασανιστές που έπρεπε να πολεμήσει και να φοβηθεί.

Estos hombres parecían malvados, andrajosos y muy mal arreglados.

Αυτοί οι άντρες έδειχναν κακοί, ατημέλητοι και πολύ άσχημα περιποιημένοι.

Buck gruñó y se abalanzó sobre ellos ferozmente a través de los barrotes.

Ο Μπακ γρύλισε και τους όρμησε με μανία μέσα από τα κάγκελα.

Ellos simplemente se rieron y lo golpearon con largos palos de madera.

Απλώς γέλασαν και τον χτυπούσαν με μακριά ξύλινα μπαστούνια.

Buck mordió los palos y luego se dio cuenta de que eso era lo que les gustaba.

Ο Μπακ δάγκωσε τα ξυλάκια και μετά συνειδητοποίησε ότι αυτό τους άρεσε.

Así que se quedó acostado en silencio, hosco y ardiendo de rabia silenciosa.

Έτσι ξάπλωσε ήσυχα, σκυθρωπός και φλεγόμενος από ήσυχη οργή.

Subieron la caja a un carro y se fueron con él.

Σήκωσαν το κλουβί σε ένα κάρο και τον πήραν μακριά.

La caja, con Buck encerrado dentro, cambiaba de manos a menudo.

Το κλουβί, με τον Μπακ κλειδωμένο μέσα, άλλαζε συχνά χέρια.

Los empleados de la oficina exprés se hicieron cargo de él y lo atendieron brevemente.

Οι υπάλληλοι του γραφείου εξπρές ανέλαβαν την ευθύνη και τον χειρίστηκαν για λίγο.

Luego, otro carro transportó a Buck a través de la ruidosa ciudad.

Έπειτα, ένα άλλο κάρο μετέφερε τον Μπακ στην άλλη άκρη της θορυβώδους πόλης.

Un camión lo llevó con cajas y paquetes a un ferry.

Ένα φορτηγό τον μετέφερε με κουτιά και δέματα σε ένα φέρι.

Después de cruzar, el camión lo descargó en una estación ferroviaria.

Αφού διέσχισε, το φορτηγό τον ξεφόρτωσε σε μια σιδηροδρομική αποθήκη.

Finalmente, colocaron a Buck dentro de un vagón expreso que lo esperaba.

Επιτέλους, ο Μπακ τοποθετήθηκε σε ένα εξπρές βαγόνι που περίμενε.

Durante dos días y dos noches, los trenes arrastraron el vagón expreso.

Επί δύο μερόνυχτα, τα τρένα τραβούσαν το εξπρές μακριά.

Buck no comió ni bebió durante todo el doloroso viaje.

Ο Μπακ ούτε έφαγε ούτε ήπιε σε όλο το επώδυνο ταξίδι.

Cuando los mensajeros expresos intentaron acercarse a él, gruñó.

Όταν οι ταχυμεταφορείς προσπάθησαν να τον πλησιάσουν, γρύλισε.

Ellos respondieron burlándose de él y molestándolo cruelmente.

Απάντησαν χλευάζοντάς τον και πειράζοντάς τον σκληρά.

Buck se arrojó contra los barrotes, echando espuma y temblando.

Ο Μπακ έπεσε στα κάγκελα, αφρίζοντας και τρέμοντας

Se rieron a carcajadas y se burlaron de él como matones del patio de la escuela.

Γέλασαν δυνατά και τον κορόιδευαν σαν νταήδες του σχολείου.

Ladraban como perros de caza y agitaban los brazos.

Γάβγιζαν σαν ψεύτικα σκυλιά και χτυπούσαν τα χέρια τους.

Incluso cantaron como gallos sólo para molestarlo más.

Λάλησαν κιόλας σαν κόκορες μόνο και μόνο για να τον αναστατώσουν περισσότερο.

Fue un comportamiento tonto y Buck sabía que era ridículo.

Ήταν ανόητη συμπεριφορά, και ο Μπακ ήξερε ότι ήταν γελοίο.

Pero eso sólo profundizó su sentimiento de indignación y vergüenza.

Αλλά αυτό μόνο βάθυνε το αίσθημα οργής και ντροπής του.

Durante el viaje no le molestó mucho el hambre.

Δεν τον ενοχλούσε ιδιαίτερα η πείνα κατά τη διάρκεια του ταξιδιού.

Pero la sed traía consigo un dolor agudo y un sufrimiento insoportable.

Αλλά η δίψα έφερε οξύ πόνο και αφόρητη ταλαιπωρία.

Su garganta y lengua secas e inflamadas ardían de calor.

Ο ξερός, φλεγόμενος λαιμός και η γλώσσα του έκαιγαν από τη ζέστη.

Este dolor alimentó la fiebre que crecía dentro de su orgulloso cuerpo.

Αυτός ο πόνος τροφοδότησε τον πυρετό που ανέβαινε μέσα στο περήφανο σώμα του.

Buck estuvo agradecido por una sola cosa durante esta prueba.

Ο Μπακ ήταν ευγνώμων για ένα μόνο πράγμα κατά τη διάρκεια αυτής της δοκιμασίας.

Le habían quitado la cuerda que le rodeaba el grueso cuello.

Το σχοινί είχε αφαιρεθεί από τον χοντρό λαιμό του.

La cuerda había dado a esos hombres una ventaja injusta y cruel.

Το σχοινί είχε δώσει σε αυτούς τους άντρες ένα άδικο και σκληρό πλεονέκτημα.

Ahora la cuerda había desaparecido y Buck juró que nunca volvería.

Τώρα το σχοινί είχε εξαφανιστεί, και ο Μπακ ορκίστηκε ότι δεν θα επέστρεφε ποτέ.

Decidió que nunca más volvería a pasarle una cuerda al cuello.

Αποφάσισε ότι κανένα σχοινί δεν θα περνούσε ποτέ ξανά γύρω από τον λαιμό του.

Durante dos largos días y noches sufrió sin comer.

Για δύο ολόκληρες μέρες και νύχτες, υπέφερε χωρίς φαγητό.

Y en esas horas se fue acumulando en su interior una rabia enorme.

Και εκείνες τις ώρες, έσφιξε μέσα του μια απέραντη οργή.

Sus ojos se volvieron inyectados en sangre y salvajes por la ira constante.

Τα μάτια του έγιναν κατακόκκινα και άγρια από τον συνεχή θυμό.

Ya no era Buck, sino un demonio con mandíbulas chasqueantes.

Δεν ήταν πια ο Μπακ, αλλά ένας δαίμονας με σαγόνια που έσπασαν.

Ni siquiera el juez habría reconocido a esta loca criatura.

Ούτε ο Δικαστής θα αναγνώριζε αυτό το τρελό πλάσμα.

Los mensajeros exprés suspiraron aliviados cuando llegaron a Seattle.

Οι ταχυμεταφορείς αναστέναξαν με ανακούφιση όταν έφτασαν στο Σιάτλ

Cuatro hombres levantaron la caja y la llevaron a un patio trasero.

Τέσσερις άντρες σήκωσαν το κλουβί και το έφεραν σε μια πίσω αυλή.

El patio era pequeño, rodeado de muros altos y sólidos.

Η αυλή ήταν μικρή, περιτριγυρισμένη από ψηλούς και συμπαγείς τοίχους.

Un hombre corpulento salió con una camisa roja holgada.

Ένας μεγαλόσωμος άντρας βγήκε έξω φορώντας ένα κρεμασμένο κόκκινο πουκάμισο.

Firmó el libro de entrega con letra gruesa y atrevida.

Υπέγραψε το βιβλίο παραδόσεων με χοντρό και τολμηρό χέρι.

Buck sintió de inmediato que este hombre era su próximo torturador.

Ο Μπακ διαισθάνθηκε αμέσως ότι αυτός ο άντρας ήταν ο επόμενος βασανιστής του.

Se abalanzó violentamente contra los barrotes, con los ojos rojos de furia.

Όρμησε βίαια προς τα μπαρ, με μάτια κόκκινα από οργή.

El hombre simplemente sonrió oscuramente y fue a buscar un hacha.

Ο άντρας απλώς χαμογέλασε σκυθρωπά και πήγε να φέρει ένα τσεκούρι.

También traía un garrote en su gruesa y fuerte mano derecha.

Έφερε επίσης ένα ρόπαλο στο χοντρό και δυνατό δεξί του χέρι.

"¿Vas a sacarlo ahora?" preguntó preocupado el conductor.

«Θα τον βγάλεις έξω τώρα;» ρώτησε ανήσυχος ο οδηγός.

—Claro —dijo el hombre, metiendo el hacha en la caja a modo de palanca.

«Σίγουρα», είπε ο άντρας, σφηνώνοντας το τσεκούρι στο κλουβί ως μοχλό.

Los cuatro hombres se dispersaron instantáneamente y saltaron al muro del patio.

Οι τέσσερις άντρες σκορπίστηκαν αμέσως, πηδώντας πάνω στον τοίχο της αυλής.

Desde sus lugares seguros arriba, esperaban para observar el espectáculo.

Από τις ασφαλείς θέσεις τους από ψηλά, περίμεναν να παρακολουθήσουν το θέαμα.

Buck se abalanzó sobre la madera astillada, mordiéndola y sacudiéndola ferozmente.

Ο Μπακ όρμησε στο θρυμματισμένο ξύλο, δαγκώνοντας και τρέμοντας άγρια.

Cada vez que el hacha golpeaba la jaula, Buck estaba allí para atacarla.

Κάθε φορά που το τσεκούρι χτυπούσε το κλουβί), ο Μπακ ήταν εκεί για να το επιτεθεί.

Gruñó y chasqueó los dientes con furia salvaje, ansioso por ser liberado.

Γρύλισε και ξεστόμισε από άγρια οργή, ανυπόμονος να απελευθερωθεί.

El hombre que estaba afuera estaba tranquilo y firme, concentrado en su tarea.

Ο άντρας απέξω ήταν ήρεμος και σταθερός, αφοσιωμένος στην εργασία του.

"Muy bien, demonio de ojos rojos", dijo cuando el agujero fue grande.

«Τώρα, κοκκινομάτη διάβολε», είπε όταν η τρύπα ήταν μεγάλη.

Dejó caer el hacha y tomó el garrote con su mano derecha.

Άφησε κάτω το τσεκούρι και πήρε το ρόπαλο στο δεξί του χέρι.

Buck realmente parecía un demonio; con los ojos inyectados en sangre y llameantes.

Ο Μπακ έμοιαζε πραγματικά με διάβολο· τα μάτια του ήταν κόκκινα και φλεγόμενα.

Su pelaje se erizó, le salía espuma por la boca y sus ojos brillaban.

Το παλτό του έσφυζε από τρίχες, αφρός έκανε το στόμα του να φουσκώνει, τα μάτια του έλαμπαν.

Tensó los músculos y se lanzó directamente hacia el suéter rojo.

Σφίγγει τους μύες του και όρμησε κατευθείαν στο κόκκινο πουλόβερ.

Ciento cuarenta libras de furia volaron hacia el hombre tranquilo.

Εκατόν σαράντα κιλά οργής έπεσαν πάνω στον ήρεμο άντρα.

Justo antes de que sus mandíbulas se cerraran, un golpe terrible lo golpeó.

Λίγο πριν κλείσουν τα σαγόνια του, τον χτύπησε ένα τρομερό χτύπημα.

Sus dientes chasquearon al chocar contra nada más que el aire.

Τα δόντια του έσπασαν μεταξύ τους μόνο με αέρα

Una sacudida de dolor resonó a través de su cuerpo

ένα χτύπημα πόνου αντήχησε στο σώμα του

Dio una vuelta en el aire y se estrelló sobre su espalda y su costado.

Πέταξε στον αέρα και έπεσε ανάσκελα και στο πλευρό του.

Nunca antes había sentido el golpe de un garrote y no podía agarrarlo.

Δεν είχε νιώσει ποτέ πριν το χτύπημα ενός ρόπαλου και δεν μπορούσε να το συλλάβει.

Con un gruñido estridente, mitad ladrido, mitad grito, saltó de nuevo.

Με ένα στριγκό γρύλισμα, εν μέρει γάβγισμα, εν μέρει κραυγή, πήδηξε ξανά.

Otro golpe brutal lo alcanzó y lo arrojó al suelo.

Ένα ακόμα βίαιο χτύπημα τον χτύπησε και τον εκσφενδόνισε στο έδαφος.

Esta vez Buck lo entendió: era el pesado garrote del hombre.

Αυτή τη φορά ο Μπακ κατάλαβε—ήταν το βαρύ ρόπαλο του άντρα.

Pero la rabia lo cegó y no pensó en retirarse.

Αλλά η οργή τον τύφλωσε και δεν είχε καμία σκέψη για υποχώρηση.

Doce veces se lanzó y doce veces cayó.

Δώδεκα φορές εκτοξεύτηκε και δώδεκα φορές έπεσε.

El palo de madera lo golpeaba cada vez con una fuerza despiadada y aplastante.

Το ξύλινο ρόπαλο τον συνέθλιβε κάθε φορά με αδίστακτη, συντριπτική δύναμη.

Después de un golpe feroz, se tambaleó hasta ponerse de pie, aturdido y lento.

Μετά από ένα δυνατό χτύπημα, σηκώθηκε παραπατώντας, ζαλισμένος και αργός.

Le salía sangre de la boca, de la nariz y hasta de las orejas.

Αίμα έτρεχε από το στόμα του, τη μύτη του, ακόμη και από τα αυτιά του.

Su pelaje, otrora hermoso, estaba manchado de espuma sanguinolenta.

Το κάποτε όμορφο παλτό του ήταν λερωμένο με ματωμένο αφρό.

Entonces el hombre se adelantó y le dio un golpe tremendo en la nariz.

Τότε ο άντρας πλησίασε και χτύπησε άσχημα στη μύτη.

La agonía fue más aguda que cualquier cosa que Buck hubiera sentido jamás.

Η αγωνία ήταν πιο έντονη από οτιδήποτε είχε νιώσει ποτέ ο Μπακ.

Con un rugido más de bestia que de perro, saltó nuevamente para atacar.

Με ένα βρυχηθμό που έμοιαζε περισσότερο με θηρίο παρά με σκύλο, πήδηξε ξανά για να επιτεθεί.

Pero el hombre se agarró la mandíbula inferior y la torció hacia atrás.

Αλλά ο άντρας έπιασε την κάτω γνάθο του και την έστριψε προς τα πίσω.

Buck se dio una vuelta de cabeza y volvió a caer con fuerza.

Ο Μπακ τινάχτηκε με το κεφάλι πάνω από τα πόδια του και έπεσε ξανά με δύναμη κάτω.

Una última vez, Buck cargó contra él, ahora apenas capaz de mantenerse en pie.

Για μια τελευταία φορά, ο Μπακ όρμησε εναντίον του, μόλις που μπορούσε να σταθεί όρθιος.

El hombre atacó con una sincronización experta, dando el golpe final.

Ο άντρας χτύπησε με άψογο συγχρονισμό, δίνοντας το τελειωτικό χτύπημα.

Buck se desplomó en un montón, inconsciente e inmóvil.

Ο Μπακ κατέρρευσε σωρός, αναίσθητος και ακίνητος.

"No es ningún inútil a la hora de domar perros, eso es lo que digo", gritó un hombre.

«Δεν είναι αδιάφορος στο να σπάει σκύλους, αυτό λέω κι εγώ», φώναξε ένας άντρας.

"Druther puede quebrar la voluntad de un perro cualquier día de la semana".

«Ο Ντρούθερ μπορεί να σπάσει τη θέληση ενός κυνηγόσκυλου οποιαδήποτε μέρα της εβδομάδας.»

"¡Y dos veces el domingo!" añadió el conductor.

«Και δύο φορές την Κυριακή!» πρόσθεσε ο οδηγός.

Se subió al carro y tiró de las riendas para partir.

Ανέβηκε στο κάρο και τράβηξε τα ηνία για να φύγει.

Buck recuperó lentamente el control de su conciencia.

Ο Μπακ σιγά σιγά ανέκτησε τον έλεγχο της συνείδησής του

Pero su cuerpo todavía estaba demasiado débil y roto para moverse.

αλλά το σώμα του ήταν ακόμα πολύ αδύναμο και σπασμένο για να κινηθεί.

Se quedó donde había caído, observando al hombre del suéter rojo.

Ήταν ξαπλωμένος εκεί που είχε πέσει, παρακολουθώντας τον άντρα με την κόκκινη φούτερ.

"Responde al nombre de Buck", dijo el hombre, leyendo en voz alta.

«Απαντά στο όνομα Μπακ», είπε ο άντρας διαβάζοντας φωναχτά.

Citó la nota enviada con la caja de Buck y los detalles.

Παρέθεσε απόσπασμα από το σημείωμα που στάλθηκε με το κλουβί του Μπακ και τις λεπτομέρειες.

—Bueno, Buck, muchacho —continuó el hombre con tono amistoso—.

«Λοιπόν, Μπακ, αγόρι μου», συνέχισε ο άντρας με φιλικό τόνο,

"Hemos tenido nuestra pequeña pelea y ahora todo ha terminado entre nosotros".

«Είχαμε τον μικρό μας καβγά, και τώρα τελείωσε μεταξύ μας.»

"Tú has aprendido cuál es tu lugar y yo he aprendido cuál es el mío", añadió.

«Έμαθες τη θέση σου και εγώ τη δική μου», πρόσθεσε.

"Sé bueno y todo irá bien y la vida será placentera".

«Να είσαι καλός/ή και όλα θα πάνε καλά και η ζωή θα είναι ευχάριστη.»

"Pero si te portas mal, te daré una paliza, ¿entiendes?"

«Αλλά αν είσαι κακός, θα σε νικήσω μέχρι το κάρβουνο, κατάλαβες;»

Mientras hablaba, extendió la mano y acarició la cabeza dolorida de Buck.

Καθώς μιλούσε, άπλωσε το χέρι του και χάιδεψε το πονεμένο κεφάλι του Μπακ.

El cabello de Buck se erizó ante el toque del hombre, pero no se resistió.

Τα μαλλιά του Μπακ σηκώθηκαν όρθια στο άγγιγμα του άντρα, αλλά δεν αντιστάθηκε.

El hombre le trajo agua, que Buck bebió a grandes tragos.

Ο άντρας του έφερε νερό, το οποίο ο Μπακ ήπιε με μεγάλες γουλιές.

Luego vino la carne cruda, que Buck devoró trozo a trozo.

Έπειτα ήρθε το ωμό κρέας, το οποίο ο Μπακ καταβρόχθιζε κομμάτι-κομμάτι.

Sabía que estaba derrotado, pero también sabía que no estaba roto.

Ήξερε ότι τον είχαν ξυλοκοπήσει, αλλά ήξερε επίσης ότι δεν ήταν συντετριμμένος.

No tenía ninguna posibilidad contra un hombre armado con un garrote.

Δεν είχε καμία πιθανότητα να αντιμετωπίσει έναν άντρα οπλισμένο με ρόπαλο.

Había aprendido la verdad y nunca olvidó esa lección.

Είχε μάθει την αλήθεια και δεν το ξέχασε ποτέ.

Esa arma fue el comienzo de la ley en el nuevo mundo de Buck.

Αυτό το όπλο ήταν η αρχή του νόμου στον νέο κόσμο του Μπακ.

Fue el comienzo de un orden duro y primitivo que no podía negar.

Ήταν η αρχή μιας σκληρής, πρωτόγονης τάξης πραγμάτων που δεν μπορούσε να αρνηθεί.

Aceptó la verdad; sus instintos salvajes ahora estaban despiertos.

Αποδέχτηκε την αλήθεια· τα άγρια ένστικτά του ήταν πλέον ξύπνια.

El mundo se había vuelto más duro, pero Buck lo afrontó con valentía.

Ο κόσμος είχε γίνει πιο σκληρός, αλλά ο Μπακ τον αντιμετώπισε με θάρρος.

Afrontó la vida con nueva cautela, astucia y fuerza silenciosa.

Αντιμετώπισε τη ζωή με νέα προσοχή, πονηριά και ήρεμη δύναμη.

Llegaron más perros, atados con cuerdas o cajas como había estado Buck.

Έφτασαν κι άλλα σκυλιά, δεμένα σε σχοινιά ή κλουβιά όπως είχε κάνει και ο Μπακ.

Algunos perros llegaron con calma, otros se enfurecieron y pelearon como bestias salvajes.

Μερικά σκυλιά έρχονταν ήρεμα, άλλα λυσσομανούσαν και μάλωναν σαν άγρια θηρία.

Todos ellos quedaron bajo el dominio del hombre del suéter rojo.

Όλοι τους τέθηκαν υπό την κυριαρχία του άντρα με τα κόκκινα πουλόβερ.

Cada vez, Buck observaba y veía cómo se desarrollaba la misma lección.

Κάθε φορά, ο Μπακ παρακολουθούσε και έβλεπε το ίδιο μάθημα να ξεδιπλώνεται.

El hombre con el garrote era la ley, un amo al que había que obedecer.

Ο άντρας με το ρόπαλο ήταν νόμος· ένας αφέντης που έπρεπε να υπακούει.

No necesitaba ser querido, pero sí obedecido.

Δεν είχε ανάγκη να τον συμπαθούν, αλλά έπρεπε να τον υπακούν.

Buck nunca adulaba ni meneaba la cola como lo hacían los perros más débiles.

Ο Μπακ ποτέ δεν χαϊδεύτηκε ούτε κουνούσε τα νεύρα του όπως έκαναν τα πιο αδύναμα σκυλιά.

Vio perros que estaban golpeados y todavía lamían la mano del hombre.

Είδε σκυλιά που ήταν ξυλοκοπημένα και εξακολουθούσαν να έγλειφαν το χέρι του άντρα.

Vio un perro que no obedecía ni se sometía en absoluto.

Είδε ένα σκυλί που δεν υπάκουε ούτε υποτασσόταν καθόλου.

Ese perro luchó hasta que murió en la batalla por el control.

Αυτό το σκυλί πολέμησε μέχρι που σκοτώθηκε στη μάχη για τον έλεγχο.

A veces, desconocidos venían a ver al hombre del suéter rojo.

Ξένοι έρχονταν μερικές φορές να δουν τον άντρα με την κόκκινη φούτερ.

Hablaban en tonos extraños, suplicando, negociando y riendo.

Μιλούσαν με παράξενο τόνο, παρακαλούσαν, παζαρεύονταν και γελούσαν.

Cuando se intercambiaba dinero, se iban con uno o más perros.

Όταν γινόταν ανταλλαγή χρημάτων, έφευγαν με ένα ή περισσότερα σκυλιά.

Buck se preguntó a dónde habían ido esos perros, pues ninguno regresaba jamás.

Ο Μπακ αναρωτήθηκε πού πήγαν αυτά τα σκυλιά, γιατί κανένα δεν επέστρεψε ποτέ.

El miedo a lo desconocido llenaba a Buck cada vez que un hombre extraño se acercaba.

Ο φόβος του αγνώστου γέμιζε τον Μπακ κάθε φορά που ερχόταν ένας άγνωστος άντρας

Se alegraba cada vez que se llevaban a otro perro en lugar de a él mismo.

Χαιρόταν κάθε φορά που έπαιρναν ένα άλλο σκυλί, αντί για τον εαυτό του.

Pero finalmente, llegó el turno de Buck con la llegada de un hombre extraño.

Αλλά τελικά, ήρθε η σειρά του Μπακ με την άφιξη ενός παράξενου άντρα.

Era pequeño, fibroso y hablaba un inglés deficiente y decía palabrotas.

Ήταν μικρόσωμος, νευρώδης, και μιλούσε σπαστά αγγλικά και βρισιές.

—¡Sacredam! —gritó cuando vio el cuerpo de Buck.

«Σακρεντάμ!» φώναξε όταν είδε το σώμα του Μπακ.

—¡Qué perro tan bravucón! ¿Eh? ¿Cuánto? —preguntó en voz alta.

«Αυτό είναι ένα καταραμένο σκυλί νταή! Ε; Πόσο;» ρώτησε φωναχτά.

"Trescientos, y es un regalo a ese precio".

«Τριακόσια, και είναι δώρο σε αυτή την τιμή»,

—Como es dinero del gobierno, no deberías quejarte, Perrault.

«Αφού είναι χρήματα της κυβέρνησης, δεν πρέπει να παραπονιέσαι, Περό.»

Perrault sonrió ante el trato que acababa de hacer con aquel hombre.

Ο Περώ χαμογέλασε πλατιά στη συμφωνία που μόλις είχε κάνει με τον άντρα.

El precio de los perros se disparó debido a la repentina demanda.

Η τιμή των σκύλων είχε εκτοξευθεί λόγω της ξαφνικής ζήτησης.

Trescientos dólares no era injusto para una bestia tan bella.

Τριακόσια δολάρια δεν ήταν άδικο για ένα τόσο καλό θηρίο.

El gobierno canadiense no perdería nada con el acuerdo

Η καναδική κυβέρνηση δεν θα έχανε τίποτα από τη συμφωνία

Además sus despachos oficiales tampoco sufrirían demoras en el tránsito.

Ούτε οι επίσημες αποστολές τους θα καθυστερούσαν κατά τη μεταφορά.

Perrault conocía bien a los perros y podía ver que Buck era algo raro.

Ο Περό γνώριζε καλά τα σκυλιά και μπορούσε να διακρίνει ότι ο Μπακ ήταν κάτι σπάνιο.

"Uno entre diez diez mil", pensó mientras estudiaba la complexión de Buck.

«Ένας στους δέκα δέκα χιλιάδες», σκέφτηκε, καθώς μελετούσε τη σωματική διάπλαση του Μπακ.

Buck vio que el dinero cambiaba de manos, pero no mostró sorpresa.

Ο Μπακ είδε τα χρήματα να αλλάζουν χέρια, αλλά δεν έδειξε έκπληξη.

Pronto él y Curly, un gentil Terranova, fueron llevados lejos.

Σύντομα, αυτός και ο Κέρλι, ένας ευγενικός από τη Νέα Γη, οδηγήθηκαν μακριά.

Siguieron al hombrecito desde el patio del suéter rojo.

Ακολούθησαν τον μικρόσωμο άντρα από την αυλή της κόκκινης πουλόβερ.

Esa fue la última vez que Buck vio al hombre con el garrote de madera.

Αυτή ήταν η τελευταία φορά που ο Μπακ είδε τον άντρα με το ξύλινο ρόπαλο.

Desde la cubierta del Narwhal vio cómo Seattle se desvanecía en la distancia.

Από το κατάστρωμα του Narwhal παρακολουθούσε το Σιάτλ να χάνεται στο βάθος.

También fue la última vez que vio las cálidas tierras del Sur.

Ήταν επίσης η τελευταία φορά που είδε τη ζεστή Νότια Γη.

Perrault los llevó bajo cubierta y los dejó con François.

Ο Περώ τους πήρε κάτω από το κατάστρωμα και τους άφησε στον Φρανσουά.

François era un gigante de cara negra y manos ásperas y callosas.

Ο Φρανσουά ήταν ένας γίγαντας με μαύρο πρόσωπο και τραχιά, σκληρά χέρια.

Era oscuro y moreno, un mestizo francocanadiense.

Ήταν μελαχρινός και μελαχρινός· ένας ημίαιμος Γαλλοκαναδός.

Para Buck, estos hombres eran de un tipo que nunca había visto antes.

Για τον Μπακ, αυτοί οι άντρες ήταν ενός είδους που δεν είχε ξαναδεί ποτέ.

En los días venideros conocería a muchos hombres así.

Θα γνώριζε πολλούς τέτοιους άντρες τις επόμενες μέρες.

No llegó a encariñarse con ellos, pero llegó a respetarlos.

Δεν τους συμπάθησε, αλλά τους σεβάστηκε.

Eran justos y sabios, y no se dejaban engañar fácilmente por ningún perro.

Ήταν δίκαιοι και σοφοί, και δεν ξεγελιόντουσαν εύκολα από κανένα σκυλί.

Juzgaban a los perros con calma y castigaban sólo cuando lo merecían.

Έκριναν τα σκυλιά ήρεμα και τιμωρούσαν μόνο όταν το άξιζαν.

En la cubierta inferior del Narwhal, Buck y Curly se encontraron con dos perros.

Στο κάτω κατάστρωμα του Narwhal, ο Μπακ και ο Κέρλι συνάντησαν δύο σκυλιά.

Uno de ellos era un gran perro blanco procedente de la lejana y gélida región de Spitzbergen.

Το ένα ήταν ένα μεγάλο λευκό σκυλί από το μακρινό, παγωμένο Σπιτζμπέργκεν.

Una vez navegó con un ballenero y se unió a un grupo de investigación.

Κάποτε είχε ταξιδέψει με ένα φαλαινοθηρικό και είχε ενταχθεί σε μια ομάδα έρευνας.

Era amigable de una manera astuta, deshonesta y tramposa.

Ήταν φιλικός με έναν ύπουλο, ύπουλο και πανούργο τρόπο.

En su primera comida, robó un trozo de carne de la sartén de Buck.

Στο πρώτο τους γεύμα, έκλεψε ένα κομμάτι κρέας από το τηγάνι του Μπακ.

Buck saltó para castigarlo, pero el látigo de François golpeó primero.

Ο Μπακ πήδηξε να τον τιμωρήσει, αλλά το μαστίγιο του Φρανσουά χτύπησε πρώτο.

El ladrón blanco gritó y Buck recuperó el hueso robado.

Ο λευκός κλέφτης ούρλιαξε και ο Μπακ πήρε πίσω το κλεμμένο κόκαλο.

Esa imparcialidad impresionó a Buck y François se ganó su respeto.

Αυτή η δικαιοσύνη εντυπωσίασε τον Μπακ, και ο Φρανσουά κέρδισε τον σεβασμό του.

El otro perro no saludó y no quiso recibir saludos a cambio.

Ο άλλος σκύλος δεν έδωσε κανέναν χαιρετό και δεν ήθελε κανέναν σε αντάλλαγμα.

No robaba comida ni olfateaba con interés a los recién llegados.

Δεν έκλεβε φαγητό, ούτε μύριζε με ενδιαφέρον τους νεοφερμένους.

Este perro era sombrío y silencioso, melancólico y de movimientos lentos.

Αυτό το σκυλί ήταν σκυθρωπό και ήσυχο, σκυθρωπό και αργόστροφο.

Le advirtió a Curly que se mantuviera alejada simplemente mirándola fijamente.

Προειδοποίησε την Κέρλι να μείνει μακριά κοιτάζοντάς την απλώς άγρια.

Su mensaje fue claro: déjenme en paz o habrá problemas.

Το μήνυμά του ήταν σαφές: άσε με ήσυχο, αλλιώς θα υπάρξουν προβλήματα.

Se llamaba Dave y apenas se fijaba en su entorno.

Τον έλεγαν Ντέιβ και μόλις που πρόσεχε το περιβάλλον του.

Dormía a menudo, comía tranquilamente y bostezaba de vez en cuando.

Κοιμόταν συχνά, έτρωγε ήσυχα και χασμουριόταν πού και πού.

El barco zumbaba constantemente con la hélice golpeando debajo.

Το πλοίο βούιζε συνεχώς με την προπέλα να χτυπάει από κάτω.

Los días pasaron con pocos cambios, pero el clima se volvió más frío.

Οι μέρες περνούσαν χωρίς πολλές αλλαγές, αλλά ο καιρός κρύωνε.

Buck podía sentirlo en sus huesos y notó que los demás también lo sentían.

Ο Μπακ το ένιωθε βαθιά μέσα του και παρατήρησε ότι το ίδιο έκαναν και οι άλλοι.

Entonces, una mañana, la hélice se detuvo y todo quedó en silencio.

Έπειτα, ένα πρωί, η προπέλα σταμάτησε και όλα ακινητοποιήθηκαν.

Una energía recorrió la nave; algo había cambiado.

Μια ενέργεια σάρωσε το πλοίο· κάτι είχε αλλάξει.

François bajó, les puso las correas y los trajo arriba.

Ο Φρανσουά κατέβηκε, τους έδεσε με λουριά και τους έφερε πάνω.

Buck salió y encontró el suelo suave, blanco y frío.

Ο Μπακ βγήκε έξω και βρήκε το έδαφος μαλακό, λευκό και κρύο.

Saltó hacia atrás alarmado y resopló totalmente confundido.

Πήδηξε πίσω έντρομος και ρουθούνισε σε πλήρη σύγχυση.

Una extraña sustancia blanca caía del cielo gris.

Παράξενα λευκά πράγματα έπεφταν από τον γκρίζο ουρανό.

Se sacudió, pero los copos blancos seguían cayendo sobre él.

Τινάχτηκε, αλλά οι άσπρες νιφάδες συνέχιζαν να προσγειώνονται πάνω του.

Olió con cuidado la sustancia blanca y lamió algunos trocitos helados.

Μύρισε προσεκτικά το λευκό υλικό και έγλειψε μερικά παγωμένα κομματάκια.

El polvo ardió como fuego y luego desapareció de su lengua.

Η μπαρούτη έκαιγε σαν φωτιά και μετά εξαφανίστηκε αμέσως από τη γλώσσα του.

Buck lo intentó de nuevo, desconcertado por la extraña frialdad que desaparecía.

Ο Μπακ προσπάθησε ξανά, μπερδεμένος από το παράξενο εξαφανιζόμενο κρύο.

Los hombres que lo rodeaban se rieron y Buck se sintió avergonzado.

Οι άντρες γύρω του γέλασαν και ο Μπακ ένιωσε αμηχανία.

No sabía por qué, pero le avergonzaba su reacción.

Δεν ήξερε γιατί, αλλά ντρεπόταν για την αντίδρασή του.

Fue su primera experiencia con la nieve y le confundió.

Ήταν η πρώτη του εμπειρία με το χιόνι και τον μπέρδεψε.

La ley del garrote y el colmillo
Ο Νόμος του Ρόπαλου και του Κυνόδοντα

El primer día de Buck en la playa de Dyea se sintió como una terrible pesadilla.

Η πρώτη μέρα του Μπακ στην παραλία Ντάια έμοιαζε με έναν τρομερό εφιάλτη.

Cada hora traía nuevas sorpresas y cambios inesperados para Buck.

Κάθε ώρα έφερνε νέες κρίσεις και απροσδόκητες αλλαγές για τον Μπακ.

Lo habían sacado de la civilización y lo habían arrojado a un caos salvaje.

Είχε αποσυρθεί από τον πολιτισμό και είχε ριχτεί σε άγριο χάος.

Aquella no era una vida soleada y tranquila, llena de aburrimiento y descanso.

Αυτή δεν ήταν μια ηλιόλουστη, τεμπέλικη ζωή με πλήξη και ξεκούραση.

No había paz, ni descanso, ni momento sin peligro.

Δεν υπήρχε γαλήνη, ούτε ανάπαυση, ούτε στιγμή χωρίς κίνδυνο.

La confusión lo dominaba todo y el peligro siempre estaba cerca.

Η σύγχυση κυριαρχούσε στα πάντα και ο κίνδυνος ήταν πάντα κοντά.

Buck tuvo que mantenerse alerta porque estos hombres y perros eran diferentes.

Ο Μπακ έπρεπε να παραμένει σε εγρήγορση επειδή αυτοί οι άντρες και τα σκυλιά ήταν διαφορετικά.

No eran de pueblos; eran salvajes y sin piedad.

Δεν ήταν από πόλεις· ήταν άγριοι και ανελέητοι.

Estos hombres y perros sólo conocían la ley del garrote y el colmillo.

Αυτοί οι άντρες και τα σκυλιά γνώριζαν μόνο τον νόμο του μπαστουνιού και του κυνόδοντα.

Buck nunca había visto perros pelear como estos salvajes huskies.

Ο Μπακ δεν είχε ξαναδεί σκυλιά να μαλώνουν όπως αυτά τα άγρια χάσκι.

Su primera experiencia le enseñó una lección que nunca olvidaría.

Η πρώτη του εμπειρία του έδωσε ένα μάθημα που δεν θα ξεχνούσε ποτέ.

Tuvo suerte de que no fuera él, o habría muerto también.

Ήταν τυχερός που δεν ήταν αυτός, αλλιώς θα είχε πεθάνει κι αυτός.

Curly fue el que sufrió mientras Buck observaba y aprendía.

Ο Κέρλι ήταν αυτός που υπέφερε ενώ ο Μπακ παρακολουθούσε και μάθαινε.

Habían acampado cerca de una tienda construida con troncos.

Είχαν στήσει στρατόπεδο κοντά σε ένα κατάστημα φτιαγμένο από κορμούς δέντρων.

Curly intentó ser amigable con un husky grande, parecido a un lobo.

Η Κέρλι προσπάθησε να φερθεί φιλικά σε ένα μεγάλο χάσκι που έμοιαζε με λύκο.

El husky era más pequeño que Curly, pero parecía salvaje y malvado.

Το χάσκι ήταν μικρότερο από το Κέρλι, αλλά φαινόταν άγριο και κακό.

Sin previo aviso, saltó y le abrió el rostro.

Χωρίς προειδοποίηση, πετάχτηκε και της άνοιξε το πρόσωπο.

Sus dientes la atravesaron desde el ojo hasta la mandíbula en un solo movimiento.

Τα δόντια του έκοψαν από το μάτι της μέχρι το σαγόνι της με μια κίνηση.

Así era como peleaban los lobos: golpeaban rápido y saltaban.

Έτσι πολεμούσαν οι λύκοι—χτυπούσαν γρήγορα και πηδούσαν μακριά.

Pero había mucho más que aprender de ese único ataque.

Αλλά υπήρχαν περισσότερα να μάθουμε από εκείνη τη μία επίθεση.

Decenas de huskies entraron corriendo y formaron un círculo silencioso.

Δεκάδες χάσκι όρμησαν μέσα και σχημάτισαν έναν σιωπηλό κύκλο.

Observaron atentamente y se lamieron los labios con hambre.

Παρακολουθούσαν προσεκτικά και έγλειφαν τα χείλη τους από την πείνα.

Buck no entendió su silencio ni sus miradas ansiosas.

Ο Μπακ δεν καταλάβαινε τη σιωπή τους ούτε τα ανυπόμονα μάτια τους.

Curly se apresuró a atacar al husky por segunda vez.

Ο Κέρλι έσπευσε να επιτεθεί στο χάσκι για δεύτερη φορά.

Él usó su pecho para derribarla con un movimiento fuerte.

Χρησιμοποίησε το στήθος του για να την ρίξει κάτω με μια δυνατή κίνηση.

Ella cayó de lado y no pudo levantarse más.

Έπεσε στο πλάι και δεν μπορούσε να ξανασηκωθεί.

Eso era lo que los demás habían estado esperando todo el tiempo.

Αυτό περίμεναν οι άλλοι όλο αυτό το διάστημα.

Los perros esquimales saltaron sobre ella, aullando y gruñendo frenéticamente.

Τα χάσκι όρμησαν πάνω της, ουρλιάζοντας και γρυλίζοντας μανιωδώς.

Ella gritó cuando la enterraron bajo una pila de perros.

Ούρλιαξε καθώς την έθαψαν κάτω από ένα σωρό από σκυλιά.

El ataque fue tan rápido que Buck se quedó paralizado por la sorpresa.

Η επίθεση ήταν τόσο γρήγορη που ο Μπακ πάγωσε στη θέση του από το σοκ.

Vio a Spitz sacar la lengua de una manera que parecía una risa.

Είδε τον Σπιτζ να βγάζει τη γλώσσα του με τρόπο που έμοιαζε με γέλιο.

François cogió un hacha y corrió directamente hacia el grupo de perros.

Ο Φρανσουά άρπαξε ένα τσεκούρι και έτρεξε κατευθείαν πάνω στην ομάδα των σκύλων.

Otros tres hombres usaron palos para ayudar a ahuyentar a los perros esquimales.

Τρεις άλλοι άντρες χρησιμοποίησαν ρόπαλα για να βοηθήσουν να διώξουν τα χάσκι.

En sólo dos minutos, la pelea terminó y los perros desaparecieron.

Σε μόλις δύο λεπτά, η μάχη τελείωσε και τα σκυλιά εξαφανίστηκαν.

Curly yacía muerta en la nieve roja y pisoteada, con su cuerpo destrozado.

Η Κέρλι κειτόταν νεκρή στο κόκκινο, ποδοπατημένο χιόνι, με το σώμα της διαμελισμένο.

Un hombre de piel oscura estaba de pie sobre ella, maldiciendo la brutal escena.

Ένας μελαχρινός άντρας στεκόταν από πάνω της, καταριόμενος την βάναυση σκηνή.

El recuerdo permaneció con Buck y atormentó sus sueños por la noche.

Η ανάμνηση έμεινε στον Μπακ και στοίχειωνε τα όνειρά του τη νύχτα.

Así era aquí: sin justicia, sin segundas oportunidades.

Έτσι ήταν εδώ: χωρίς δικαιοσύνη, χωρίς δεύτερη ευκαιρία.

Una vez que un perro caía, los demás lo mataban sin piedad.

Μόλις έπεφτε ένα σκυλί, τα άλλα σκότωναν χωρίς έλεος.

Buck decidió entonces que nunca se permitiría caer.

Ο Μπακ αποφάσισε τότε ότι δεν θα επέτρεπε ποτέ στον εαυτό του να πέσει.

Spitz volvió a sacar la lengua y se rió de la sangre.

Ο Σπιτζ έβγαλε ξανά τη γλώσσα του και γέλασε με το αίμα.

Desde ese momento, Buck odió a Spitz con todo su corazón.

Από εκείνη τη στιγμή και μετά, ο Μπακ μισούσε τον Σπιτζ με όλη του την καρδιά.

Antes de que Buck pudiera recuperarse de la muerte de Curly, sucedió algo nuevo.

Πριν προλάβει ο Μπακ να συνέλθει από τον θάνατο του Κέρλι, κάτι καινούργιο συνέβη.

François se acercó y ató algo alrededor del cuerpo de Buck.

Ο Φρανσουά ήρθε και έδεσε κάτι γύρω από το σώμα του Μπακ.

Era un arnés como los que usaban los caballos en el rancho.

Ήταν μια ιπποσκευή σαν αυτές που χρησιμοποιούνταν στα άλογα στο ράντσο.

Así como Buck había visto trabajar a los caballos, ahora él también estaba obligado a trabajar.

Όπως ο Μπακ είχε δει τα άλογα να δουλεύουν, τώρα ήταν αναγκασμένος να δουλεύει κι αυτός.

Tuvo que arrastrar a François en un trineo hasta el bosque cercano.

Έπρεπε να τραβήξει τον Φρανσουά με ένα έλκηθρο στο κοντινό δάσος.

Después tuvo que arrastrar una carga de leña pesada.

Έπειτα έπρεπε να τραβήξει πίσω ένα φορτίο βαριά καυσόξυλα.

Buck era orgulloso, por eso le dolía que lo trataran como a un animal de trabajo.

Ο Μπακ ήταν περήφανος, οπότε τον πλήγωνε να του φέρονται σαν να είναι ζώο εργασίας.

Pero él era sabio y no intentó luchar contra la nueva situación.

Αλλά ήταν σοφός και δεν προσπάθησε να αντιμετωπίσει τη νέα κατάσταση.

Aceptó su nueva vida y dio lo mejor de sí en cada tarea.

Αποδέχτηκε τη νέα του ζωή και έδωσε τον καλύτερό του εαυτό σε κάθε του έργο.

Todo en la obra le resultaba extraño y desconocido.

Όλα όσα αφορούσαν τη δουλειά του ήταν παράξενα και
άγνωστα.

Francisco era estricto y exigía obediencia sin demora.

Ο Φρανσουά ήταν αυστηρός και απαιτούσε υπακοή χωρίς
καθυστέρηση.

**Su látigo garantizaba que cada orden fuera seguida al
instante.**

Το μαστίγιό του φρόντιζε να ακολουθείται κάθε εντολή
ταυτόχρονα.

**Dave era el que conducía el trineo, el perro que estaba más
cerca de él, detrás de Buck.**

Ο Ντέιβ ήταν ο οδηγός του έλκηθρου, ο σκύλος που
βρισκόταν πιο κοντά στο έλκηθρο πίσω από τον Μπακ.

Dave mordió a Buck en las patas traseras si cometía un error.

Ο Ντέιβ δάγκωσε τον Μπακ στα πίσω πόδια αν έκανε
λάθος.

Spitz era el perro líder, hábil y experimentado en su función.

Ο Σπιτζ ήταν ο επικεφαλής σκύλος, επιδέξιος και έμπειρος
στον ρόλο.

**Spitz no pudo alcanzar a Buck fácilmente, pero aún así lo
corrigió.**

Ο Σπιτζ δεν μπορούσε να φτάσει εύκολα στον Μπακ, αλλά
παρόλα αυτά τον διόρθωσε.

**Gruñó con dureza o tiró del trineo de maneras que le
enseñaron a Buck.**

Γρύλιζε σκληρά ή τραβούσε το έλκηθρο με τρόπους που
δίδαξαν τον Μπακ.

**Con este entrenamiento, Buck aprendió más rápido de lo
que cualquiera de ellos esperaba.**

Υπό αυτή την εκπαίδευση, ο Μπακ έμαθε πιο γρήγορα από
ό,τι περίμεναν οι πάντες.

**Trabajó duro y aprendió tanto de François como de los otros
perros.**

Δούλεψε σκληρά και έμαθε τόσο από τον Φρανσουά όσο
και από τα άλλα σκυλιά.

Cuando regresaron, Buck ya conocía los comandos clave.

Όταν επέστρεψαν, ο Μπακ γνώριζε ήδη τις βασικές εντολές.

Aprendió a detenerse al oír la palabra "ho" gracias a François.

Έμαθε να σταματάει στο άκουσμα του «χο» από τον Φρανσουά.

Aprendió cuando tenía que tirar del trineo y correr.

Έμαθε πότε έπρεπε να τραβάει το έλκηθρο και να τρέχει.

Aprendió a girar abiertamente en las curvas del camino sin problemas.

Έμαθε να στρίβει φαρδιά στις στροφές του μονοπατιού χωρίς πρόβλημα.

También aprendió a evitar a Dave cuando el trineo descendía rápidamente.

Έμαθε επίσης να αποφεύγει τον Ντέιβ όταν το έλκηθρο κατέβαινε γρήγορα προς τα κάτω.

"Son perros muy buenos", le dijo orgulloso François a Perrault.

«Είναι πολύ καλά σκυλιά», είπε με υπερηφάνεια ο Φρανσουά στον Περό.

"Ese Buck tira como un demonio. Le enseño rapidísimo".

«Αυτός ο Μπακ τα σπάει όλα — τον μαθαίνω γρήγορα.»

Más tarde ese día, Perrault regresó con dos perros husky más.

Αργότερα την ίδια μέρα, ο Περό επέστρεψε με δύο ακόμη χάσκι.

Se llamaban Billee y Joe y eran hermanos.

Τα ονόματά τους ήταν Μπίλι και Τζο και ήταν αδέρφια.

Venían de la misma madre, pero no se parecían en nada.

Προέρχονταν από την ίδια μητέρα, αλλά δεν ήταν καθόλου ίδιοι.

Billee era de carácter dulce y muy amigable con todos.

Η Μπίλι ήταν γλυκιά και πολύ φιλική με όλους.

Joe era todo lo contrario: tranquilo, enojado y siempre gruñendo.

Ο Τζο ήταν το αντίθετο—ήσυχος, θυμωμένος και πάντα
γρυλίζοντας.

**Buck los saludó de manera amigable y se mostró tranquilo
con ambos.**

Ο Μπακ τους χαιρέτησε φιλικά και ήταν ήρεμος και με
τους δύο.

**Dave no les prestó atención y permaneció en silencio como
siempre.**

Ο Ντέιβ δεν τους έδωσε σημασία και παρέμεινε σιωπηλός
όπως συνήθως.

**Spitz atacó primero a Billee, luego a Joe, para demostrar su
dominio.**

Ο Σπιτζ επιτέθηκε πρώτα στον Μπίλι και μετά στον Τζο,
για να δείξει την κυριαρχία του.

Billee movió la cola y trató de ser amigable con Spitz.

Ο Μπίλι κούνησε την ουρά του και προσπάθησε να φερθεί
φιλικά στον Σπιτζ.

Cuando eso no funcionó, intentó huir.

Όταν αυτό δεν τα κατάφερε, προσπάθησε να φύγει
τρέχοντας.

**Lloró tristemente cuando Spitz lo mordió fuerte en el
costado.**

Έκλαψε λυπημένος όταν ο Σπιτζ τον δάγκωσε δυνατά στο
πλάι.

Pero Joe era muy diferente y se negaba a dejarse intimidar.

Αλλά ο Τζο ήταν πολύ διαφορετικός και αρνήθηκε να
δεχτεί εκφοβισμό.

**Cada vez que Spitz se acercaba, Joe giraba rápidamente para
enfrentarlo.**

Κάθε φορά που ο Σπιτζ πλησίαζε, ο Τζο γύριζε γρήγορα
για να τον αντιμετωπίσει.

**Su pelaje se erizó, sus labios se curvaron y sus dientes
chasquearon salvajemente.**

Η γούνα του τραχύνθηκε, τα χείλη του κυρτώθηκαν και τα
δόντια του έσπασαν άγρια.

**Los ojos de Joe brillaron de miedo y rabia, desafiando a
Spitz a atacar.**

Τα μάτια του Τζο έλαμπαν από φόβο και οργή, προκαλώντας τον Σπιτζ να χτυπήσει.

Spitz abandonó la lucha y se alejó, humillado y enojado.

Ο Σπιτζ εγκατέλειψε τη μάχη και γύρισε την πλάτη, ταπεινωμένος και θυμωμένος.

Descargó su frustración en el pobre Billee y lo ahuyentó.

Ξέσπασε την απογοήτευσή του στον καημένο τον Μπίλι και τον έδιωξε.

Esa noche, Perrault añadió un perro más al equipo.

Εκείνο το βράδυ, ο Perrault πρόσθεσε ένα ακόμη σκυλί στην ομάδα.

Este perro era viejo, delgado y cubierto de cicatrices de batalla.

Αυτό το σκυλί ήταν γέρο, αδύνατο και γεμάτο ουλές μάχης.

Le faltaba un ojo, pero el otro brillaba con poder.

Το ένα του μάτι έλειπε, αλλά το άλλο έλαμπε από δύναμη.

El nombre del nuevo perro era Solleks, que significaba "el enojado".

Το όνομα του νέου σκύλου ήταν Σόλεκς, που σήμαινε ο Θυμωμένος.

Al igual que Dave, Solleks no pidió nada a los demás y no dio nada a cambio.

Όπως ο Ντέιβ, ο Σόλεκς δεν ζήτησε τίποτα από τους άλλους και δεν έδωσε τίποτα πίσω.

Cuando Solleks entró lentamente al campamento, incluso Spitz se mantuvo alejado.

Όταν ο Σόλεκς περπατούσε αργά μέσα στο στρατόπεδο, ακόμη και ο Σπιτς έμεινε μακριά.

Tenía un hábito extraño que Buck tuvo la mala suerte de descubrir.

Είχε μια παράξενη συνήθεια που ο Μπακ άτυχος ανακάλυψε.

A Solleks le disgustaba que se acercaran a él por el lado donde estaba ciego.

Ο Σόλεκς μισούσε να τον πλησιάζουν από την πλευρά που ήταν τυφλός.

Buck no sabía esto y cometió ese error por accidente.

Ο Μπακ δεν το γνώριζε αυτό και έκανε αυτό το λάθος κατά λάθος.

Solleks se dio la vuelta y cortó el hombro de Buck profunda y rápidamente.

Ο Σόλεκς γύρισε και χτύπησε τον Μπακ στον ώμο βαθιά και γρήγορα.

A partir de ese momento, Buck nunca se acercó al lado ciego de Solleks.

Από εκείνη τη στιγμή και μετά, ο Μπακ δεν πλησίασε ποτέ την τυφλή πλευρά του Σόλεκς.

Nunca volvieron a tener problemas durante el resto del tiempo que estuvieron juntos.

Δεν είχαν ποτέ ξανά πρόβλημα για το υπόλοιπο του χρόνου που ήταν μαζί.

Solleks sólo quería que lo dejaran solo, como el tranquilo Dave.

Ο Σόλεκς ήθελε μόνο να τον αφήσουν μόνο του, σαν τον ήσυχο Ντέιβ.

Pero Buck se enteraría más tarde de que cada uno tenía otro objetivo secreto.

Αλλά ο Μπακ αργότερα θα μάθαινε ότι ο καθένας τους είχε έναν άλλο μυστικό στόχο.

Esa noche, Buck se enfrentó a un nuevo y preocupante desafío: cómo dormir.

Εκείνο το βράδυ ο Μπακ αντιμετώπισε μια νέα και ανησυχητική πρόκληση - πώς να κοιμηθεί.

La tienda brillaba cálidamente con la luz de las velas en el campo nevado.

Η σκηνή έλαμπε θερμά από το φως των κεριών στο χιονισμένο χωράφι.

Buck entró, pensando que podría descansar allí como antes.

Ο Μπακ μπήκε μέσα, νομίζοντας ότι θα μπορούσε να ξεκουραστεί εκεί όπως πριν.

Pero Perrault y François le gritaron y le lanzaron sartenes.

Αλλά ο Περώ και ο Φρανσουά του φώναξαν και του πέταξαν τηγάνια.

Sorprendido y confundido, Buck corrió hacia el frío helado.

Σοκαρισμένος και μπερδεμένος, ο Μπακ έτρεξε έξω στο παγωμένο κρύο.

Un viento amargo le azotó el hombro herido y le congeló las patas.

Ένας πικρός άνεμος τσίμπησε τον πληγωμένο ώμο του και πάγωσε τα πόδια του.

Se tumbó en la nieve y trató de dormir al aire libre.

Ξάπλωσε στο χιόνι και προσπάθησε να κοιμηθεί έξω στο ύπαιθρο.

Pero el frío pronto le obligó a levantarse de nuevo, temblando mucho.

Αλλά το κρύο σύντομα τον ανάγκασε να ξανασηκωθεί, τρέμοντας άσχημα.

Deambuló por el campamento intentando encontrar un lugar más cálido.

Περιπλανήθηκε μέσα στο στρατόπεδο, προσπαθώντας να βρει ένα πιο ζεστό μέρος.

Pero cada rincón estaba tan frío como el anterior.

Αλλά κάθε γωνιά ήταν εξίσου κρύα με την προηγούμενη.

A veces, perros salvajes saltaban sobre él desde la oscuridad.

Μερικές φορές άγρια σκυλιά πηδούσαν καταπάνω του από το σκοτάδι.

Buck erizó su pelaje, mostró los dientes y gruñó en señal de advertencia.

Ο Μπακ τράβηξε τις τρίχες του, έδειξε τα δόντια του και γρύλισε προειδοποιητικά.

Estaba aprendiendo rápido y los otros perros se alejaban rápidamente.

Μάθαινε γρήγορα και τα άλλα σκυλιά υποχώρησαν γρήγορα.

Aún así, no tenía dónde dormir ni idea de qué hacer.

Παρόλα αυτά, δεν είχε πού να κοιμηθεί και δεν είχε ιδέα τι να κάνει.

Por fin se le ocurrió una idea: ver cómo estaban sus compañeros de equipo.

Επιτέλους, του ήρθε μια σκέψη—να ελέγξει τους συμπαίκτες του.

Regresó a su zona y se sorprendió al descubrir que habían desaparecido.
Επέστρεψε στην περιοχή τους και εξεπλάγη που τους διαπίστωσε ότι είχαν εξαφανιστεί.
Nuevamente buscó por todo el campamento, pero todavía no pudo encontrarlos.
Έψαξε ξανά το στρατόπεδο, αλλά δεν μπόρεσε να τους βρει.
Sabía que ellos no podían estar en la tienda, o él también lo estaría.
Ήξερε ότι δεν μπορούσαν να είναι στη σκηνή, αλλιώς θα ήταν κι αυτός.
Entonces ¿a dónde se habían ido todos los perros en este campamento helado?
Πού είχαν πάει, λοιπόν, όλα τα σκυλιά σε αυτόν τον παγωμένο καταυλισμό;
Buck, frío y miserable, caminó lentamente alrededor de la tienda.
Ο Μπακ, κρύος και άθλιος, έκανε αργά κύκλους γύρω από τη σκηνή.
De repente, sus patas delanteras se hundieron en la nieve blanda y lo sobresaltó.
Ξαφνικά, τα μπροστινά του πόδια βυθίστηκαν στο μαλακό χιόνι και τον τρόμαξαν.
Algo se movió bajo sus pies y saltó hacia atrás asustado.
Κάτι στριφογύρισε κάτω από τα πόδια του και πήδηξε πίσω φοβισμένος.
Gruñó y rugió sin saber qué había debajo de la nieve.
Γρύλισε και γρύλισε, μη ξέροντας τι βρισκόταν κάτω από το χιόνι.
Entonces oyó un ladrido amistoso que alivió su miedo.
Τότε άκουσε ένα φιλικό μικρό γάβγισμα που απαλύνει τον φόβο του.
Olfateó el aire y se acercó para ver qué estaba oculto.
Μύρισε τον αέρα και πλησίασε για να δει τι ήταν κρυμμένο.
Bajo la nieve, acurrucada en una bola cálida, estaba la pequeña Billee.

Κάτω από το χιόνι, κουλουριασμένη σαν μια ζεστή μπάλα, ήταν η μικρή Μπίλι.

Billee movió la cola y lamió la cara de Buck para saludarlo.

Ο Μπίλι κούνησε την ουρά του και έγλειψε το πρόσωπο του Μπακ για να τον χαιρετήσει.

Buck vio cómo Billee había hecho un lugar para dormir en la nieve.

Ο Μπακ είδε πώς η Μπίλι είχε φτιάξει ένα μέρος για ύπνο στο χιόνι.

Había cavado y usado su propio calor para mantenerse caliente.

Είχε σκάψει κάτω και χρησιμοποιούσε τη δική του θέρμανση για να ζεσταθεί.

Buck había aprendido otra lección: así era como dormían los perros.

Ο Μπακ είχε πάρει άλλο ένα μάθημα—έτσι κοιμόντουσαν τα σκυλιά.

Eligió un lugar y comenzó a cavar su propio hoyo en la nieve.

Διάλεξε ένα σημείο και άρχισε να σκάβει τη δική του τρύπα στο χιόνι.

Al principio, se movía demasiado y desperdiciaba energía.

Στην αρχή, κινούνταν πολύ και σπαταλούσε ενέργεια.

Pero pronto su cuerpo calentó el espacio y se sintió seguro.

Αλλά σύντομα το σώμα του ζέστανε τον χώρο και ένιωσε ασφαλής.

Se acurrucó fuertemente y al poco tiempo estaba profundamente dormido.

Κουλουριάστηκε σφιχτά και σε λίγο κοιμήθηκε βαθιά.

El día había sido largo y duro, y Buck estaba exhausto.

Η μέρα ήταν μεγάλη και δύσκολη, και ο Μπακ ήταν εξαντλημένος.

Durmió profundamente y cómodamente, aunque sus sueños fueron salvajes.

Κοιμόταν βαθιά και άνετα, αν και τα όνειρά του ήταν τρελά.

Gruñó y ladró mientras dormía, retorciéndose mientras soñaba.

Γρύλιζε και γάβγιζε στον ύπνο του, στριφογυρίζοντας καθώς ονειρευόταν.

Buck no se despertó hasta que el campamento ya estaba cobrando vida.

Ο Μπακ δεν ξύπνησε μέχρι που η κατασκήνωση άρχισε ήδη να ζωντανεύει.

Al principio, no sabía dónde estaba ni qué había sucedido.

Στην αρχή δεν ήξερε πού βρισκόταν ή τι είχε συμβεί.

Había nevado durante la noche y había enterrado completamente su cuerpo.

Το χιόνι είχε πέσει όλη τη νύχτα και είχε θάψει εντελώς το σώμα του.

La nieve lo apretaba por todos lados.

Το χιόνι σφίχτηκε γύρω του, σφιχτό από όλες τις πλευρές.

De repente, una ola de miedo recorrió todo el cuerpo de Buck.

Ξαφνικά, ένα κύμα φόβου διαπέρασε ολόκληρο το σώμα του Μπακ.

Era el miedo a quedar atrapado, un miedo que provenía de instintos profundos.

Ήταν ο φόβος της παγίδευσης, ένας φόβος που πηγάζει από βαθιά ένστικτα.

Aunque nunca había visto una trampa, el miedo vivía dentro de él.

Αν και δεν είχε ξαναδεί παγίδα, ο φόβος ζούσε μέσα του.

Era un perro domesticado, pero ahora sus viejos instintos salvajes estaban despertando.

Ήταν ένα ήμερο σκυλί, αλλά τώρα τα παλιά, άγρια ένστικτά του ξυπνούσαν.

Los músculos de Buck se tensaron y se le erizó el pelaje por toda la espalda.

Οι μύες του Μπακ τεντώθηκαν και η γούνα του σηκώθηκε όρθια σε όλη την πλάτη του.

Gruñó ferozmente y saltó hacia arriba a través de la nieve.

Γρύλισε άγρια και πήδηξε κατευθείαν πάνω μέσα στο χιόνι.

La nieve voló en todas direcciones cuando estalló la luz del día.

Το χιόνι πετούσε προς κάθε κατεύθυνση καθώς αυτός όρμησε στο φως της ημέρας.

Incluso antes de aterrizar, Buck vio el campamento extendido ante él.

Ακόμα και πριν από την προσγείωση, ο Μπακ είδε το στρατόπεδο να απλώνεται μπροστά του.

Recordó todo del día anterior, de repente.

Θυμήθηκε τα πάντα από την προηγούμενη μέρα, μονομιάς.

Recordó pasear con Manuel y terminar en ese lugar.

Θυμόταν ότι έκανε μια βόλτα με τον Μανουέλ και κατέληξε σε αυτό το μέρος.

Recordó haber cavado el hoyo y haberse quedado dormido en el frío.

Θυμόταν ότι έσκαψε την τρύπα και ότι αποκοιμήθηκε στο κρύο.

Ahora estaba despierto y el mundo salvaje que lo rodeaba estaba claro.

Τώρα ήταν ξύπνιος και ο άγριος κόσμος γύρω του ήταν καθαρός.

Un grito de François saludó la repentina aparición de Buck.

Μια κραυγή από τον Φρανσουά χαιρέτισε την ξαφνική εμφάνιση του Μπακ.

—¿Qué te dije? —gritó en voz alta el conductor del perro a Perrault.

«Τι είπα;» φώναξε δυνατά ο οδηγός του σκύλου στον Περώ.

"Ese Buck sin duda aprende muy rápido", añadió François.

«Αυτός ο Μπακ σίγουρα μαθαίνει πολύ γρήγορα», πρόσθεσε ο Φρανσουά.

Perrault asintió gravemente, claramente satisfecho con el resultado.

Ο Περώ έγνεψε σοβαρά, φανερά ευχαριστημένος με το αποτέλεσμα.

Como mensajero del gobierno canadiense, transportaba despachos.

Ως αγγελιαφόρος για την καναδική κυβέρνηση, μετέφερε αποστολές.

Estaba ansioso por encontrar los mejores perros para su importante misión.

Ήταν πρόθυμος να βρει τα καλύτερα σκυλιά για τη σημαντική αποστολή του.

Se sintió especialmente complacido ahora que Buck era parte del equipo.

Ένιωθε ιδιαίτερα ευχαριστημένος τώρα που ο Μπακ ήταν μέλος της ομάδας.

Se agregaron tres huskies más al equipo en una hora.

Τρία ακόμη χάσκι προστέθηκαν στην ομάδα μέσα σε μία ώρα.

Eso elevó el número total de perros en el equipo a nueve.

Αυτό ανέβασε τον συνολικό αριθμό σκύλων στην ομάδα σε εννέα.

En quince minutos todos los perros estaban en sus arneses.

Μέσα σε δεκαπέντε λεπτά όλα τα σκυλιά ήταν στις ιμάντες τους.

El equipo de trineos avanzaba por el sendero hacia Dyea Cañón.

Η ομάδα του έλκηθρου ανηφόριζε το μονοπάτι προς την Ντιέα Κάνιον.

Buck se sintió contento de partir, incluso si el trabajo que tenía por delante era duro.

Ο Μπακ ένιωθε χαρούμενος που έφευγε, ακόμα κι αν η δουλειά που είχε μπροστά του ήταν δύσκολη.

Descubrió que no despreciaba especialmente el trabajo ni el frío.

Διαπίστωσε ότι δεν απεχθανόταν ιδιαίτερα την εργασία ή το κρύο.

Le sorprendió el entusiasmo que llenaba a todo el equipo.

Έμεινε έκπληκτος από την προθυμία που κατέκλυσε όλη την ομάδα.

Aún más sorprendente fue el cambio que se produjo en Dave y Solleks.

Ακόμα πιο εκπληκτική ήταν η αλλαγή που είχε συμβεί στον Ντέιβ και τον Σόλεκς.

Estos dos perros eran completamente diferentes cuando estaban enjaezados.

Αυτά τα δύο σκυλιά ήταν εντελώς διαφορετικά όταν ήταν ζευγαρωμένα.

Su pasividad y falta de preocupación habían desaparecido por completo.

Η παθητικότητα και η έλλειψη ενδιαφέροντος τους είχαν εξαφανιστεί εντελώς.

Estaban alertas y activos, y ansiosos por hacer bien su trabajo.

Ήταν σε εγρήγορση και δραστήριοι, και πρόθυμοι να κάνουν καλά τη δουλειά τους.

Se irritaban ferozmente ante cualquier cosa que causara retraso o confusión.

Ενοχλούνταν έντονα με οτιδήποτε προκαλούσε καθυστέρηση ή σύγχυση.

El duro trabajo en las riendas era el centro de todo su ser.

Η σκληρή δουλειά στα ηνία ήταν το κέντρο ολόκληρης της ύπαρξής τους.

Tirar del trineo parecía ser lo único que realmente disfrutaban.

Το τράβηγμα έλκηθρου φαινόταν να είναι το μόνο πράγμα που απολάμβαναν πραγματικά.

Dave estaba en la parte de atrás del grupo, más cerca del trineo.

Ο Ντέιβ ήταν στο πίσω μέρος της ομάδας, πιο κοντά στο έλκηθρο.

Buck fue colocado delante de Dave, y Solleks se adelantó a Buck.

Ο Μπακ τοποθετήθηκε μπροστά από τον Ντέιβ και ο Σόλεκς τον προηγήθηκε.

El resto de los perros estaban dispersos adelante, en una sola fila.

Τα υπόλοιπα σκυλιά ήταν στριμωγμένα μπροστά σε μια σειρά.

La posición de cabeza en la parte delantera quedó ocupada por Spitz.

Η επικεφαλής θέση στο μπροστινό μέρος καλύφθηκε από τον Spitz.

Buck había sido colocado entre Dave y Solleks para recibir instrucción.

Ο Μπακ είχε τοποθετηθεί ανάμεσα στον Ντέιβ και τον Σόλεκς για εκπαίδευση.

Él aprendía rápido y sus profesores eran firmes y capaces.

Αυτός μάθαινε γρήγορα, και αυτοί ήταν σταθεροί και ικανοί δάσκαλοι.

Nunca permitieron que Buck permaneciera en el error por mucho tiempo.

Δεν επέτρεψαν ποτέ στον Μπακ να παραμείνει σε λάθος για πολύ.

Enseñaron sus lecciones con dientes afilados cuando era necesario.

Δίδαξαν τα μαθήματά τους με κοφτερά δόντια όταν χρειάστηκε.

Dave era justo y mostraba un tipo de sabiduría tranquila y seria.

Ο Ντέιβ ήταν δίκαιος και έδειξε ένα ήρεμο, σοβαρό είδος σοφίας.

Él nunca mordió a Buck sin una buena razón para hacerlo.

Ποτέ δεν δάγκωσε τον Μπακ χωρίς σοβαρό λόγο.

Pero nunca dejó de morder cuando Buck necesitaba corrección.

Αλλά ποτέ δεν παρέλειπε να δαγκώνει όταν ο Μπακ χρειαζόταν διόρθωση.

El látigo de Francisco estaba siempre listo y respaldaba su autoridad.

Το μαστίγιο του Φρανσουά ήταν πάντα έτοιμο και υποστήριζε την εξουσία τους.

Buck pronto descubrió que era mejor obedecer que defenderse.

Ο Μπακ σύντομα κατάλαβε ότι ήταν καλύτερο να υπακούσει παρά να αντεπιτεθεί.

Una vez, durante un breve descanso, Buck se enredó en las riendas.

Κάποτε, κατά τη διάρκεια μιας σύντομης ανάπαυσης, ο Μπακ μπλέχτηκε στα ηνία.

Retrasó el inicio y confundió los movimientos del equipo.

Καθυστέρησε την έναρξη και μπέρδεψε την κίνηση της ομάδας.

Dave y Solleks se abalanzaron sobre él y le dieron una paliza brutal.

Ο Ντέιβ και ο Σόλεκς όρμησαν πάνω του και τον ξυλοκόπησαν άγρια.

El enredo sólo empeoró, pero Buck aprendió bien la lección.

Το μπέρδεμα μόνο χειροτέρευε, αλλά ο Μπακ έμαθε καλά το μάθημά του.

A partir de entonces, mantuvo las riendas tensas y trabajó con cuidado.

Από τότε και στο εξής, κρατούσε τα ηνία τεντωμένα και εργαζόταν προσεκτικά.

Antes de que terminara el día, Buck había dominado gran parte de su tarea.

Πριν τελειώσει η μέρα, ο Μπακ είχε τελειοποιήσει μεγάλο μέρος της εργασίας του.

Sus compañeros casi dejaron de corregirlo y morderlo.

Οι συμπαίκτες του σχεδόν σταμάτησαν να τον διορθώνουν ή να τον δαγκώνουν.

El látigo de François resonaba cada vez con menos frecuencia en el aire.

Το μαστίγιο του Φρανσουά χτυπούσε στον αέρα όλο και πιο σπάνια.

Perrault incluso levantó los pies de Buck y examinó cuidadosamente cada pata.

Ο Περό σήκωσε ακόμη και τα πόδια του Μπακ και εξέτασε προσεκτικά κάθε πόδι.

Había sido un día de carrera duro, largo y agotador para todos ellos.

Ήταν μια δύσκολη μέρα τρεξίματος, μεγάλη και εξαντλητική για όλους τους.

Viajaron por el Cañón, atravesando Sheep Camp y pasando por Scales.

Ταξίδεψαν πάνω στον ποταμό Κανιόν, μέσα από το Sheep Camp και πέρασαν τις Σκέιλς.

Cruzaron la línea de árboles, luego glaciares y bancos de nieve de muchos metros de profundidad.

Διέσχισαν τα όρια της δασικής έκτασης, και μετά πέρασαν παγετώνες και χιονοστιβάδες βάθους πολλών μέτρων.

Escalaron la gran, fría y prohibitiva divisoria de Chilkoot.

Σκαρφάλωσαν το μεγάλο κρύο και απαγορευτικό χάσμα Τσίλκουτ.

Esa alta cresta se encontraba entre el agua salada y el interior helado.

Αυτή η ψηλή κορυφογραμμή βρισκόταν ανάμεσα στο αλμυρό νερό και το παγωμένο εσωτερικό.

Las montañas custodiaban con hielo y empinadas subidas el triste y solitario Norte.

Τα βουνά φρουρούσαν τον θλιβερό και μοναχικό Βορρά με πάγο και απότομες ανηφόρες.

Avanzaron a buen ritmo por una larga cadena de lagos debajo de la divisoria.

Πέρασαν καλά σε μια μακριά αλυσίδα από λίμνες κάτω από το χώρισμα.

Esos lagos llenaban los antiguos cráteres de volcanes extintos.

Αυτές οι λίμνες γέμιζαν τους αρχαίους κρατήρες των σβησμένων ηφαιστείων.

Tarde esa noche, llegaron a un gran campamento en el lago Bennett.

Αργά το ίδιο βράδυ, έφτασαν σε ένα μεγάλο στρατόπεδο στη λίμνη Μπένετ.

Miles de buscadores de oro estaban allí, construyendo barcos para la primavera.

Χιλιάδες χρυσοθήρες ήταν εκεί, κατασκευάζοντας βάρκες για την άνοιξη.

El hielo se rompería pronto y tenían que estar preparados.
Ο πάγος επρόκειτο να σπάσει σύντομα και έπρεπε να είναι έτοιμοι.

Buck cavó su hoyo en la nieve y cayó en un sueño profundo.
Ο Μπακ έσκαψε την τρύπα του στο χιόνι και έπεσε σε βαθύ ύπνο.

Durmió como un trabajador, exhausto por la dura jornada de trabajo.
Κοιμόταν σαν εργάτης, εξαντλημένος από τη σκληρή μέρα της δουλειάς.

Pero demasiado pronto, en la oscuridad, fue sacado del sueño.
Αλλά πολύ νωρίς στο σκοτάδι, τον ξύπνησαν.

Fue enganchado nuevamente con sus compañeros y sujeto al trineo.
Δέθηκε ξανά με τους φίλους του και προσκολλήθηκε στο έλκηθρο.

Aquel día hicieron cuarenta millas, porque la nieve estaba muy pisoteada.
Εκείνη την ημέρα έκαναν σαράντα μίλια, επειδή το χιόνι ήταν καλά πατημένο.

Al día siguiente, y durante muchos días más, la nieve estaba blanda.
Την επόμενη μέρα, και για πολλές μέρες μετά, το χιόνι ήταν μαλακό.

Tuvieron que hacer el camino ellos mismos, trabajando más duro y moviéndose más lento.
Έπρεπε να φτιάξουν το μονοπάτι μόνοι τους, δουλεύοντας σκληρότερα και κινούμενοι πιο αργά.

Por lo general, Perrault caminaba delante del equipo con raquetas de nieve palmeadas.
Συνήθως, ο Περό περπατούσε μπροστά από την ομάδα φορώντας χιονοπέδιλα με μεμβράνη.

Sus pasos compactaron la nieve, facilitando el movimiento del trineo.
Τα βήματά του γέμιζαν το χιόνι, διευκολύνοντας την κίνηση του έλκηθρου.

François, que dirigía el barco desde la dirección, a veces tomaba el relevo.

Ο Φρανσουά, ο οποίος καθοδηγούσε από την αρχή, μερικές φορές αναλάμβανε τα ηνία.

Pero era raro que François tomara la iniciativa.

Αλλά ήταν σπάνιο ο Φρανσουά να πάρει το προβάδισμα

porque Perrault tenía prisa por entregar las cartas y los paquetes.

επειδή ο Περώ βιαζόταν να παραδώσει τα γράμματα και τα δέματα.

Perrault estaba orgulloso de su conocimiento de la nieve, y especialmente del hielo.

Ο Περώ ήταν περήφανος για τις γνώσεις του για το χιόνι, και ιδιαίτερα για τον πάγο.

Ese conocimiento era esencial porque el hielo en otoño era peligrosamente delgado.

Αυτή η γνώση ήταν απαραίτητη, επειδή ο πάγος του φθινοπώρου ήταν επικίνδυνα λεπτός.

Allí donde el agua fluía rápidamente bajo la superficie, no había hielo en absoluto.

Όπου το νερό έρεε γρήγορα κάτω από την επιφάνεια, δεν υπήρχε καθόλου πάγος.

Día tras día, la misma rutina se repetía sin fin.

Μέρα με τη μέρα, η ίδια ρουτίνα επαναλαμβανόταν ασταμάτητα.

Buck trabajó incansablemente en las riendas desde el amanecer hasta la noche.

Ο Μπακ μοχθούσε ασταμάτητα στα ηνία από την αυγή μέχρι το βράδυ.

Abandonaron el campamento en la oscuridad, mucho antes de que saliera el sol.

Έφυγαν από το στρατόπεδο στο σκοτάδι, πολύ πριν ανατείλει ο ήλιος.

Cuando amaneció, ya habían recorrido muchos kilómetros.

Όταν ξημέρωσε, πολλά μίλια είχαν ήδη περάσει πίσω τους.

Acamparon después del anochecer, comieron pescado y excavaron en la nieve.

Έστησαν το στρατόπεδό τους αφού νύχτωσε, τρώγοντας ψάρια και σκάβοντας στο χιόνι.

Buck siempre tenía hambre y nunca estaba realmente satisfecho con su ración.

Ο Μπακ πεινούσε πάντα και ποτέ δεν ήταν πραγματικά ικανοποιημένος με τη μερίδα του.

Recibía una libra y media de salmón seco cada día.

Έπαιρνε ενάμιση κιλό αποξηραμένο σολομό κάθε μέρα.

Pero la comida parecía desaparecer dentro de él, dejando atrás el hambre.

Αλλά το φαγητό φαινόταν να εξαφανίζεται μέσα του, αφήνοντας πίσω του την πείνα.

Sufría constantes dolores de hambre y soñaba con más comida.

Υπέφερε από συνεχείς κρίσεις πείνας και ονειρευόταν περισσότερο φαγητό.

Los otros perros sólo ganaron una libra, pero se mantuvieron fuertes.

Τα άλλα σκυλιά πήραν μόνο μια λίβρα τροφής, αλλά παρέμειναν δυνατά.

Eran más pequeños y habían nacido en la vida del norte.

Ήταν μικρότερα και είχαν γεννηθεί στη βόρεια ζωή.

Perdió rápidamente la meticulosidad que había caracterizado su antigua vida.

Γρήγορα έχασε την σχολαστικότητα που είχε σημαδέψει την παλιά του ζωή.

Había sido un comensal delicado, pero ahora eso ya no era posible.

Ήταν λιτός στο φαγητό, αλλά τώρα αυτό δεν ήταν πλέον δυνατό.

Sus compañeros terminaron primero y le robaron su ración sobrante.

Οι φίλοι του τερμάτισαν πρώτοι και του έκλεψαν την ημιτελή μερίδα του.

Una vez que empezaron, no había forma de defender su comida de ellos.

Από τη στιγμή που άρχισαν, δεν υπήρχε τρόπος να υπερασπιστεί το φαγητό του από αυτούς.

Mientras él luchaba contra dos o tres perros, los otros le robaron el resto.

Ενώ αυτός πολεμούσε με δύο ή τρία σκυλιά, τα άλλα έκλεψαν τα υπόλοιπα.

Para solucionar esto, comenzó a comer tan rápido como los demás.

Για να το διορθώσει αυτό, άρχισε να τρώει τόσο γρήγορα όσο έτρωγαν και οι άλλοι.

El hambre lo empujó tan fuerte que incluso tomó comida que no era suya.

Η πείνα τον πίεζε τόσο πολύ που έτρωγε ακόμη και φαγητό που δεν ήταν δικό του.

Observó a los demás y aprendió rápidamente de sus acciones.

Παρακολουθούσε τους άλλους και μάθαινε γρήγορα από τις πράξεις τους.

Vio a Pike, un perro nuevo, robarle una rebanada de tocino a Perrault.

Είδε τον Πάικ, ένα καινούργιο σκυλί, να κλέβει μια φέτα μπέικον από τον Περό.

Pike había esperado hasta que Perrault se dio la espalda para robarle el tocino.

Ο Πάικ περίμενε μέχρι να γυρίσει την πλάτη του Περώ για να κλέψει το μπέικον.

Al día siguiente, Buck copió a Pike y robó todo el trozo.

Την επόμενη μέρα, ο Μπακ αντέγραψε τον Πάικ και έκλεψε ολόκληρο το κομμάτι.

Se produjo un gran alboroto, pero no se sospechó de Buck.

Ακολούθησε μεγάλη αναταραχή, αλλά ο Μπακ δεν ήταν ύποπτος.

Dub, un perro torpe que siempre era atrapado, fue castigado.

Ο Νταμπ, ένα αδέξιο σκυλί που πάντα πιανόταν, τιμωρήθηκε αντ' αυτού.

Ese primer robo marcó a Buck como un perro apto para sobrevivir en el Norte.

Αυτή η πρώτη κλοπή χαρακτήρισε τον Μπακ ως σκύλο ικανό να επιβιώσει στον Βορρά.

Demostró que podía adaptarse a nuevas condiciones y aprender rápidamente.

Έδειξε ότι μπορεί να προσαρμοστεί σε νέες συνθήκες και να μάθει γρήγορα.

Sin esa adaptabilidad, habría muerto rápida y gravemente.

Χωρίς τέτοια προσαρμοστικότητα, θα είχε πεθάνει γρήγορα και άσχημα.

También marcó el colapso de su naturaleza moral y de sus valores pasados.

Σηματοδότησε επίσης την κατάρρευση της ηθικής του φύσης και των προηγούμενων αξιών του.

En el Sur, había vivido bajo la ley del amor y la bondad.

Στη Νότια Χώρα, είχε ζήσει σύμφωνα με τον νόμο της αγάπης και της καλοσύνης.

Allí tenía sentido respetar la propiedad y los sentimientos de los otros perros.

Εκεί ήταν λογικό να σέβονται την ιδιοκτησία και τα συναισθήματα των άλλων σκύλων.

Pero en el Norte se aplicaba la ley del garrote y la ley del colmillo.

Αλλά η Βόρεια Χώρα ακολουθούσε τον νόμο του κλαμπ και τον νόμο του κυνόδοντα.

Quienquiera que respetara los viejos valores aquí sería un tonto y fracasaría.

Όποιος σεβόταν τις παλιές αξίες εδώ ήταν ανόητος και θα αποτύγχανε.

Buck no razonó todo esto en su mente.

Ο Μπακ δεν τα σκέφτηκε όλα αυτά.

Estaba en forma y se adaptó sin necesidad de pensar.

Ήταν σε φόρμα, κι έτσι προσαρμόστηκε χωρίς να χρειάζεται να σκεφτεί.

Durante toda su vida, nunca había huido de una pelea.

Σε όλη του τη ζωή, ποτέ δεν είχε δραπετεύσει από μια μάχη.

Pero el garrote de madera del hombre del suéter rojo cambió esa regla.

Αλλά το ξύλινο ρόπαλο του άντρα με το κόκκινο πουλόβερ άλλαξε αυτόν τον κανόνα.

Ahora seguía un código más profundo y antiguo escrito en su ser.

Τώρα ακολουθούσε έναν βαθύτερο, παλαιότερο κώδικα γραμμένο στην ύπαρξή του.

No robó por placer sino por el dolor del hambre.

Δεν έκλεβε από ευχαρίστηση, αλλά από τον πόνο της πείνας.

Él nunca robaba abiertamente, sino que hurtaba con astucia y cuidado.

Ποτέ δεν έκλεβε ανοιχτά, αλλά έκλεβε με πονηριά και προσοχή.

Actuó por respeto al garrote de madera y por miedo al colmillo.

Ενήργησε από σεβασμό για το ξύλινο ρόπαλο και φόβο για το δόντι.

En resumen, hizo lo que era más fácil y seguro que no hacerlo.

Με λίγα λόγια, έκανε αυτό που ήταν ευκολότερο και ασφαλέστερο από το να μην το κάνει.

Su desarrollo —o quizás su regreso a los viejos instintos— fue rápido.

Η ανάπτυξή του —ή ίσως η επιστροφή του στα παλιά ένστικτα— ήταν γρήγορη.

Sus músculos se endurecieron hasta sentirse tan fuertes como el hierro.

Οι μύες του σκλήρυναν μέχρι που τους ένιωθες τόσο δυνατούς όσο σίδερο.

Ya no le importaba el dolor, a menos que fuera grave.

Δεν τον ένοιαζε πια ο πόνος, εκτός αν ήταν σοβαρός.

Se volvió eficiente por dentro y por fuera, sin desperdiciar nada.

Έγινε αποτελεσματικός εσωτερικά και εξωτερικά, χωρίς να σπαταλάει τίποτα απολύτως.

Podía comer cosas viles, podridas o difíciles de digerir.

Μπορούσε να τρώει πράγματα που ήταν απαίσια, σάπια ή δύσπεπτα.

Todo lo que comía, su estómago aprovechaba hasta el último vestigio de valor.

Ό,τι κι αν έτρωγε, το στομάχι του χρησιμοποιούσε και την τελευταία σπιθαμή της αξίας του.

Su sangre transportaba los nutrientes a través de su poderoso cuerpo.

Το αίμα του μετέφερε τα θρεπτικά συστατικά μακριά μέσα από το δυνατό του σώμα.

Esto creó tejidos fuertes que le dieron una resistencia increíble.

Αυτό δημιούργησε ισχυρούς ιστούς που του έδωσαν απίστευτη αντοχή.

Su vista y su olfato se volvieron mucho más sensibles que antes.

Η όραση και η όσφρησή του έγιναν πολύ πιο ευαίσθητες από πριν.

Su audición se agudizó tanto que podía detectar sonidos débiles durante el sueño.

Η ακοή του έγινε τόσο οξεία που μπορούσε να ανιχνεύσει αμυδρούς ήχους στον ύπνο.

Sabía en sueños si los sonidos significaban seguridad o peligro.

Ήξερε στα όνειρά του αν οι ήχοι σήμαιναν ασφάλεια ή κίνδυνο.

Aprendió a morder el hielo entre los dedos de los pies con los dientes.

Έμαθε να δαγκώνει τον πάγο ανάμεσα στα δάχτυλα των ποδιών του με τα δόντια του.

Si un charco de agua se congelaba, rompía el hielo con las piernas.

Αν πάγωνε μια τρύπα με νερό, έσπαγε τον πάγο με τα πόδια του.

Se encabritó y golpeó con fuerza el hielo con sus rígidas patas delanteras.

Σηκώθηκε όρθιος και χτύπησε δυνατά τον πάγο με τα άκαμπτα μπροστινά του άκρα.

Su habilidad más sorprendente era predecir los cambios del viento durante la noche.

Η πιο εντυπωσιακή του ικανότητα ήταν η πρόβλεψη των αλλαγών του ανέμου κατά τη διάρκεια της νύχτας.

Incluso cuando el aire estaba quieto, elegía lugares protegidos del viento.

Ακόμα και όταν ο αέρας ήταν ακίνητος, επέλεγε σημεία προστατευμένα από τον άνεμο.

Dondequiera que cavaba su nido, el viento del día siguiente lo pasaba de largo.

Όπου κι αν έσκαβε τη φωλιά του, ο άνεμος της επόμενης μέρας τον προσπερνούσε.

Siempre acababa abrigado y protegido, a sotavento de la brisa.

Κατέληγε πάντα άνετος και προστατευμένος, πολύ μακριά από το αεράκι.

Buck no sólo aprendió con la experiencia: sus instintos también regresaron.

Ο Μπακ όχι μόνο έμαθε από την εμπειρία — και τα ένστικτά του επέστρεψαν.

Los hábitos de las generaciones domesticadas comenzaron a desaparecer.

Οι συνήθειες των εξημερωμένων γενεών άρχισαν να εξαφανίζονται.

De manera vaga, recordaba los tiempos antiguos de su raza.

Με αόριστους τρόπους, θυμόταν την αρχαιότητα της ράτσας του.

Recordó cuando los perros salvajes corrían en manadas por los bosques.

Σκέφτηκε πίσω στην εποχή που τα άγρια σκυλιά έτρεχαν σε αγέλες μέσα στα δάση.

Habían perseguido y matado a su presa mientras la perseguían.

Είχαν κυνηγήσει και σκοτώσει το θήραμά τους ενώ το καταδιώκουν.

Para Buck fue fácil aprender a pelear con dientes y velocidad.

Ήταν εύκολο για τον Μπακ να μάθει πώς να πολεμά με δόντια και ταχύτητα.

Utilizaba cortes, tajos y chasquidos rápidos igual que sus antepasados.

Χρησιμοποιούσε κοψίματα, πλάγιες γραμμές και γρήγορα κουμπώματα όπως οι πρόγονοί του.

Aquellos antepasados se agitaron dentro de él y despertaron su naturaleza salvaje.

Αυτοί οι πρόγονοι αναζωπύρωσαν μέσα του και ξύπνησαν την άγρια φύση του.

Sus antiguas habilidades habían pasado a él a través de la línea de sangre.

Οι παλιές τους δεξιότητες είχαν περάσει σε αυτόν μέσω της γραμμής αίματος.

Sus trucos ahora eran suyos, sin necesidad de práctica ni esfuerzo.

Τα κόλπα τους ήταν πλέον δικά του, χωρίς να χρειάζεται εξάσκηση ή προσπάθεια.

En las noches frías y quietas, Buck levantaba la nariz y aullaba.

Τις ήσυχες, κρύες νύχτες, ο Μπακ σήκωσε τη μύτη του και ούρλιαξε.

Aulló largo y profundamente, como lo hacían los lobos antaño.

Ούρλιαξε μακρόσυρτα και βαθιά, όπως έκαναν οι λύκοι πριν από πολύ καιρό.

A través de él, sus antepasados muertos apuntaron sus narices y aullaron.

Μέσα από αυτόν, οι νεκροί πρόγονοί του έδειχναν τις μύτες τους και ούρλιαζαν.

Aullaron a través de los siglos con su voz y su forma.

Ούρλιαζαν μέσα στους αιώνες με τη φωνή και τη μορφή του.

Sus cadencias eran las de ellos, viejos gritos que hablaban de dolor y frío.

Οι ρυθμοί του ήταν οι δικοί τους, παλιές κραυγές που μαρτυρούσαν θλίψη και κρύο.

Cantaron sobre la oscuridad, el hambre y el significado del invierno.

Τραγούδησαν για το σκοτάδι, για την πείνα και το νόημα του χειμώνα.

Buck demostró cómo la vida está determinada por fuerzas ajenas a uno mismo.

Ο Μπακ απέδειξε πώς η ζωή διαμορφώνεται από δυνάμεις πέρα από τον εαυτό μας,

La antigua canción se elevó a través de Buck y se apoderó de su alma.

Το αρχαίο τραγούδι αντηχούσε μέσα από τον Μπακ και κατέκτησε την ψυχή του.

Se encontró a sí mismo porque los hombres habían encontrado oro en el Norte.

Βρήκε τον εαυτό του επειδή οι άνθρωποι είχαν βρει χρυσό στον Βορρά.

Y se encontró porque Manuel, el ayudante del jardinero, necesitaba dinero.

Και βρήκε τον εαυτό του επειδή ο Μανουήλ, ο βοηθός του κηπουρού, χρειαζόταν χρήματα.

La Bestia Primordial Dominante
Το Κυρίαρχο Αρχέγονο Θηρίο

La bestia primordial dominante era tan fuerte como siempre en Buck.

Το κυρίαρχο αρχέγονο θηρίο ήταν τόσο δυνατό όσο ποτέ, στον Μπακ.

Pero la bestia primordial dominante yacía latente en él.

Αλλά το κυρίαρχο αρχέγονο θηρίο είχε αδρανήσει μέσα του.

La vida en el camino era dura, pero fortalecía a la bestia que Buck llevaba dentro.

Η ζωή στα μονοπάτια ήταν σκληρή, αλλά ενίσχυσε το θηρίο μέσα στον Μπακ.

En secreto, la bestia se hacía cada día más fuerte.

Κρυφά το θηρίο γινόταν όλο και πιο δυνατό κάθε μέρα.

Pero ese crecimiento interior permaneció oculto para el mundo exterior.

Αλλά αυτή η εσωτερική ανάπτυξη παρέμεινε κρυμμένη στον έξω κόσμο.

Una fuerza primordial, tranquila y calmada se estaba construyendo dentro de Buck.

Μια ήσυχη και ήρεμη αρχέγονη δύναμη χτιζόταν μέσα στον Μπακ.

Una nueva astucia le proporcionó a Buck equilibrio, calma, control y aplomo.

Η νέα πανουργία έδωσε στον Μπακ ισορροπία, ηρεμία και αυτοκυριαρχία.

Buck se concentró mucho en adaptarse, sin sentirse nunca totalmente relajado.

Ο Μπακ επικεντρώθηκε έντονα στην προσαρμογή, χωρίς ποτέ να νιώσει πλήρως χαλαρός.

Él evitaba los conflictos, nunca iniciaba peleas ni buscaba problemas.

Απέφευγε τις συγκρούσεις, δεν ξεκινούσε ποτέ καβγάδες ούτε αναζητούσε προβλήματα.

Una reflexión lenta y constante moldeó cada movimiento de Buck.

Μια αργή, σταθερή σκέψη καθόριζε κάθε κίνηση του Μπακ.

Evitó las elecciones precipitadas y las decisiones repentinas e imprudentes.

Απέφευγε τις βιαστικές επιλογές και τις ξαφνικές, απερίσκεπτες αποφάσεις.

Aunque Buck odiaba profundamente a Spitz, no le mostró ninguna agresión.

Αν και ο Μπακ μισούσε βαθιά τον Σπιτζ, δεν του έδειξε καμία επιθετικότητα.

Buck nunca provocó a Spitz y mantuvo sus acciones moderadas.

Ο Μπακ δεν προκάλεσε ποτέ τον Σπιτζ και κρατούσε τις πράξεις του συγκρατημένες.

Spitz, por otro lado, percibió el creciente peligro en Buck.

Ο Σπιτζ, από την άλλη πλευρά, διαισθάνθηκε τον αυξανόμενο κίνδυνο στον Μπακ.

Él veía a Buck como una amenaza y un serio desafío a su poder.

Έβλεπε τον Μπακ ως απειλή και μια σοβαρή πρόκληση για την εξουσία του.

Aprovechó cada oportunidad para gruñir y mostrar sus afilados dientes.

Εκμεταλλεύτηκε κάθε ευκαιρία για να γρυλίσει και να δείξει τα κοφτερά του δόντια.

Estaba tratando de iniciar la pelea mortal que estaba por venir.

Προσπαθούσε να ξεκινήσει την θανατηφόρα μάχη που έπρεπε να έρθει.

Al principio del viaje casi se desató una pelea entre ellos.

Στην αρχή του ταξιδιού, παραλίγο να ξεσπάσει καβγάς μεταξύ τους.

Pero un accidente inesperado detuvo la pelea.

Αλλά ένα απροσδόκητο ατύχημα σταμάτησε τον αγώνα.

Esa tarde acamparon en el gélido lago Le Barge.

Εκείνο το βράδυ έστησαν στρατόπεδο στην παγωμένη λίμνη Λε Μπαρζ.

La nieve caía con fuerza y el viento cortaba como un cuchillo.

Το χιόνι έπεφτε δυνατά και ο άνεμος έκοβε σαν μαχαίρι.

La noche había llegado demasiado rápido y la oscuridad los rodeaba.

Η νύχτα είχε έρθει πολύ γρήγορα και το σκοτάδι τους περικύκλωσε.

Difícilmente podrían haber elegido un peor lugar para descansar.

Δύσκολα θα μπορούσαν να είχαν επιλέξει χειρότερο μέρος για ξεκούραση.

Los perros buscaban desesperadamente un lugar donde tumbarse.

Τα σκυλιά έψαχναν απεγνωσμένα ένα μέρος να ξαπλώσουν.

Detrás del pequeño grupo se alzaba una alta pared de roca.

Ένας ψηλός πέτρινος τοίχος υψωνόταν απότομα πίσω από τη μικρή ομάδα.

La tienda de campaña había sido abandonada en Dyea para aligerar la carga.

Η σκηνή είχε μείνει πίσω στη Ντιάεα για να ελαφρύνει το φορτίο.

No les quedó más remedio que hacer el fuego sobre el propio hielo.

Δεν είχαν άλλη επιλογή από το να ανάψουν τη φωτιά στον ίδιο τον πάγο.

Extendieron sus batas para dormir directamente sobre el lago helado.

Άπλωσαν τις ρόμπες ύπνου τους κατευθείαν πάνω στην παγωμένη λίμνη.

Unos cuantos palitos de madera flotante les dieron un poco de fuego.

Μερικά ξύλα που ξεβράστηκαν τους έδωσαν λίγη φωτιά.

Pero el fuego se construyó sobre el hielo y se descongeló a través de él.

Αλλά η φωτιά άναψε πάνω στον πάγο και τον έλιωσε.

Al final, estaban comiendo su cena en la oscuridad.

Τελικά έτρωγαν το δείπνο τους στο σκοτάδι.

Buck se acurrucó junto a la roca, protegido del viento frío.

Ο Μπακ κουλουριάστηκε δίπλα στον βράχο, προστατευμένος από τον κρύο άνεμο.

El lugar era tan cálido y seguro que Buck odiaba mudarse.

Το μέρος ήταν τόσο ζεστό και ασφαλές που ο Μπακ μισούσε να μετακομίσει.

Pero François había calentado el pescado y estaba repartiendo raciones.

Αλλά ο Φρανσουά είχε ζεστάνει τα ψάρια και μοίραζε μερίδες.

Buck terminó de comer rápidamente y regresó a su cama.

Ο Μπακ τελείωσε γρήγορα το φαγητό και επέστρεψε στο κρεβάτι του.

Pero Spitz ahora estaba acostado donde Buck había hecho su cama.

Αλλά ο Σπιτζ ήταν τώρα ξαπλωμένος εκεί που είχε στρώσει το κρεβάτι του ο Μπακ.

Un gruñido bajo advirtió a Buck que Spitz se negaba a moverse.

Ένα χαμηλό γρύλισμα προειδοποίησε τον Μπακ ότι ο Σπιτζ αρνούνταν να κουνηθεί.

Hasta ahora, Buck había evitado esta pelea con Spitz.

Μέχρι τώρα, ο Μπακ είχε αποφύγει αυτόν τον καβγά με τον Σπιτζ.

Pero en lo más profundo de Buck la bestia finalmente se liberó.

Αλλά βαθιά μέσα στον Μπακ, το θηρίο επιτέλους απελευθερώθηκε.

El robo de su lugar para dormir era algo demasiado difícil de tolerar.

Η κλοπή του χώρου που κοιμόταν ήταν αφόρητη.

Buck se lanzó hacia Spitz, lleno de ira y rabia.

Ο Μπακ όρμησε προς τον Σπιτζ, γεμάτος θυμό και οργή.

Hasta ahora Spitz había pensado que Buck era sólo un perro grande.

Μέχρι στιγμής, ο Σπιτζ πίστευε ότι ο Μπακ ήταν απλώς ένα μεγάλο σκυλί.

No creía que Buck hubiera sobrevivido a través de su espíritu.

Δεν πίστευε ότι ο Μπακ είχε επιβιώσει χάρη στο πνεύμα του.

Esperaba miedo y cobardía, no furia y venganza.

Περίμενε φόβο και δειλία, όχι οργή και εκδίκηση.

François se quedó mirando mientras los dos perros salían del nido en ruinas.

Ο Φρανσουά κοίταξε επίμονα καθώς και τα δύο σκυλιά ξεχύθηκαν από την ερειπωμένη φωλιά.

Comprendió de inmediato lo que había iniciado la salvaje lucha.

Κατάλαβε αμέσως τι είχε ξεκινήσει την άγρια πάλη.

—¡Ah! —gritó François en apoyo del perro marrón.

«Αα-α!» φώναξε ο Φρανσουά υποστηρίζοντας τον καφέ σκύλο.

¡Dale una paliza! ¡Por Dios, castiga a ese ladrón astuto!

«Δώσε του ένα ξύλο! Μα τον Θεό, τιμώρησε αυτόν τον ύπουλο κλέφτη!»

Spitz mostró la misma disposición y un entusiasmo salvaje por luchar.

Ο Σπιτζ έδειξε ίση ετοιμότητα και έντονη προθυμία για μάχη.

Gritó de rabia mientras giraba rápidamente en busca de una abertura.

Φώναξε με οργή ενώ έκανε γρήγορους κύκλους, αναζητώντας ένα άνοιγμα.

Buck mostró el mismo hambre de luchar y la misma cautela.

Ο Μπακ έδειξε την ίδια δίψα για μάχη και την ίδια προσοχή.

También rodeó a su oponente, intentando obtener la ventaja en la batalla.

Κυκλοποίησε και τον αντίπαλό του, προσπαθώντας να αποκτήσει το πάνω χέρι στη μάχη.

Entonces sucedió algo inesperado y lo cambió todo.

Τότε συνέβη κάτι απροσδόκητο και τα άλλαξε όλα.

Ese momento retrasó la eventual lucha por el liderazgo.

Αυτή η στιγμή καθυστέρησε την τελική μάχη για την ηγεσία.

Muchos kilómetros de camino y lucha aún nos esperaban antes del final.

Πολλά χιλιόμετρα μονοπατιού και αγώνα περίμεναν ακόμα πριν το τέλος.

Perrault gritó un juramento cuando un garrote impactó contra el hueso.

Ο Περώ έβρισε καθώς ένα ρόπαλο χτύπησε το κόκκαλο.

Se escuchó un agudo grito de dolor y luego el caos explotó por todas partes.

Ακολούθησε μια έντονη κραυγή πόνου και μετά χάος εξερράγη παντού.

En el campamento se movían figuras oscuras: perros esquimales salvajes, hambrientos y feroces.

Σκούρα σχήματα κινούνταν μέσα στο στρατόπεδο· άγρια χάσκι, πεινασμένα και άγρια.

Cuatro o cinco docenas de perros esquimales habían olfateado el campamento desde lejos.

Τέσσερις ή πέντε δωδεκάδες χάσκι είχαν μυρίσει τον καταυλισμό από μακριά.

Se habían colado sigilosamente mientras los dos perros peleaban cerca.

Είχαν εισχωρήσει αθόρυβα ενώ τα δύο σκυλιά μάλωναν εκεί κοντά.

François y Perrault atacaron con garrotes a los invasores.

Ο Φρανσουά και ο Περώ όρμησαν εναντίον των εισβολέων, κουνώντας ρόπαλα.

Los perros esquimales hambrientos mostraron los dientes y contraatacaron frenéticamente.

Τα πεινασμένα χάσκι έδειξαν δόντια και αντεπιτέθηκαν μανιωδώς.

El olor a carne y a pan les había hecho perder todo miedo.

Η μυρωδιά του κρέατος και του ψωμιού τους είχε διώξει από κάθε φόβο.

Perrault golpeó a un perro que había enterrado su cabeza en el cajón de comida.

Ο Περώ χτύπησε ένα σκυλί που είχε θάψει το κεφάλι του στο κλουβί με τις προνύμφες.

El golpe fue muy fuerte y la caja se volcó, derramándose comida.

Το χτύπημα ήταν δυνατό και το κουτί ανατράπηκε, με το φαγητό να χύνεται έξω.

En cuestión de segundos, una veintena de bestias salvajes destrozaron el pan y la carne.

Σε δευτερόλεπτα, μια ντουζίνα άγρια θηρία όρμησαν πάνω στο ψωμί και το κρέας.

Los garrotes de los hombres asestaron golpe tras golpe, pero ningún perro se apartó.

Τα ανδρικά κλαμπ προσγειώθηκαν χτυπήματα μετά χτυπήματα, αλλά κανένα σκυλί δεν γύρισε την πλάτη.

Aullaron de dolor, pero lucharon hasta que no quedó comida.

Ούρλιαζαν από τον πόνο, αλλά πάλευαν μέχρι που δεν είχε απομείνει καθόλου φαγητό.

Mientras tanto, los perros de trineo habían saltado de sus camas nevadas.

Εν τω μεταξύ, τα σκυλιά-έλκηθρο είχαν πηδήξει από τα χιονισμένα κρεβάτια τους.

Fueron atacados instantáneamente por los feroces y hambrientos huskies.

Δέχθηκαν αμέσως επίθεση από τα άγρια πεινασμένα χάσκι.

Buck nunca había visto criaturas tan salvajes y hambrientas antes.

Ο Μπακ δεν είχε ξαναδεί ποτέ τόσο άγρια και πεινασμένα πλάσματα.

Su piel colgaba suelta, ocultando apenas sus esqueletos.

Το δέρμα τους κρεμόταν χαλαρό, κρύβοντας μόλις τους σκελετούς τους.

Había un fuego en sus ojos, de hambre y locura.

Υπήρχε μια φωτιά στα μάτια τους, από την πείνα και την τρέλα

No había manera de detenerlos, de resistirse a su ataque salvaje.

Δεν υπήρχε τίποτα να τους σταματήσει· καμία αντίσταση στην άγρια ορμή τους.

Los perros de trineo fueron empujados hacia atrás y presionados contra la pared del acantilado.

Τα σκυλιά έλκηθρου σπρώχτηκαν προς τα πίσω, πιεσμένα στον τοίχο του γκρεμού.

Tres perros esquimales atacaron a Buck a la vez, desgarrando su carne.

Τρία χάσκι επιτέθηκαν στον Μπακ ταυτόχρονα, ξεσκίζοντας τη σάρκα του.

La sangre le brotaba de la cabeza y de los hombros, donde había recibido el corte.

Αίμα έτρεχε από το κεφάλι και τους ώμους του, εκεί που είχε κοπεί.

El ruido llenó el campamento: gruñidos, aullidos y gritos de dolor.

Ο θόρυβος γέμισε το στρατόπεδο· γρυλίσματα, ουρλιαχτά και κραυγές πόνου.

Billee gritó fuerte, como siempre, atrapada en la pelea y el pánico.

Η Μπίλι φώναξε δυνατά, όπως συνήθως, παγιδευμένη στη συμπλοκή και τον πανικό.

Dave y Solleks estaban uno al lado del otro, sangrando pero desafiantes.

Ο Ντέιβ και ο Σόλεκς στέκονταν δίπλα-δίπλα, αιμορραγώντας αλλά προκλητικά.

Joe peleó como un demonio, mordiendo todo lo que se acercaba.

Ο Τζο πάλευε σαν δαίμονας, δαγκώνοντας οτιδήποτε πλησίαζε.

Aplastó la pata de un husky con un brutal chasquido de sus mandíbulas.

Σύνθλιψε το πόδι ενός χάσκι με ένα βάναυσο χτύπημα των σαγονιών του.

Pike saltó sobre el husky herido y le rompió el cuello instantáneamente.

Ο Πάικ πήδηξε πάνω στο τραυματισμένο χάσκι και του έσπασε τον λαιμό ακαριαία.

Buck agarró a un husky por el cuello y le arrancó la vena.

Ο Μπακ έπιασε ένα χάσκι από το λαιμό και του έσκισε τη φλέβα.

La sangre salpicó y el sabor cálido llevó a Buck al frenesí.

Αίμα ψεκάστηκε και η ζεστή γεύση οδήγησε τον Μπακ σε φρενίτιδα.

Se abalanzó sobre otro atacante sin dudarlo.

Ορμήθηκε σε έναν άλλο επιτιθέμενο χωρίς δισταγμό.

En ese mismo momento, unos dientes afilados se clavaron en la garganta de Buck.

Την ίδια στιγμή, αιχμηρά δόντια μπήκαν στο λαιμό του Μπακ.

Spitz había atacado desde un costado, sin previo aviso.

Ο Σπιτζ είχε χτυπήσει από το πλάι, επιτιθέμενος απροειδοποίητα.

Perrault y François habían derrotado a los perros robando la comida.

Ο Περώ και ο Φρανσουά είχαν νικήσει τα σκυλιά που έκλεβαν το φαγητό.

Ahora se apresuraron a ayudar a sus perros a luchar contra los atacantes.

Τώρα έσπευσαν να βοηθήσουν τα σκυλιά τους να αντεπιτεθούν στους επιτιθέμενους.

Los perros hambrientos se retiraron mientras los hombres blandían sus garrotes.

Τα πεινασμένα σκυλιά υποχώρησαν καθώς οι άντρες κουνούσαν τα ρόπαλά τους.

Buck se liberó del ataque, pero el escape fue breve.

Ο Μπακ απαλλάχθηκε από την επίθεση, αλλά η διαφυγή ήταν σύντομη.

Los hombres corrieron a salvar a sus perros, y los huskies volvieron a atacarlos.

Οι άντρες έτρεξαν να σώσουν τα σκυλιά τους, και τα χάσκι έκαναν ξανά σμήνος.

Billee, aterrorizado y valiente, saltó hacia la jauría de perros.

Η Μπίλι, τρομοκρατημένη από θάρρος, πήδηξε μέσα στην αγέλη των σκύλων.

Pero luego huyó a través del hielo, presa del terror y el pánico.

Αλλά μετά έφυγε τρέχοντας μέσα στον πάγο, μέσα σε απόλυτο τρόμο και πανικό.

Pike y Dub los siguieron de cerca, corriendo para salvar sus vidas.

Ο Πάικ και ο Νταμπ ακολούθησαν από κοντά, τρέχοντας για να σωθούν.

El resto del equipo se separó y se dispersó, siguiéndolos.

Η υπόλοιπη ομάδα διαλύθηκε και σκορπίστηκε, ακολουθώντας τους.

Buck reunió sus fuerzas para correr, pero entonces vio un destello.

Ο Μπακ μάζεψε τις δυνάμεις του για να τρέξει, αλλά τότε είδε μια λάμψη.

Spitz se abalanzó sobre el costado de Buck, intentando derribarlo al suelo.

Ο Σπιτζ όρμησε στο πλευρό του Μπακ, προσπαθώντας να τον ρίξει στο έδαφος.

Bajo esa turba de perros esquimales, Buck no habría tenido escapatoria.

Κάτω από αυτό το όχλο των χάσκι, ο Μπακ δεν θα είχε καμία διαφυγή.

Pero Buck se mantuvo firme y se preparó para el golpe de Spitz.

Αλλά ο Μπακ έμεινε σταθερός και προετοιμασμένος για το χτύπημα του Σπιτζ.

Luego se dio la vuelta y salió corriendo al hielo con el equipo que huía.

Έπειτα γύρισε και έτρεξε στον πάγο με την ομάδα που έφευγε.

Más tarde, los nueve perros de trineo se reunieron al abrigo del bosque.

Αργότερα, τα εννέα σκυλιά έλκηθρου συγκεντρώθηκαν στο καταφύγιο του δάσους.

Ya nadie los perseguía, pero estaban maltratados y heridos.

Κανείς δεν τους κυνηγούσε πια, αλλά ήταν ξυλοκοπημένοι και τραυματισμένοι.

Cada perro tenía heridas: cuatro o cinco cortes profundos en cada cuerpo.

Κάθε σκύλος είχε τραύματα· τέσσερις ή πέντε βαθιές τομές σε κάθε σώμα.

Dub tenía una pata trasera herida y ahora le costaba caminar.

Ο Νταμπ είχε τραυματισμένο πίσω πόδι και δυσκολευόταν να περπατήσει τώρα.

Dolly, la perrita más nueva de Dyea, tenía la garganta cortada.

Η Ντόλι, η νεότερη σκυλίτσα από την Ντάια, είχε κομμένο λαιμό.

Joe había perdido un ojo y la oreja de Billee estaba cortada en pedazos.

Ο Τζο είχε χάσει το ένα του μάτι και το αυτί της Μπίλι είχε κοπεί σε κομμάτια

Todos los perros lloraron de dolor y derrota durante toda la noche.

Όλα τα σκυλιά έκλαιγαν από πόνο και ήττα όλη τη νύχτα.

Al amanecer regresaron al campamento doloridos y destrozados.

Την αυγή γύρισαν κρυφά στο στρατόπεδο, πληγωμένοι και διαλυμένοι.

Los perros esquimales habían desaparecido, pero el daño ya estaba hecho.

Τα χάσκι είχαν εξαφανιστεί, αλλά η ζημιά είχε γίνει.

Perrault y François estaban de mal humor ante las ruinas.

Ο Περώ και ο Φρανσουά στέκονταν με άσχημες διαθέσεις πάνω από τα ερείπια.

La mitad de la comida había desaparecido, robada por los ladrones hambrientos.

Τα μισά τρόφιμα είχαν εξαφανιστεί, τα άρπαξαν οι πεινασμένοι κλέφτες.

Los perros esquimales habían destrozado las ataduras y la lona del trineo.

Τα χάσκι είχαν σκίσει δέστρες έλκηθρου και καμβά.

Todo lo que tenía olor a comida había sido devorado por completo.

Οτιδήποτε είχε μυρωδιά φαγητού είχε καταβροχθιστεί ολοσχερώς.

Se comieron un par de botas de viaje de piel de alce de Perrault.

Έφαγαν ένα ζευγάρι ταξιδιωτικές μπότες του Περό από δέρμα άλκης.

Masticaban correas de cuero y arruinaban las correas hasta dejarlas inservibles.

Μασούσαν δερμάτινα ρεϊ και κατέστρεφαν τα λουριά τους αχρησιμοποίητα.

François dejó de mirar el látigo roto para revisar a los perros.

Ο Φρανσουά σταμάτησε να κοιτάζει το σκισμένο βλέφαρο για να ελέγξει τα σκυλιά.

—Ah, amigos míos —dijo en voz baja y llena de preocupación.

«Α, φίλοι μου», είπε με χαμηλή φωνή και γεμάτη ανησυχία.

"Tal vez todas estas mordeduras os conviertan en bestias locas."

«Ίσως όλα αυτά τα δαγκώματα σας μετατρέψουν σε τρελά θηρία.»

—¡Quizás todos sean perros rabiosos, sacredam! ¿Qué opinas, Perrault?

«Ίσως όλα τα τρελά σκυλιά, ιερέα! Τι νομίζεις, Περώ;»

Perrault meneó la cabeza; sus ojos estaban oscuros por la preocupación y el miedo.

Ο Περώ κούνησε το κεφάλι του, με τα μάτια του σκούρα από ανησυχία και φόβο.

Todavía había cuatrocientas millas entre ellos y Dawson.

Τετρακόσια μίλια απείχαν ακόμα από αυτούς και τον Ντόσον.

La locura canina ahora podría destruir cualquier posibilidad de supervivencia.

Η τρέλα με τα σκυλιά τώρα θα μπορούσε να καταστρέψει κάθε πιθανότητα επιβίωσης.

Pasaron dos horas maldiciendo y tratando de arreglar el engranaje.

Πέρασαν δύο ώρες βρίζοντας και προσπαθώντας να επισκευάσουν τον εξοπλισμό.

El equipo herido finalmente abandonó el campamento, destrozado y derrotado.

Η τραυματισμένη ομάδα τελικά εγκατέλειψε το στρατόπεδο, συντετριμμένη και ηττημένη.

Éste fue el camino más difícil hasta ahora y cada paso era doloroso.

Αυτή ήταν η πιο δύσκολη διαδρομή μέχρι τώρα, και κάθε βήμα ήταν επώδυνο.

El río Treinta Millas no se había congelado y su caudal corría con fuerza.

Ο ποταμός Thirty Mile δεν είχε παγώσει και ορμούσε μανιωδώς.

Sólo en los lugares tranquilos y en los remolinos el hielo logró retenerse.

Μόνο σε ήρεμα σημεία και στροβιλιζόμενους δίνες κατάφερε να συγκρατηθεί ο πάγος.

Pasaron seis días de duro trabajo hasta recorrer las treinta millas.

Πέρασαν έξι μέρες σκληρής δουλειάς μέχρι να ολοκληρωθούν τα τριάντα μίλια.

Cada kilómetro del camino traía consigo peligro y amenaza de muerte.

Κάθε μίλι του μονοπατιού έφερνε κίνδυνο και την απειλή του θανάτου.

Los hombres y los perros arriesgaban sus vidas con cada doloroso paso.

Οι άντρες και τα σκυλιά διακινδύνευαν τη ζωή τους με κάθε επώδυνο βήμα.

Perrault rompió delgados puentes de hielo una docena de veces diferentes.

Ο Περό έσπασε λεπτές γέφυρες από πάγο δώδεκα διαφορετικές φορές.

Llevó un palo y lo dejó caer sobre el agujero que había hecho su cuerpo.

Κρατούσε ένα κοντάρι και το άφησε να πέσει στην τρύπα που είχε κάνει το σώμα του.

Más de una vez ese palo salvó a Perrault de ahogarse.

Αυτός ο στύλος έσωσε τον Περό από πνιγμό περισσότερες από μία φορές.

La ola de frío se mantuvo firme y el aire estaba a cincuenta grados bajo cero.

Το κύμα ψύχους παρέμεινε σταθερό, ο αέρας ήταν πενήντα βαθμοί υπό το μηδέν.

Cada vez que se caía, Perrault tenía que encender un fuego para sobrevivir.

Κάθε φορά που έπεφτε μέσα, ο Περό έπρεπε να ανάβει φωτιά για να επιβιώσει.

La ropa mojada se congelaba rápidamente, por lo que la secaba cerca del calor abrasador.

Τα βρεγμένα ρούχα πάγωσαν γρήγορα, οπότε τα στέγνωσε κοντά σε καυτή ζέστη.

Ningún miedo afectó jamás a Perrault, y eso lo convirtió en mensajero.

Κανένας φόβος δεν άγγιξε ποτέ τον Περό, και αυτό τον έκανε αγγελιαφόρο.

Fue elegido para el peligro y lo afrontó con tranquila resolución.

Επιλέχθηκε για τον κίνδυνο και τον αντιμετώπισε με σιωπηλή αποφασιστικότητα.

Avanzó contra el viento, con el rostro arrugado y congelado.

Προχώρησε μπροστά στον άνεμο, με το ζαρωμένο πρόσωπό του να έχει παγώσει.

Desde el amanecer hasta el anochecer, Perrault los condujo hacia adelante.

Από την αχνή αυγή μέχρι το σούρουπο, ο Περώ τους οδήγησε μπροστά.

Caminó sobre un estrecho borde de hielo que se agrietaba con cada paso.

Περπατούσε πάνω σε στενό χείλος πάγου που ράγιζε με κάθε βήμα.

No se atrevieron a detenerse: cada pausa suponía el riesgo de un colapso mortal.

Δεν τολμούσαν να σταματήσουν — κάθε παύση κινδύνευε με θανατηφόρα κατάρρευση.

Una vez, el trineo se abrió paso y arrastró a Dave y Buck.

Μια φορά το έλκηθρο διέσχισε, τραβώντας μέσα τον Ντέιβ και τον Μπακ.

Cuando los liberaron, ambos estaban casi congelados.

Μέχρι τη στιγμή που τους έβγαλαν ελεύθερους, και οι δύο είχαν σχεδόν παγώσει.

Los hombres hicieron un fuego rápidamente para mantener con vida a Buck y Dave.

Οι άντρες άναψαν γρήγορα φωτιά για να κρατήσουν ζωντανούς τον Μπακ και τον Ντέιβ.

Los perros estaban cubiertos de hielo desde la nariz hasta la cola, rígidos como madera tallada.

Τα σκυλιά ήταν καλυμμένα με πάγο από τη μύτη μέχρι την ουρά, άκαμπτα σαν σκαλιστό ξύλο.

Los hombres los hicieron correr en círculos cerca del fuego para descongelar sus cuerpos.

Οι άντρες τα έτρεξαν σε κύκλους κοντά στη φωτιά για να ξεπαγώσουν τα σώματά τους.

Se acercaron tanto a las llamas que su pelaje se quemó.

Πλησίασαν τόσο κοντά στις φλόγες που κάηκε η γούνα τους.

Luego Spitz rompió el hielo y arrastró al equipo detrás de él.

Ο Σπιτζ έσπασε στη συνέχεια τον πάγο, σέρνοντας την ομάδα πίσω του.

La ruptura llegó hasta donde Buck estaba tirando.

Το διάλειμμα έφτανε μέχρι εκεί που τραβούσε ο Μπακ.

Buck se reclinó con fuerza hacia atrás, sus patas resbalaron y temblaron en el borde.

Ο Μπακ έγειρε δυνατά προς τα πίσω, με τα πόδια του να γλιστρούν και να τρέμουν στην άκρη.

Dave también se esforzó hacia atrás, justo detrás de Buck en la línea.

Ο Ντέιβ επίσης τεντώθηκε προς τα πίσω, ακριβώς πίσω από τον Μπακ στη γραμμή.

François tiró del trineo; sus músculos crujían por el esfuerzo.

Ο Φρανσουά έσερνε το έλκηθρο, οι μύες του έσπασαν από την προσπάθεια.

En otra ocasión, el borde del hielo se agrietó delante y detrás del trineo.

Μια άλλη φορά, ο πάγος στο χείλος του έλκηθρου έσπασε πριν και πίσω από το έλκηθρο.

No tenían otra salida que escalar una pared del acantilado congelado.

Δεν είχαν άλλη διέξοδο παρά να σκαρφαλώσουν σε έναν παγωμένο γκρεμό.

De alguna manera Perrault logró escalar el muro; un milagro lo mantuvo con vida.

Ο Περώ σκαρφάλωσε με κάποιο τρόπο στον τοίχο· ένα θαύμα τον κράτησε ζωντανό.

François se quedó abajo, rezando por tener la misma suerte.

Ο Φρανσουά έμεινε από κάτω, προσευχόμενος για την ίδια τύχη.

Ataron todas las correas, amarres y tirantes hasta formar una cuerda larga.

Έδεσαν κάθε ιμάντα, κάθε ιμάντα και κάθε ίχνος σε ένα μακρύ σχοινί.

Los hombres subieron cada perro, uno a uno, hasta la cima.

Οι άντρες τράβηξαν κάθε σκύλο, έναν κάθε φορά, μέχρι την κορυφή.

François subió el último, después del trineo y toda la carga.
Ο Φρανσουά ανέβηκε τελευταίος, μετά το έλκηθρο και ολόκληρο το φορτίο.

Entonces comenzó una larga búsqueda de un camino para bajar de los acantilados.
Έπειτα ξεκίνησε μια μακρά αναζήτηση για ένα μονοπάτι προς τα κάτω από τους γκρεμούς.

Finalmente descendieron usando la misma cuerda que habían hecho.
Τελικά κατέβηκαν χρησιμοποιώντας το ίδιο σχοινί που είχαν φτιάξει.

La noche cayó cuando regresaron al lecho del río, exhaustos y doloridos.
Η νύχτα έπεσε καθώς επέστρεψαν στην κοίτη του ποταμού, εξαντλημένοι και πληγωμένοι.

El día completo les había proporcionado sólo un cuarto de milla de ganancia.
Είχαν χρειαστεί μια ολόκληρη μέρα για να καλύψουν μόνο ένα τέταρτο του μιλίου.

Cuando llegaron a Hootalinqua, Buck estaba agotado.
Μέχρι να φτάσουν στο Χουταλίνκουα, ο Μπακ ήταν εξαντλημένος.

Los demás perros sufrieron igual de mal las condiciones del sendero.
Τα άλλα σκυλιά υπέφεραν εξίσου άσχημα από τις συνθήκες του μονοπατιού.

Pero Perrault necesitaba recuperar tiempo y los presionaba cada día.
Αλλά ο Περώ χρειαζόταν να ανακτήσει τον χρόνο του και τους πίεζε κάθε μέρα που περνούσε.

El primer día viajaron treinta millas hasta Big Salmon.
Την πρώτη μέρα ταξίδεψαν τριάντα μίλια μέχρι το Μπιγκ Σάλμον.

Al día siguiente viajaron treinta y cinco millas hasta Little Salmon.
Την επόμενη μέρα ταξίδεψαν τριάντα πέντε μίλια μέχρι το Λιτλ Σάλμον.

Al tercer día avanzaron a través de cuarenta largas y heladas millas.

Την τρίτη μέρα διέσχισαν σαράντα μεγάλα παγωμένα μίλια.

Para entonces, se estaban acercando al asentamiento de Five Fingers.

Μέχρι τότε, πλησίαζαν τον οικισμό Five Fingers.

Los pies de Buck eran más suaves que los duros pies de los huskies nativos.

Τα πόδια του Μπακ ήταν πιο μαλακά από τα σκληρά πόδια των ιθαγενών χάσκι.

Sus patas se habían vuelto tiernas a lo largo de muchas generaciones civilizadas.

Τα πόδια του είχαν γίνει τρυφερά με το πέρασμα πολλών πολιτισμένων γενεών.

Hace mucho tiempo, sus antepasados habían sido domesticados por hombres del río o cazadores.

Πριν από πολύ καιρό, οι πρόγονοί του είχαν εξημερωθεί από άντρες του ποταμού ή κυνηγούς.

Todos los días Buck cojeaba de dolor, caminando sobre sus patas doloridas y en carne viva.

Κάθε μέρα ο Μπακ κουτσαίνοντας από τον πόνο, περπατώντας σε πληγωμένα, πονεμένα πόδια.

En el campamento, Buck cayó como un cuerpo sin vida sobre la nieve.

Στην κατασκήνωση, ο Μπακ έπεσε σαν άψυχη μορφή πάνω στο χιόνι.

Aunque estaba hambriento, Buck no se levantó a comer su cena.

Αν και πεινούσε, ο Μπακ δεν σηκώθηκε για να φάει το βραδινό του.

François le trajo a Buck su ración, poniendo pescado junto a su hocico.

Ο Φρανσουά έφερε στον Μπακ τη μερίδα του, βάζοντας ψάρια δίπλα στο ρύγχος του.

Cada noche, el conductor frotaba los pies de Buck durante media hora.

Κάθε βράδυ ο οδηγός έτριβε τα πόδια του Μπακ για μισή ώρα.

François incluso cortó sus propios mocasines para hacer calzado para perros.

Ο Φρανσουά έκοψε ακόμη και τα δικά του μοκασίνια για να φτιάξει υποδήματα για σκύλους.

Cuatro zapatos cálidos le dieron a Buck un gran y bienvenido alivio.

Τέσσερα ζεστά παπούτσια έδωσαν στον Μπακ μια μεγάλη και ευπρόσδεκτη ανακούφιση.

Una mañana, François olvidó los zapatos y Buck se negó a levantarse.

Ένα πρωί, ο Φρανσουά ξέχασε τα παπούτσια και ο Μπακ αρνήθηκε να σηκωθεί.

Buck yacía de espaldas, con los pies en el aire, agitándolos lastimeramente.

Ο Μπακ ήταν ξαπλωμένος ανάσκελα, με τα πόδια ψηλά, κουνώντας τα με αξιολύπητο τρόπο.

Incluso Perrault sonrió al ver la dramática súplica de Buck.

Ακόμα και ο Περό χαμογέλασε στη θέα της δραματικής έκκλησης του Μπακ.

Pronto los pies de Buck se endurecieron y los zapatos pudieron desecharse.

Σύντομα τα πόδια του Μπακ σκληρύνθηκαν και τα παπούτσια μπορούσαν να πεταχτούν.

En Pelly, durante el periodo de uso del arnés, Dolly emitió un aullido terrible.

Στο Πέλι, κατά τη διάρκεια της χρήσης της ιπποσκευής, η Ντόλι έβγαλε ένα τρομερό ουρλιαχτό.

El grito fue largo y lleno de locura, sacudiendo a todos los perros.

Η κραυγή ήταν μακρά και γεμάτη τρέλα, τρέμοντας κάθε σκύλο.

Cada perro se erizaba de miedo sin saber el motivo.

Κάθε σκύλος ανατρίχιασε από φόβο χωρίς να ξέρει τον λόγο.

Dolly se volvió loca y se arrojó directamente hacia Buck.

Η Ντόλι είχε τρελλαθεί και όρμησε κατευθείαν στον Μπακ.

Buck nunca había visto la locura, pero el horror llenó su corazón.

Ο Μπακ δεν είχε ξαναδεί τρέλα, αλλά η καρδιά του γέμιζε με φρίκη.

Sin pensarlo, se dio la vuelta y huyó presa del pánico absoluto.

Χωρίς να το σκεφτεί, γύρισε και έφυγε τρέχοντας πανικόβλητος.

Dolly lo persiguió con los ojos desorbitados y la saliva saliendo de sus mandíbulas.

Η Ντόλι τον κυνήγησε, με τα μάτια της άγρια, και το σάλιο να τρέχει από τα σαγόνια της.

Ella se mantuvo justo detrás de Buck, sin ganar terreno ni quedarse atrás.

Παρέμεινε ακριβώς πίσω από τον Μπακ, χωρίς να κερδίζει ποτέ και χωρίς να υποχωρεί ποτέ.

Buck corrió a través del bosque, bajó por la isla y cruzó el hielo irregular.

Ο Μπακ έτρεξε μέσα από δάση, κάτω από το νησί, πάνω σε τραχύ πάγο.

Cruzó hacia una isla, luego hacia otra, dando la vuelta nuevamente hasta el río.

Πέρασε σε ένα νησί, μετά σε ένα άλλο, κάνοντας κύκλους πίσω στο ποτάμι.

Aún así Dolly lo persiguió, con su gruñido detrás de cada paso.

Η Ντόλι εξακολουθούσε να τον κυνηγάει, με το γρύλισμα της από πίσω σε κάθε βήμα.

Buck podía oír su respiración y su rabia, aunque no se atrevía a mirar atrás.

Ο Μπακ άκουγε την ανάσα και την οργή της, αν και δεν τολμούσε να κοιτάξει πίσω.

François gritó desde lejos y Buck se giró hacia la voz.

Ο Φρανσουά φώναξε από μακριά και ο Μπακ γύρισε προς τη φωνή.

Todavía jadeando en busca de aire, Buck pasó corriendo, poniendo toda su esperanza en François.

Λαχανιάζοντας ακόμα για να αναπνεύσει, ο Μπακ έτρεξε, εναποθέτοντας όλες τις ελπίδες του στον Φρανσουά.

El conductor del perro levantó un hacha y esperó mientras Buck pasaba volando.

Ο οδηγός του σκύλου σήκωσε ένα τσεκούρι και περίμενε καθώς ο Μπακ περνούσε πετώντας.

El hacha cayó rápidamente y golpeó la cabeza de Dolly con una fuerza mortal.

Το τσεκούρι έπεσε γρήγορα και χτύπησε το κεφάλι της Ντόλι με θανατηφόρα δύναμη.

Buck se desplomó cerca del trineo, jadeando e incapaz de moverse.

Ο Μπακ κατέρρευσε κοντά στο έλκηθρο, συριγμώντας και ανίκανος να κουνηθεί.

Ese momento le dio a Spitz la oportunidad de golpear a un enemigo exhausto.

Εκείνη η στιγμή έδωσε στον Σπιτζ την ευκαιρία να χτυπήσει έναν εξαντλημένο εχθρό.

Mordió a Buck dos veces, desgarrando la carne hasta el hueso blanco.

Δύο φορές δάγκωσε τον Μπακ, ξεσχίζοντας τη σάρκα μέχρι το άσπρο κόκκαλο.

El látigo de François hizo chasquear el látigo y golpeó a Spitz con toda su fuerza y furia.

Το μαστίγιο του Φρανσουά έσπασε, χτυπώντας τον Σπιτζ με όλη του τη δύναμη.

Buck observó con alegría cómo Spitz recibía la paliza más dura que había recibido hasta entonces.

Ο Μπακ παρακολουθούσε με χαρά τον Σπιτζ να δέχεται το πιο σκληρό ξυλοδαρμό που είχε υποστεί μέχρι τότε.

"Es un demonio ese Spitz", murmuró Perrault para sí mismo.

«Είναι διάβολος αυτός ο Σπιτζ», μουρμούρισε σκοτεινά στον εαυτό του ο Περό.

"Algún día, ese maldito perro matará a Buck, lo juro".

«Κάποια μέρα σύντομα, αυτός ο καταραμένος σκύλος θα σκοτώσει τον Μπακ—το ορκίζομαι.»

—Ese Buck tiene dos demonios dentro —respondió François asintiendo.

«Αυτός ο Μπακ έχει δύο διαβόλους μέσα του», απάντησε ο Φρανσουά με ένα νεύμα.

"Cuando veo a Buck, sé que algo feroz le aguarda dentro".

«Όταν παρακολουθώ τον Μπακ, ξέρω ότι κάτι άγριο τον περιμένει μέσα του.»

"Un día se pondrá furioso y destrozará a Spitz".

«Μια μέρα, θα θυμώσει σαν φωτιά και θα κάνει κομμάτια τον Σπιτζ.»

"Masticará a ese perro y lo escupirá en la nieve congelada".

«Θα μασήσει αυτό το σκυλί και θα το φτύσει στο παγωμένο χιόνι.»

"Estoy seguro de que lo sé en lo más profundo de mi ser".

«Σίγουρα, όπως οτιδήποτε άλλο, το ξέρω αυτό βαθιά μέσα μου.»

A partir de ese momento los dos perros quedaron en guerra.

Από εκείνη τη στιγμή και μετά, τα δύο σκυλιά ήταν μπλεγμένα σε πόλεμο.

Spitz lideró al equipo y mantuvo el poder, pero Buck lo desafió.

Ο Σπιτζ ηγήθηκε της ομάδας και κατείχε την εξουσία, αλλά ο Μπακ το αμφισβήτησε αυτό.

Spitz vio su rango amenazado por este extraño extraño de Southland.

Ο Σπιτζ είδε την κατάταξή του να απειλείται από αυτόν τον περίεργο ξένο του Σάουθλαντ.

Buck no se parecía a ningún otro perro sureño que Spitz hubiera conocido antes.

Ο Μπακ δεν έμοιαζε με κανέναν σκύλο του Νότου που είχε γνωρίσει πριν ο Σπιτζ.

La mayoría de ellos fracasaron: eran demasiado débiles para sobrevivir al frío y al hambre.

Οι περισσότεροι από αυτούς απέτυχαν—πολύ αδύναμοι για να επιβιώσουν από το κρύο και την πείνα.

Murieron rápidamente bajo el trabajo, las heladas y el lento ardor del hambre.

Πέθαιναν γρήγορα κάτω από την εργασία, τον παγετό και την αργή καύση του λιμού.

Buck se destacó: cada día más fuerte, más inteligente y más salvaje.

Ο Μπακ ξεχώριζε—όλο και πιο δυνατός, πιο έξυπνος και πιο άγριος κάθε μέρα.

Prosperó a pesar de las dificultades y creció hasta alcanzar el nivel de los perros esquimales del norte.

Άνθισε στις κακουχίες, μεγαλώνοντας για να φτάσει τα βόρεια χάσκι.

Buck tenía fuerza, habilidad salvaje y un instinto paciente y mortal.

Ο Μπακ είχε δύναμη, άγρια επιδεξιότητα και ένα υπομονετικό, θανατηφόρο ένστικτο.

El hombre con el garrote había golpeado la temeridad de Buck.

Ο άντρας με το ρόπαλο είχε διώξει την απερισκεψία του Μπακ.

La furia ciega desapareció y fue reemplazada por una astucia silenciosa y control.

Η τυφλή οργή είχε εξαφανιστεί, και τη θέση της είχε πάρει η ήσυχη πονηριά και ο έλεγχος.

Esperó, tranquilo y primario, observando el momento adecuado.

Περίμενε, ήρεμος και πρωτόγονος, αναζητώντας την κατάλληλη στιγμή.

Su lucha por el mando se hizo inevitable y clara.

Η μάχη τους για την κυριαρχία έγινε αναπόφευκτη και ξεκάθαρη.

Buck deseaba el liderazgo porque su espíritu lo exigía.

Ο Μπακ επιθυμούσε ηγεσία επειδή το απαιτούσε το πνεύμα του.

Lo impulsaba el extraño orgullo nacido del camino y del arnés.

Τον παρακινούσε η παράξενη υπερηφάνεια που γεννιέται από το μονοπάτι και την ιπποσκευή.

Ese orgullo hizo que los perros tiraran hasta caer sobre la nieve.

Αυτή η υπερηφάνεια έκανε τα σκυλιά να σέρνονται μέχρι που σωριάστηκαν στο χιόνι.

El orgullo los llevó a dar toda la fuerza que tenían.

Η υπερηφάνεια τους παρέσυρε να δώσουν όλη τους τη δύναμη.

El orgullo puede atraer a un perro de trineo incluso hasta el punto de la muerte.

Η υπερηφάνεια μπορεί να δελεάσει ένα σκυλί έλκηθρου ακόμη και μέχρι θανάτου.

La pérdida del arnés dejó a los perros rotos y sin propósito.

Η απώλεια της ζώνης άφησε τα σκυλιά λυγισμένα και χωρίς σκοπό.

El corazón de un perro de trineo puede quedar aplastado por la vergüenza cuando se retira.

Η καρδιά ενός σκύλου έλκηθρου μπορεί να συντριβεί από ντροπή όταν αποσυρθεί.

Dave vivió con ese orgullo mientras arrastraba el trineo desde atrás.

Ο Ντέιβ ζούσε με αυτή την υπερηφάνεια καθώς έσερνε το έλκηθρο από πίσω.

Solleks también lo dio todo con fuerza y lealtad.

Και ο Σόλεκς έδωσε τον καλύτερό του εαυτό με σκληρή δύναμη και αφοσίωση.

Cada mañana, el orgullo los transformaba de amargados a decididos.

Κάθε πρωί, η υπερηφάνεια τους μετέτρεπε από πικρούς σε αποφασιστικούς.

Empujaron todo el día y luego se quedaron en silencio al final del campamento.

Σπρώχνονταν όλη μέρα και μετά σιωπούσαν στην άκρη του στρατοπέδου.

Ese orgullo le dio a Spitz la fuerza para poner a raya a los evasores.

Αυτή η υπερηφάνεια έδωσε στον Σπιτζ τη δύναμη να νικήσει τους ατίθασους.

Spitz temía a Buck porque Buck tenía ese mismo orgullo profundo.

Ο Σπιτζ φοβόταν τον Μπακ επειδή ο Μπακ έτρεφε την ίδια βαθιά υπερηφάνεια.

El orgullo de Buck ahora se agitó contra Spitz, y no se detuvo.

Η υπερηφάνεια του Μπακ τώρα σάλεψε με τον Σπιτζ και δεν σταμάτησε.

Buck desafió el poder de Spitz y le impidió castigar a los perros.

Ο Μπακ αψήφησε τη δύναμη του Σπιτζ και τον εμπόδισε να τιμωρήσει σκυλιά.

Cuando otros fallaron, Buck se interpuso entre ellos y su líder.

Όταν άλλοι αποτύγχαναν, ο Μπακ έμπαινε ανάμεσα σε αυτούς και τον αρχηγό τους.

Lo hizo con intención, dejando claro y abierto su desafío.

Το έκανε αυτό με πρόθεση, καθιστώντας την πρόκλησή του ανοιχτή και σαφή.

Una noche, una fuerte nevada cubrió el mundo con un profundo silencio.

Μια νύχτα, πυκνό χιόνι σκέπασε τον κόσμο σε βαθιά σιωπή.

A la mañana siguiente, Pike, perezoso como siempre, no se levantó para ir a trabajar.

Το επόμενο πρωί, ο Πάικ, τεμπέλης όπως πάντα, δεν σηκώθηκε για τη δουλειά.

Se quedó escondido en su nido bajo una gruesa capa de nieve.

Έμεινε κρυμμένος στη φωλιά του κάτω από ένα παχύ στρώμα χιονιού.

François gritó y buscó, pero no pudo encontrar al perro.

Ο Φρανσουά φώναξε και έψαξε, αλλά δεν μπόρεσε να βρει τον σκύλο.

Spitz se puso furioso y atravesó furioso el campamento cubierto de nieve.

Ο Σπιτζ έγινε έξαλλος και εισέβαλε στο χιονισμένο στρατόπεδο.

Gruñó y olfateó, cavando frenéticamente con ojos llameantes.

Γρύλισε και ρουθούνισε, σκάβοντας σαν τρελό με φλεγόμενα μάτια.

Su rabia era tan feroz que Pike tembló de miedo bajo la nieve.

Η οργή του ήταν τόσο έντονη που ο Πάικ έτρεμε κάτω από το χιόνι από φόβο.

Cuando finalmente encontraron a Pike, Spitz se abalanzó sobre él para castigar al perro que estaba escondido.

Όταν ο Πάικ τελικά βρέθηκε, ο Σπιτζ όρμησε για να τιμωρήσει τον σκύλο που κρυβόταν.

Pero Buck saltó entre ellos con una furia igual a la de Spitz.

Αλλά ο Μπακ όρμησε ανάμεσά τους με μια οργή ίση με τη δική του Σπιτζ.

El ataque fue tan repentino e inteligente que Spitz cayó al suelo.

Η επίθεση ήταν τόσο ξαφνική και έξυπνη που ο Σπιτζ έπεσε από τα πόδια του.

Pike, que estaba temblando, se animó ante este desafío.

Ο Πάικ, που έτρεμε, πήρε θάρρος από αυτή την ανυπακοή.

Saltó sobre el Spitz caído, siguiendo el audaz ejemplo de Buck.

Πήδηξε πάνω στον πεσμένο Σπιτζ, ακολουθώντας το τολμηρό παράδειγμα του Μπακ.

Buck, que ya no estaba obligado por la justicia, se unió a la huelga de Spitz.

Ο Μπακ, μη δεσμευμένος πλέον από δικαιοσύνη, συμμετείχε στην απεργία κατά του Σπιτζ.

François, divertido pero firme en su disciplina, blandió su pesado látigo.

Ο Φρανσουά, διασκεδασμένος αλλά σταθερός στην πειθαρχία, κούνησε το βαρύ μαστίγιό του.

Golpeó a Buck con todas sus fuerzas para acabar con la pelea.

Χτύπησε τον Μπακ με όλη του τη δύναμη για να διακόψει τη μάχη.

Buck se negó a moverse y se quedó encima del líder caído.

Ο Μπακ αρνήθηκε να κινηθεί και έμεινε πάνω στον πεσμένο αρχηγό.

François entonces utilizó el mango del látigo y golpeó con fuerza a Buck.

Ο Φρανσουά χρησιμοποίησε στη συνέχεια τη λαβή του μαστιγίου, χτυπώντας δυνατά τον Μπακ.

Tambaleándose por el golpe, Buck cayó hacia atrás bajo el asalto.

Τρεκλίζοντας από το χτύπημα, ο Μπακ υποχώρησε υπό την επίθεση.

François golpeó una y otra vez mientras Spitz castigaba a Pike.

Ο Φρανσουά χτυπούσε ξανά και ξανά ενώ ο Σπιτς τιμωρούσε τον Πάικ.

Pasaron los días y Dawson City estaba cada vez más cerca.

Οι μέρες περνούσαν και η πόλη Ντόσον πλησίαζε όλο και περισσότερο.

Buck seguía interfiriendo, interponiéndose entre Spitz y otros perros.

Ο Μπακ συνέχιζε να ανακατεύεται, γλιστρώντας ανάμεσα στον Σπιτζ και τα άλλα σκυλιά.

Elegía bien sus momentos, esperando siempre que François se marchase.

Διάλεγε καλά τις στιγμές του, περιμένοντας πάντα τον Φρανσουά να φύγει.

La rebelión silenciosa de Buck se extendió y el desorden se arraigó en el equipo.

Η σιωπηλή εξέγερση του Μπακ εξαπλώθηκε και η αταξία ρίζωσε στην ομάδα.

Dave y Solleks se mantuvieron leales, pero otros se volvieron rebeldes.

Ο Ντέιβ και ο Σόλεκς παρέμειναν πιστοί, αλλά άλλοι έγιναν άτακτοι.

El equipo empeoró: se volvió inquieto, pendenciero y fuera de lugar.

Η ομάδα χειροτέρευε — ήταν ανήσυχη, καβγατζής και εκτός ορίων.

Ya nada funcionaba con fluidez y las peleas se volvieron algo habitual.

Τίποτα δεν λειτουργούσε πια ομαλά και οι καβγάδες έγιναν συνηθισμένοι.

Buck permaneció en el corazón del problema, provocando siempre malestar.

Ο Μπακ παρέμεινε στην καρδιά του προβλήματος, προκαλώντας πάντα αναταραχή.

François se mantuvo alerta, temeroso de la pelea entre Buck y Spitz.

Ο Φρανσουά παρέμεινε σε εγρήγορση, φοβούμενος τη μάχη μεταξύ του Μπακ και του Σπιτζ.

Cada noche, las peleas lo despertaban, temiendo que finalmente llegara el comienzo.

Κάθε βράδυ, τον ξυπνούσαν συμπλοκές, φοβούμενος ότι επιτέλους θα είχε έρθει η αρχή.

Saltó de su túnica, dispuesto a detener la pelea.

Πήδηξε από τη ρόμπα του, έτοιμος να διαλύσει τη μάχη.

Pero el momento nunca llegó y finalmente llegaron a Dawson.

Αλλά η στιγμή δεν ήρθε ποτέ, και τελικά έφτασαν στο Ντόσον.

El equipo entró en la ciudad una tarde sombría, tensa y silenciosa.

Η ομάδα μπήκε στην πόλη ένα ζοφερό απόγευμα, τεταμένη και ήσυχη.

La gran batalla por el liderazgo todavía estaba suspendida en el aire.

Η μεγάλη μάχη για την ηγεσία εξακολουθούσε να αιωρείται στον παγωμένο αέρα.

Dawson estaba lleno de hombres y perros de trineo, todos ocupados con el trabajo.

Το Ντόσον ήταν γεμάτο άντρες και σκυλιά για έλκηθρα, όλοι απασχολημένοι με τη δουλειά.

Buck observó a los perros tirar cargas desde la mañana hasta la noche.

Ο Μπακ παρακολουθούσε τα σκυλιά να τραβούν φορτία από το πρωί μέχρι το βράδυ.

Transportaban troncos y leña y transportaban suministros a las minas.

Μετέφεραν κορμούς και καυσόξυλα, μετέφεραν προμήθειες στα ορυχεία.

Donde antes trabajaban los caballos en las tierras del sur, ahora trabajaban los perros.

Εκεί που κάποτε δούλευαν τα άλογα στο Σάουθλαντ, τώρα δούλευαν τα σκυλιά.

Buck vio algunos perros del sur, pero la mayoría eran huskies parecidos a lobos.

Ο Μπακ είδε μερικά σκυλιά από τον Νότο, αλλά τα περισσότερα ήταν χάσκι που έμοιαζαν με λύκους.

Por la noche, como un reloj, los perros alzaban sus voces cantando.

Τη νύχτα, σαν ρολόι, τα σκυλιά ύψωσαν τις φωνές τους τραγουδώντας.

A las nueve, a las doce y de nuevo a las tres, empezó el canto.

Στις εννέα, τα μεσάνυχτα και ξανά στις τρεις, άρχισε το τραγούδι.

A Buck le encantaba unirse a su canto misterioso, de sonido salvaje y antiguo.

Ο Μπακ λάτρευε να συμμετέχει στην απόκοσμη ψαλμωδία τους, με άγριο και αρχαίο ήχο.

La aurora llameó, las estrellas bailaron y la nieve cubrió la tierra.

Το σέλας φλόγιζε, τα αστέρια χόρευαν και το χιόνι σκέπαζε τη γη.

El canto de los perros se elevó como un grito contra el silencio y el frío intenso.

Το τραγούδι των σκύλων υψώθηκε σαν κραυγή ενάντια στη σιωπή και το τσουχτερό κρύο.

Pero su aullido contenía tristeza, no desafío, en cada larga nota.

Αλλά η κραυγή τους περιείχε θλίψη, όχι πρόκληση, σε κάθε μακρά νότα.

Cada grito lamentable estaba lleno de súplica: el peso de la vida misma.

Κάθε θρηνητική κραυγή ήταν γεμάτη ικεσίες· το βάρος της ίδιας της ζωής.

Esa canción era vieja, más vieja que las ciudades y más vieja que los incendios.

Αυτό το τραγούδι ήταν παλιό—παλαιότερο από τις πόλεις, και παλαιότερο από τις φωτιές

Aquella canción era más antigua incluso que las voces de los hombres.

Αυτό το τραγούδι ήταν αρχαιότερο ακόμη και από τις φωνές των ανθρώπων.

Era una canción del mundo joven, cuando todas las canciones eran tristes.

Ήταν ένα τραγούδι από τον νεανικό κόσμο, όταν όλα τα τραγούδια ήταν λυπηρά.

La canción transportaba el dolor de incontables generaciones de perros.

Το τραγούδι κουβαλούσε θλίψη από αμέτρητες γενιές σκύλων.

Buck sintió la melodía profundamente, gimiendo por un dolor arraigado en los siglos.

Ο Μπακ ένιωσε βαθιά τη μελωδία, βογκώντας από πόνο που είχε τις ρίζες του στους αιώνες.

Sollozaba por un dolor tan antiguo como la sangre salvaje en sus venas.

Έκλαιγε με λυγμούς από μια θλίψη τόσο παλιά όσο το άγριο αίμα στις φλέβες του.

El frío, la oscuridad y el misterio tocaron el alma de Buck.

Το κρύο, το σκοτάδι και το μυστήριο άγγιξαν την ψυχή του Μπακ.

Esa canción demostró hasta qué punto Buck había regresado a sus orígenes.

Αυτό το τραγούδι απέδειξε πόσο μακριά είχε επιστρέψει ο Μπακ στις ρίζες του.

Entre la nieve y los aullidos había encontrado el comienzo de su propia vida.

Μέσα στο χιόνι και τις ουρλιαχτές είχε βρει την αρχή της δικής του ζωής.

Siete días después de llegar a Dawson, partieron nuevamente.

Επτά ημέρες αφότου έφτασαν στο Ντόσον, ξεκίνησαν ξανά.

El equipo descendió del cuartel hasta el sendero Yukon.

Η ομάδα κατέβηκε από τους Στρατώνες στο Μονοπάτι Γιούκον.

Comenzaron el viaje de regreso hacia Dyea y Salt Water.

Ξεκίνησαν το ταξίδι της επιστροφής προς τη Ντάια και το Αλμυρό Νερό.

Perrault llevaba despachos aún más urgentes que antes.

Ο Περώ μετέφερε αποστολές ακόμη πιο επείγουσες από πριν.

También se sintió dominado por el orgullo por el sendero y se propuso establecer un récord.

Τον κατέλαβε επίσης η υπερηφάνεια για το μονοπάτι και στόχευε να καταρρίψει ένα ρεκόρ.

Esta vez, varias ventajas estaban del lado de Perrault.

Αυτή τη φορά, πολλά πλεονεκτήματα ήταν με το μέρος του Perrault.

Los perros habían descansado durante una semana entera y recuperaron su fuerza.

Τα σκυλιά είχαν ξεκουραστεί για μια ολόκληρη εβδομάδα και είχαν ανακτήσει τις δυνάμεις τους.

El camino que ellos habían abierto ahora estaba compactado por otros.

Το μονοπάτι που είχαν χαράξει ήταν τώρα σκληρό από άλλους.

En algunos lugares, la policía había almacenado comida tanto para perros como para hombres.

Σε ορισμένα μέρη, η αστυνομία είχε αποθηκεύσει τρόφιμα τόσο για σκύλους όσο και για άνδρες.

Perrault viajaba ligero, moviéndose rápido y con poco que lo pesara.

Ο Περώ ταξίδευε ελαφρύς, κινούμενος γρήγορα, χωρίς πολλά να τον βαραίνουν.

Llegaron a Sixty-Mile, un recorrido de cincuenta millas, en la primera noche.

Έφτασαν στο Sixty-Mile, μια διαδρομή πενήντα μιλίων, την πρώτη νύχτα.

El segundo día, se apresuraron a subir por el Yukón hacia Pelly.

Τη δεύτερη μέρα, έσπευσαν στον Γιούκον προς το Πέλι.

Pero estos grandes avances implicaron un gran esfuerzo para François.

Αλλά μια τέτοια εξαιρετική πρόοδος ήρθε με μεγάλη πίεση για τον Φρανσουά.

La rebelión silenciosa de Buck había destrozado la disciplina del equipo.

Η σιωπηλή εξέγερση του Μπακ είχε διαλύσει την πειθαρχία της ομάδας.

Ya no tiraban juntos como una sola bestia bajo las riendas.

Δεν τραβούσαν πια μαζί σαν ένα θηρίο στα ηνία.

Buck había llevado a otros al desafío mediante su valiente ejemplo.

Ο Μπακ είχε οδηγήσει άλλους σε ανυπακοή με το τολμηρό του παράδειγμα.

La orden de Spitz ya no fue recibida con miedo ni respeto.

Η διοίκηση του Σπιτζ δεν αντιμετωπίστηκε πλέον με φόβο ή σεβασμό.

Los demás perdieron el respeto que le tenían y se atrevieron a resistirse a su gobierno.

Οι άλλοι έχασαν το δέος τους γι' αυτόν και τόλμησαν να αντισταθούν στην κυριαρχία του.

Una noche, Pike robó medio pescado y se lo comió bajo la mirada de Buck.

Ένα βράδυ, ο Πάικ έκλεψε μισό ψάρι και το έφαγε μπροστά στα μάτια του Μπακ.

Otra noche, Dub y Joe pelearon contra Spitz y quedaron impunes.

Ένα άλλο βράδυ, ο Νταμπ και ο Τζο πάλεψαν με τον Σπιτζ και έμειναν ατιμώρητοι.

Incluso Billee se quejó con menos dulzura y mostró una nueva agudeza.

Ακόμα και η Μπίλι γκρίνιαξε λιγότερο γλυκά και έδειξε νέα οξύτητα.

Buck le gruñó a Spitz cada vez que se cruzaban.

Ο Μπακ γρύλιζε στον Σπιτζ κάθε φορά που διασταυρώνονταν.

La actitud de Buck se volvió audaz y amenazante, casi como la de un matón.

Η στάση του Μπακ έγινε τολμηρή και απειλητική, σχεδόν σαν νταή.

Caminó delante de Spitz con arrogancia, lleno de amenaza burlona.

Περπάτησε μπροστά από τον Σπιτζ με αλαζονεία, γεμάτος χλευαστική απειλή.

Ese colapso del orden se extendió también entre los perros de trineo.

Αυτή η κατάρρευση της τάξης εξαπλώθηκε και ανάμεσα στα σκυλιά που έσερναν έλκηθρο.

Pelearon y discutieron más que nunca, llenando el campamento de ruido.

Τσακώθηκαν και λογομάχησαν περισσότερο από ποτέ, γεμίζοντας το στρατόπεδο με θόρυβο.

La vida en el campamento se convertía cada noche en un caos salvaje y aullante.

Η ζωή στην κατασκήνωση μετατρεπόταν σε ένα άγριο, ουρλιαχτό χάος κάθε βράδυ.

Sólo Dave y Solleks permanecieron firmes y concentrados.

Μόνο ο Ντέιβ και ο Σόλεκς παρέμειναν σταθεροί και συγκεντρωμένοι.

Pero incluso ellos se enojaron por las peleas constantes.

Αλλά ακόμη και αυτοί οξύθυμοι έγιναν από τους συνεχείς καβγάδες.

François maldijo en lenguas extrañas y pisoteó con frustración.

Ο Φρανσουά έβριζε σε παράξενες γλώσσες και ποδοπατούσε από απογοήτευση.

Se tiró del pelo y gritó mientras la nieve volaba bajo sus pies.

Έσκισε τα μαλλιά του και φώναξε ενώ το χιόνι έπεφτε κάτω από τα πόδια του.

Su látigo azotó a la manada, pero apenas logró mantenerlos bajo control.

Το μαστίγιό του χτύπησε απότομα την αγέλη, αλλά μετά βίας τους κράτησε στην ευθεία.

Cada vez que él le daba la espalda, la lucha estallaba de nuevo.

Κάθε φορά που του γύριζε την πλάτη, οι μάχες ξαναξηνόντουσαν.

François utilizó el látigo para azotar a Spitz, mientras Buck lideraba a los rebeldes.

Ο Φρανσουά χρησιμοποίησε το μαστίγιο για τον Σπιτζ, ενώ ο Μπακ ηγήθηκε των επαναστατών.

Cada uno conocía el papel del otro, pero Buck evitó cualquier culpa.

Ο καθένας γνώριζε τον ρόλο του άλλου, αλλά ο Μπακ απέφευγε οποιαδήποτε ευθύνη.

François nunca sorprendió a Buck iniciando una pelea o eludiendo su trabajo.

Ο Φρανσουά δεν έπιασε ποτέ τον Μπακ να ξεκινά καβγά ή να αποφεύγει τη δουλειά του.

Buck trabajó duro con el arnés; el trabajo ahora emocionaba su espíritu.

Ο Μπακ δούλευε σκληρά φορώντας ιμάντες — ο μόχθος τώρα τον συγκινούσε.

Pero encontró aún más alegría al provocar peleas y caos en el campamento.

Αλλά έβρισκε ακόμη μεγαλύτερη χαρά στο να προκαλεί μάχες και χάος στο στρατόπεδο.

Una noche, en la desembocadura del Tahkeena, Dub asustó a un conejo.

Ένα βράδυ, στις εκβολές της Ταχκίνα, ο Νταμπ τρόμαξε ένα κουνέλι.

Falló el tiro y el conejo con raquetas de nieve saltó lejos.

Έχασε την ψαριά και το κουνέλι με τα χιονοπέδιλα πετάχτηκε μακριά.

En cuestión de segundos, todo el equipo de trineo los persiguió con gritos salvajes.

Σε δευτερόλεπτα, ολόκληρη η ομάδα του έλκηθρου όρμησε στο κυνήγι με άγριες κραυγές.

Cerca de allí, un campamento de la Policía del Noroeste albergaba cincuenta perros husky.

Σε κοντινή απόσταση, ένα στρατόπεδο της Βορειοδυτικής Αστυνομίας φιλοξενούσε πενήντα χάσκι σκυλιά.

Se unieron a la caza y navegaron juntos por el río helado.

Μπήκαν στο κυνήγι, κατεβαίνοντας ορμητικά μαζί το παγωμένο ποτάμι.

El conejo se desvió del río y huyó hacia el lecho congelado del arroyo.

Το κουνέλι έστριψε την όχθη του ποταμού, τρέχοντας προς την παγωμένη κοίτη ενός ρυακιού.

El conejo saltaba suavemente sobre la nieve mientras los perros se abrían paso con dificultad.

Το κουνέλι χοροπηδούσε ελαφρά πάνω στο χιόνι ενώ τα σκυλιά πάλευαν να το διαπεράσουν.

Buck lideró la enorme manada de sesenta perros en cada curva.

Ο Μπακ οδήγησε την τεράστια αγέλη των εξήντα σκύλων γύρω από κάθε στροφή.

Avanzó lentamente y con entusiasmo, pero no pudo ganar terreno.

Προχώρησε, χαμηλόφωνα και πρόθυμα, αλλά δεν μπορούσε να κερδίσει έδαφος.

Su cuerpo brillaba bajo la pálida luna con cada poderoso salto.

Το σώμα του άστραφτε κάτω από το χλωμό φεγγάρι με κάθε δυνατό άλμα.

Más adelante, el conejo se movía como un fantasma, silencioso y demasiado rápido para atraparlo.

Μπροστά, το κουνέλι κινούνταν σαν φάντασμα, σιωπηλό και πολύ γρήγορα για να το πιάσει.

Todos esos viejos instintos —el hambre, la emoción— se apoderaron de Buck.

Όλα αυτά τα παλιά ένστικτα —η πείνα, η συγκίνηση— διαπέρασαν τον Μπακ.

Los humanos a veces sienten este instinto y se ven impulsados a cazar con armas de fuego y balas.

Οι άνθρωποι νιώθουν αυτό το ένστικτο κατά καιρούς, ωθούμενοι να κυνηγούν με όπλο και σφαίρα.

Pero Buck sintió este sentimiento a un nivel más profundo y personal.

Αλλά ο Μπακ ένιωσε αυτό το συναίσθημα σε ένα βαθύτερο και πιο προσωπικό επίπεδο.

No podían sentir lo salvaje en su sangre como Buck podía sentirlo.

Δεν μπορούσαν να νιώσουν την άγρια φύση στο αίμα τους με τον τρόπο που την ένιωθε ο Μπακ.

Persiguió carne viva, dispuesto a matar con los dientes y saborear la sangre.

Κυνηγούσε ζωντανό κρέας, έτοιμο να σκοτώσει με τα δόντια του και να γευτεί αίμα.

Su cuerpo se tensó de alegría, queriendo bañarse en la cálida vida roja.

Το σώμα του τεντώθηκε από χαρά, θέλοντας να λουστεί στη ζεστή κόκκινη ζωή.

Una extraña alegría marca el punto más alto que la vida puede alcanzar.

Μια παράξενη χαρά σηματοδοτεί το υψηλότερο σημείο που μπορεί ποτέ να φτάσει η ζωή.

La sensación de una cima donde los vivos olvidan que están vivos.

Η αίσθηση μιας κορυφής όπου οι ζωντανοί ξεχνούν καν ότι είναι ζωντανοί.

Esta alegría profunda conmueve al artista perdido en una inspiración ardiente.

Αυτή η βαθιά χαρά αγγίζει τον καλλιτέχνη που είναι χαμένος σε μια φλεγόμενη έμπνευση.

Esta alegría se apodera del soldado que lucha salvajemente y no perdona a ningún enemigo.

Αυτή η χαρά κυριεύει τον στρατιώτη που μάχεται άγρια και δεν λυπάται κανέναν εχθρό.

Esta alegría ahora se apoderó de Buck mientras lideraba la manada con hambre primaria.

Αυτή η χαρά κατέλαβε τώρα τον Μπακ καθώς ηγούνταν της αγέλης στην αρχέγονη πείνα.

Aulló con el antiguo grito del lobo, emocionado por la persecución en vida.

Ούρλιαξε με την αρχαία κραυγή του λύκου, ενθουσιασμένος από το ζωντανό κυνήγι.

Buck recurrió a la parte más antigua de sí mismo, perdida en la naturaleza.

Ο Μπακ άκουσε το πιο γερασμένο κομμάτι του εαυτού του, χαμένο στην άγρια φύση.

Llegó a lo más profundo, más allá de la memoria, al tiempo crudo y antiguo.

Έφτασε βαθιά μέσα στην περασμένη μνήμη, στον ακατέργαστο, αρχαίο χρόνο.

Una ola de vida pura recorrió cada músculo y tendón.

Ένα κύμα αγνής ζωής ξεχύθηκε μέσα από κάθε μυ και τένοντα.

Cada salto gritaba que vivía, que avanzaba a través de la muerte.

Κάθε πήδημα φώναζε ότι ζούσε, ότι κινούνταν μέσα στον θάνατο.

Su cuerpo se elevaba alegremente sobre una tierra quieta y fría que nunca se movía.

Το σώμα του πετούσε χαρούμενα πάνω σε ακίνητη, κρύα γη που δεν σαλεύτηκε ποτέ.

Spitz se mantuvo frío y astuto, incluso en sus momentos más salvajes.

Ο Σπιτζ παρέμεινε ψυχρός και πονηρός, ακόμα και στις πιο άγριες στιγμές του.

Dejó el sendero y cruzó el terreno donde el arroyo se curvaba ampliamente.

Άφησε το μονοπάτι και διέσχισε τη γη όπου το ρυάκι έστριβε πλατιά.

Buck, sin darse cuenta de esto, permaneció en el sinuoso camino del conejo.

Ο Μπακ, αγνοώντας αυτό, έμεινε στο ελικοειδές μονοπάτι του κουνελιού.

Entonces, cuando Buck dobló una curva, el conejo fantasmal estaba frente a él.

Έπειτα, καθώς ο Μπακ έστριβε σε μια στροφή, το κουνέλι που έμοιαζε με φάντασμα εμφανίστηκε μπροστά του.

Vio una segunda figura saltar desde la orilla delante de la presa.

Είδε μια δεύτερη φιγούρα να πηδάει από την όχθη μπροστά από το θήραμα.

La figura era Spitz, aterrizando justo en el camino del conejo que huía.

Η φιγούρα ήταν ο Σπιτζ, που προσγειωνόταν ακριβώς στο μονοπάτι του κουνελιού που έφευγε.

El conejo no pudo girar y se encontró con las fauces de Spitz en el aire.

Το κουνέλι δεν μπορούσε να γυρίσει και συνάντησε τα σαγόνια του Σπιτζ στον αέρα.

La columna vertebral del conejo se rompió con un chillido tan agudo como el grito de un humano moribundo.

Η σπονδυλική στήλη του κουνελιού έσπασε από μια κραυγή τόσο αιχμηρή όσο το κλάμα ενός ετοιμοθάνατου ανθρώπου.

Ante ese sonido, la caída de la vida a la muerte, la manada aulló fuerte.

Σε αυτόν τον ήχο—την πτώση από τη ζωή στον θάνατο—η αγέλη ούρλιαξε δυνατά.

Un coro salvaje se elevó detrás de Buck, lleno de oscuro deleite.

Μια άγρια χορωδία ακούστηκε πίσω από τον Μπακ, γεμάτη σκοτεινή απόλαυση.

Buck no emitió ningún grito ni sonido y se lanzó directamente hacia Spitz.

Ο Μπακ δεν έβγαλε ούτε κραυγή, ούτε ήχο, και όρμησε κατευθείαν στον Σπιτζ.

Apuntó a la garganta, pero en lugar de eso golpeó el hombro.

Στόχευσε στον λαιμό, αλλά αντ' αυτού χτύπησε τον ώμο.

Cayeron sobre la nieve blanda; sus cuerpos trabados en combate.

Σέρνονταν μέσα στο μαλακό χιόνι· τα σώματά τους ήταν παγιδευμένα στη μάχη.

Spitz se levantó rápidamente, como si nunca lo hubieran derribado.

Ο Σπιτζ πετάχτηκε γρήγορα, σαν να μην είχε χτυπηθεί ποτέ κάτω.

Cortó el hombro de Buck y luego saltó para alejarse de la pelea.

Χτύπησε τον Μπακ στον ώμο και μετά πήδηξε μακριά από τη μάχη.

Sus dientes chasquearon dos veces como trampas de acero y sus labios se curvaron y fueron feroces.

Δύο φορές τα δόντια του έσπασαν σαν ατσάλινες παγίδες, με τα χείλη του κυρτωμένα και άγρια.

Retrocedió lentamente, buscando terreno firme bajo sus pies.

Υποχώρησε αργά, αναζητώντας στέρεο έδαφος κάτω από τα πόδια του.

Buck comprendió el momento instantánea y completamente.
Ο Μπακ κατάλαβε τη στιγμή αμέσως και πλήρως.
Había llegado el momento; la lucha iba a ser una lucha a muerte.
Είχε έρθει η ώρα· η μάχη θα ήταν μάχη μέχρι θανάτου.
Los dos perros daban vueltas, gruñendo, con las orejas planas y los ojos entrecerrados.
Τα δύο σκυλιά έκαναν κύκλους, γρυλίζοντας, με τα αυτιά τους σκεπασμένα και τα μάτια τους στένεψαν.
Cada perro esperaba que el otro mostrara debilidad o un paso en falso.
Κάθε σκύλος περίμενε τον άλλον να δείξει αδυναμία ή να κάνει λάθος βήμα.
Para Buck, la escena era inquietantemente conocida y recordada profundamente.
Για τον Μπακ, η σκηνή ήταν απόκοσμα γνωστή και βαθιά στη μνήμη του.
El bosque blanco, la tierra fría, la batalla bajo la luz de la luna.
Τα λευκά δάση, η κρύα γη, η μάχη κάτω από το φως του φεγγαριού.
Un pesado silencio llenó la tierra, profundo y antinatural.
Μια βαριά σιωπή πλημμύρισε τη γη, βαθιά και αφύσικη.
Ningún viento se agitó, ninguna hoja se movió, ningún sonido rompió la quietud.
Κανένας άνεμος δεν κουνήθηκε, κανένα φύλλο δεν κουνήθηκε, κανένας ήχος δεν διέκοψε την ησυχία.
El aliento de los perros se elevaba como humo en el aire helado y silencioso.
Οι ανάσες των σκύλων ανέβαιναν σαν καπνός στον παγωμένο, ήσυχο αέρα.
El conejo fue olvidado hace mucho tiempo por la manada de bestias salvajes.
Το κουνέλι είχε ξεχαστεί εδώ και καιρό από την αγέλη των άγριων θηρίων.
Estos lobos medio domesticados ahora permanecían quietos formando un amplio círculo.

Αυτοί οι ημι-εξημερωμένοι λύκοι στέκονταν τώρα ακίνητοι σε έναν πλατύ κύκλο.

Estaban en silencio, sólo sus ojos brillantes revelaban su hambre.

Ήταν σιωπηλοί, μόνο τα λαμπερά τους μάτια αποκάλυπταν την πείνα τους.

Su respiración se elevó mientras observaban cómo comenzaba la pelea final.

Η ανάσα τους ανέβαινε προς τα πάνω, παρακολουθώντας την έναρξη της τελικής μάχης.

Para Buck, esta batalla era vieja y esperada, nada extraña.

Για τον Μπακ, αυτή η μάχη ήταν παλιά και αναμενόμενη, καθόλου παράξενη.

Parecía el recuerdo de algo que siempre estuvo destinado a suceder.

Ένιωθα σαν μια ανάμνηση από κάτι που πάντα έμελλε να συμβεί.

Spitz era un perro de pelea entrenado, perfeccionado por innumerables peleas salvajes.

Ο Σπιτζ ήταν ένα εκπαιδευμένο σκυλί μάχης, ακονισμένο σε αμέτρητες άγριες συμπλοκές.

Desde Spitzbergen hasta Canadá, había vencido a muchos enemigos.

Από το Σπιτζμπέργκεν μέχρι τον Καναδά, είχε νικήσει πολλούς εχθρούς.

Estaba lleno de furia, pero nunca dejó controlar la rabia.

Ήταν γεμάτος οργή, αλλά ποτέ δεν έλεγχε την οργή του.

Su pasión era aguda, pero siempre templada por un duro instinto.

Το πάθος του ήταν οξύ, αλλά πάντα μετριαζόταν από σκληρό ένστικτο.

Nunca atacó hasta que su propia defensa estuvo en su lugar.

Δεν επιτέθηκε ποτέ μέχρι να τεθεί σε εφαρμογή η δική του άμυνα.

Buck intentó una y otra vez alcanzar el vulnerable cuello de Spitz.

Ο Μπακ προσπάθησε ξανά και ξανά να φτάσει τον ευάλωτο λαιμό του Σπιτζ.

Pero cada golpe era correspondido con un corte de los afilados dientes de Spitz.

Αλλά κάθε χτύπημα αντιμετώπιζε ένα ξύσιμο από τα κοφτερά δόντια του Σπιτζ.

Sus colmillos chocaron y ambos perros sangraron por los labios desgarrados.

Οι κυνόδοντές τους συγκρούστηκαν και και τα δύο σκυλιά αιμορραγούσαν από σκισμένα χείλη.

No importaba cuánto se lanzara Buck, no podía romper la defensa.

Όσο κι αν όρμησε ο Μπακ, δεν μπορούσε να διασπάσει την άμυνα.

Se puso más furioso y se abalanzó con salvajes ráfagas de poder.

Έγινε πιο έξαλλος, ορμώντας μέσα με άγριες εκρήξεις δύναμης.

Una y otra vez, Buck atacó la garganta blanca de Spitz.

Ξανά και ξανά, ο Μπακ χτυπούσε για τον άσπρο λαιμό του Σπιτζ.

Cada vez que Spitz esquivaba el ataque, contraatacaba con un mordisco cortante.

Κάθε φορά ο Σπιτζ απέφευγε και ανταπέδιδε ένα δάγκωμα σε φέτες.

Entonces Buck cambió de táctica y se abalanzó nuevamente hacia la garganta.

Τότε ο Μπακ άλλαξε τακτική, ορμώντας ξανά σαν να ήθελε τον λαιμό.

Pero él retrocedió a mitad del ataque y se giró para atacar desde un costado.

Αλλά υποχώρησε κατά τη διάρκεια της επίθεσης, στρεφόμενος για να χτυπήσει από το πλάι.

Le lanzó el hombro a Spitz con la intención de derribarlo.

Έριξε τον ώμο του στον Σπιτζ, με στόχο να τον ρίξει κάτω.

Cada vez que lo intentaba, Spitz lo esquivaba y contraatacaba con un corte.

Κάθε φορά που προσπαθούσε, ο Σπιτζ απέφευγε και αντεπιτίθετο με ένα χτύπημα.

El hombro de Buck se enrojeció cuando Spitz saltó después de cada golpe.

Ο ώμος του Μπακ τράβηξε την προσοχή καθώς ο Σπιτζ πηδούσε μακριά μετά από κάθε χτύπημα.

Spitz no había sido tocado, mientras que Buck sangraba por muchas heridas.

Ο Σπιτζ δεν είχε αγγιχτεί, ενώ ο Μπακ αιμορραγούσε από πολλές πληγές.

La respiración de Buck era rápida y pesada y su cuerpo estaba cubierto de sangre.

Η ανάσα του Μπακ ήταν γρήγορη και βαριά, το σώμα του γλιστρούσε από το αίμα.

La pelea se volvió más brutal con cada mordisco y embestida.

Η μάχη γινόταν πιο άγρια με κάθε δάγκωμα και έφοδο.

A su alrededor, sesenta perros silenciosos esperaban que cayera el primero.

Γύρω τους, εξήντα σιωπηλά σκυλιά περίμεναν να πέσουν τα πρώτα.

Si un perro caía, la manada terminaría la pelea.

Αν έπεφτε ένα σκυλί, η αγέλη θα τελείωνε τον αγώνα.

Spitz vio que Buck se estaba debilitando y comenzó a presionar para atacar.

Ο Σπιτζ είδε τον Μπακ να εξασθενεί και άρχισε να επιτίθεται.

Mantuvo a Buck fuera de equilibrio, obligándolo a luchar para mantener el equilibrio.

Κράτησε τον Μπακ εκτός ισορροπίας, αναγκάζοντάς τον να παλέψει για να σταθεί στα πόδια του.

Una vez Buck tropezó y cayó, y todos los perros se levantaron.

Κάποτε ο Μπακ σκόνταψε και έπεσε, και όλα τα σκυλιά σηκώθηκαν όρθια.

Pero Buck se enderezó a mitad de la caída y todos volvieron a caer.

Αλλά ο Μπακ ισιώθηκε στη μέση της πτώσης και όλοι βυθίστηκαν ξανά κάτω.

Buck tenía algo poco común: una imaginación nacida de un instinto profundo.

Ο Μπακ είχε κάτι σπάνιο — φαντασία που γεννιόταν από βαθύ ένστικτο.

Peleó con impulso natural, pero también peleó con astucia.

Πολέμησε από φυσική ορμή, αλλά πολεμούσε και με πονηριά.

Cargó de nuevo como si repitiera su truco de ataque con el hombro.

Όρμησε ξανά σαν να επαναλάμβανε το κόλπο του με την επίθεση στον ώμο.

Pero en el último segundo, se agachó y pasó por debajo de Spitz.

Αλλά την τελευταία στιγμή, έπεσε χαμηλά και σάρωσε κάτω από τον Σπιτζ.

Sus dientes se clavaron en la pata delantera izquierda de Spitz con un chasquido.

Τα δόντια του χτύπησαν το μπροστινό αριστερό πόδι του Σπιτζ με ένα κλικ.

Spitz ahora estaba inestable, con su peso sobre sólo tres patas.

Ο Σπιτζ στεκόταν τώρα ασταθής, με το βάρος του να στηρίζεται μόνο σε τρία πόδια.

Buck atacó de nuevo e intentó derribarlo tres veces.

Ο Μπακ χτύπησε ξανά, προσπάθησε τρεις φορές να τον ρίξει κάτω.

En el cuarto intento utilizó el mismo movimiento con éxito.

Στην τέταρτη προσπάθεια χρησιμοποίησε την ίδια κίνηση με επιτυχία

Esta vez Buck logró morder la pata derecha de Spitz.

Αυτή τη φορά ο Μπακ κατάφερε να δαγκώσει το δεξί πόδι του Σπιτζ.

Spitz, aunque lisiado y en agonía, siguió luchando por sobrevivir.

Ο Σπιτζ, αν και ανάπηρος και σε αγωνία, συνέχισε να αγωνίζεται να επιβιώσει.

Vio que el círculo de huskies se estrechaba, con las lenguas afuera y los ojos brillantes.

Είδε τον κύκλο των χάσκι να σφίγγεται, με τις γλώσσες έξω, τα μάτια να λάμπουν.

Esperaron para devorarlo, tal como habían hecho con los otros.

Περίμεναν να τον καταβροχθίσουν, όπως ακριβώς είχαν κάνει και με άλλους.

Esta vez, él estaba en el centro; derrotado y condenado.

Αυτή τη φορά, στεκόταν στο κέντρο· ηττημένος και καταδικασμένος.

Ya no había opción de escapar para el perro blanco.

Δεν υπήρχε πλέον επιλογή διαφυγής για το λευκό σκυλί.

Buck no mostró piedad, porque la piedad no pertenecía a la naturaleza.

Ο Μπακ δεν έδειξε έλεος, γιατί το έλεος δεν ανήκε στην άγρια φύση.

Buck se movió con cuidado, preparándose para la carga final.

Ο Μπακ κινήθηκε προσεκτικά, ετοιμάζοντας την τελική έφοδο.

El círculo de perros esquimales se cerró; sintió sus respiraciones cálidas.

Ο κύκλος των χάσκι πλησίασε· ένιωσε τις ζεστές ανάσες τους.

Se agacharon, preparados para saltar cuando llegara el momento.

Σκύβουν χαμηλά, έτοιμοι να πηδήξουν όταν έρθει η ώρα.

Spitz temblaba en la nieve, gruñendo y cambiando su postura.

Ο Σπιτζ έτρεμε στο χιόνι, γρυλίζοντας και αλλάζοντας στάση.

Sus ojos brillaban, sus labios se curvaron y sus dientes brillaron en una amenaza desesperada.

Τα μάτια του έλαμπαν, τα χείλη του έσφιγγαν, τα δόντια του έλαμπαν απειλητικά.

Se tambaleó, todavía intentando contener el frío mordisco de la muerte.

Παραπάτησε, προσπαθώντας ακόμα να συγκρατήσει το ψυχρό δάγκωμα του θανάτου.

Ya había visto esto antes, pero siempre desde el lado ganador.

Το είχε ξαναδεί αυτό, αλλά πάντα από την πλευρά του νικητή.

Ahora estaba en el bando perdedor; el derrotado; la presa; la muerte.

Τώρα ήταν στην πλευρά των ηττημένων· των ηττημένων· του θύματος· του θανάτου.

Buck voló en círculos para asestar el golpe final, mientras el círculo de perros se acercaba cada vez más.

Ο Μπακ έκανε κύκλους για το τελικό χτύπημα, με τον κύκλο των σκύλων να σφίγγεται πιο κοντά.

Podía sentir sus respiraciones calientes; listas para matar.

Μπορούσε να νιώσει τις καυτές ανάσες τους· έτοιμοι για τη σφαγή.

Se hizo un silencio absoluto, todo estaba en su lugar, el tiempo se había detenido.

Μια σιωπή έπεσε, όλα ήταν στη θέση τους, ο χρόνος είχε σταματήσει.

Incluso el aire frío entre ellos se congeló por un último momento.

Ακόμα και ο κρύος αέρας ανάμεσά τους πάγωσε για μια τελευταία στιγμή.

Sólo Spitz se movió, intentando contener su amargo final.

Μόνο ο Σπιτζ κινήθηκε, προσπαθώντας να συγκρατήσει το πικρό του τέλος.

El círculo de perros se iba cerrando a su alrededor, tal como era su destino.

Ο κύκλος των σκύλων έκλεινε γύρω του, όπως και η μοίρα του.

Ahora estaba desesperado, sabiendo lo que estaba a punto de suceder.

Ήταν πλέον απελπισμένος, ξέροντας τι επρόκειτο να συμβεί.

Buck saltó y hombro con hombro chocó una última vez.

Ο Μπακ πήδηξε μέσα, ο ώμος συνάντησε τον ώμο για τελευταία φορά.

Los perros se lanzaron hacia adelante, cubriendo a Spitz en la oscuridad nevada.

Τα σκυλιά όρμησαν μπροστά, καλύπτοντας τον Σπιτζ στο χιονισμένο σκοτάδι.

Buck observaba, erguido, vencedor en un mundo salvaje.

Ο Μπακ παρακολουθούσε, όρθιος· ο νικητής σε έναν άγριο κόσμο.

La bestia primordial dominante había cometido su asesinato, y fue bueno.

Το κυρίαρχο αρχέγονο θηρίο είχε κάνει το θήραμά του, και ήταν καλό.

Aquel que ha alcanzado la maestría
Αυτός, που έχει κερδίσει την κυριαρχία

¿Eh? ¿Qué dije? Digo la verdad cuando digo que Buck es un demonio.

«Ε; Τι είπα; Λέω αλήθεια όταν λέω ότι ο Μπακ είναι διάβολος.»

François dijo esto a la mañana siguiente después de descubrir que Spitz había desaparecido.

Ο Φρανσουά το είπε αυτό το επόμενο πρωί, αφού βρήκε τον Σπιτζ αγνοούμενο.

Buck permaneció allí, cubierto de heridas por la feroz pelea.

Ο Μπακ στεκόταν εκεί, καλυμμένος με πληγές από την άγρια μάχη.

François acercó a Buck al fuego y señaló las heridas.

Ο Φρανσουά τράβηξε τον Μπακ κοντά στη φωτιά και έδειξε τα τραύματα.

"Ese Spitz peleó como Devik", dijo Perrault, mirando los profundos cortes.

«Αυτός ο Σπιτζ πολέμησε σαν τον Ντέβικ», είπε ο Περό, κοιτάζοντας τις βαθιές πληγές.

—Y ese Buck peleó como dos demonios —respondió François inmediatamente.

«Και αυτός ο Μπακ πάλεψε σαν δύο διάβολοι», απάντησε αμέσως ο Φρανσουά.

"Ahora iremos a buen ritmo; no más Spitz, no más problemas".

«Τώρα θα κάνουμε καλή δουλειά. Τέλος ο Σπιτζ, τέλος η ταλαιπωρία.»

Perrault estaba empacando el equipo y cargando el trineo con cuidado.

Ο Περώ μάζευε τον εξοπλισμό και φόρτωνε το έλκηθρο με προσοχή.

François enjaezó a los perros para prepararlos para la carrera del día.

Ο Φρανσουά έδεσε τα σκυλιά προετοιμάζοντας το τρέξιμο της ημέρας.

Buck trotó directamente a la posición de liderazgo que alguna vez ocupó Spitz.

Ο Μπακ έτρεξε κατευθείαν στην πρωτοποριακή θέση που κάποτε κατείχε ο Σπιτζ.

Pero François, sin darse cuenta, condujo a Solleks hacia el frente.

Αλλά ο Φρανσουά, αγνοώντας το, οδήγησε τον Σολέκς μπροστά.

A juicio de François, Solleks era ahora el mejor perro guía.

Κατά την κρίση του Φρανσουά, ο Σόλεκς ήταν πλέον ο καλύτερος αρχηγός.

Buck se abalanzó furioso sobre Solleks y lo hizo retroceder en protesta.

Ο Μπακ όρμησε εναντίον του Σόλεκς με οργή και τον έδιωξε σε ένδειξη διαμαρτυρίας.

Se situó en el mismo lugar que una vez estuvo Spitz, ocupando la posición de liderazgo.

Στάθηκε εκεί που κάποτε βρισκόταν ο Σπιτζ, διεκδικώντας την ηγετική θέση.

—¿Eh? ¿Eh? —gritó François, dándose palmadas en los muslos, divertido.

«Ε; Ε;» φώναξε ο Φρανσουά, χτυπώντας τους μηρούς του από ευθυμία.

—Mira a Buck. Mató a Spitz y ahora quiere aceptar el trabajo.

«Κοίτα τον Μπακ—σκότωσε τον Σπιτζ, τώρα θέλει να πάρει τη δουλειά!»

—¡Vete, Chook! —gritó, intentando ahuyentar a Buck.

«Φύγε, Τσουκ!» φώναξε, προσπαθώντας να διώξει τον Μπακ.

Pero Buck se negó a moverse y se mantuvo firme en la nieve.

Αλλά ο Μπακ αρνήθηκε να κουνηθεί και στάθηκε σταθερός στο χιόνι.

François agarró a Buck por la nuca y lo arrastró a un lado.

Ο Φρανσουά άρπαξε τον Μπακ από το σβέρκο και τον τράβηξε στην άκρη.

Buck gruñó bajo y amenazante, pero no atacó.

Ο Μπακ γρύλισε χαμηλόφωνα και απειλητικά, αλλά δεν επιτέθηκε.

François puso a Solleks de nuevo en cabeza, intentando resolver la disputa.

Ο Φρανσουά έδωσε ξανά προβάδισμα στον Σόλεκς, προσπαθώντας να διευθετήσει τη διαμάχη.

El perro viejo mostró miedo de Buck y no quería quedarse.

Το γέρικο σκυλί έδειξε φόβο για τον Μπακ και δεν ήθελε να μείνει.

Cuando François le dio la espalda, Buck expulsó nuevamente a Solleks.

Όταν ο Φρανσουά του γύρισε την πλάτη, ο Μπακ έδιωξε ξανά τον Σόλεκς.

Solleks no se resistió y se hizo a un lado silenciosamente una vez más.

Ο Σόλεκς δεν αντιστάθηκε και έκανε ξανά αθόρυβα στην άκρη.

François se enojó y gritó: "¡Por Dios, te arreglo!"

Ο Φρανσουά θύμωσε και φώναξε: «Μα τον Θεό, σε φτιάχνω!»

Se acercó a Buck sosteniendo un pesado garrote en su mano.

Ήρθε προς τον Μπακ κρατώντας ένα βαρύ ρόπαλο στο χέρι του.

Buck recordaba bien al hombre del suéter rojo.

Ο Μπακ θυμόταν καλά τον άντρα με το κόκκινο πουλόβερ.

Se retiró lentamente, observando a François, pero gruñendo profundamente.

Υποχώρησε αργά, παρακολουθώντας τον Φρανσουά, αλλά γρυλίζοντας βαθιά.

No se apresuró a regresar, incluso cuando Solleks ocupó su lugar.

Δεν έσπευσε να επιστρέψει, ακόμα και όταν ο Σόλεκς στάθηκε στη θέση του.

Buck voló en círculos fuera de su alcance, gruñendo con furia y protesta.

Ο Μπακ έκανε κύκλους που ήταν λίγο έξω από τον εαυτό του, γρυλίζοντας από οργή και διαμαρτυρία.

Mantuvo la vista fija en el palo, dispuesto a esquivarlo si François lanzaba.

Κρατούσε τα μάτια του στο ρόπαλο, έτοιμος να αποφύγει αν ο Φρανσουά έριχνε.

Se había vuelto sabio y cauteloso en cuanto a las costumbres de los hombres con armas.

Είχε γίνει σοφός και επιφυλακτικός στους τρόπους των ανθρώπων με όπλα.

François se dio por vencido y llamó a Buck nuevamente a su antiguo lugar.

Ο Φρανσουά τα παράτησε και κάλεσε ξανά τον Μπακ στο προηγούμενο σπίτι του.

Pero Buck retrocedió con cautela, negándose a obedecer la orden.

Αλλά ο Μπακ έκανε ένα βήμα πίσω προσεκτικά, αρνούμενος να υπακούσει στην εντολή.

François lo siguió, pero Buck sólo retrocedió unos pasos más.

Ο Φρανσουά τον ακολούθησε, αλλά ο Μπακ υποχώρησε μόνο λίγα βήματα ακόμα.

Después de un tiempo, François arrojó el arma al suelo, frustrado.

Μετά από λίγο, ο Φρανσουά πέταξε κάτω το όπλο απογοητευμένος.

Pensó que Buck tenía miedo de que le dieran una paliza y que iba a venir sin hacer mucho ruido.

Νόμιζε ότι ο Μπακ φοβόταν τον ξυλοδαρμό και θα ερχόταν αθόρυβα.

Pero Buck no estaba evitando el castigo: estaba luchando por su rango.

Αλλά ο Μπακ δεν απέφευγε την τιμωρία—πάλευε για τον βαθμό.

Se había ganado el puesto de perro líder mediante una pelea a muerte.

Είχε κερδίσει τη θέση του αρχηγού μέσα από μια μάχη μέχρι θανάτου

No iba a conformarse con nada menos que ser el líder.

δεν επρόκειτο να συμβιβαστεί με τίποτα λιγότερο από το να είναι ο ηγέτης.

Perrault participó en la persecución para ayudar a atrapar al rebelde Buck.
Ο Περό συμμετείχε στην καταδίωξη για να βοηθήσει να πιάσει τον επαναστάτη Μπακ.

Juntos lo hicieron correr alrededor del campamento durante casi una hora.
Μαζί, τον περιέφεραν σε όλο το στρατόπεδο για σχεδόν μία ώρα.

Le lanzaron garrotes, pero Buck los esquivó hábilmente.
Του πέταξαν ρόπαλα, αλλά ο Μπακ τα απέφυγε όλα επιδέξια.

Lo maldijeron a él, a sus padres, a sus descendientes y a cada cabello que tenía.
Τον καταράστηκαν, τους προγόνους του, τους απογόνους του και κάθε τρίχα του.

Pero Buck sólo gruñó y se quedó fuera de su alcance.
Αλλά ο Μπακ απλώς γρύλισε και έμεινε λίγο μακριά από την εμβέλειά τους.

Nunca intentó huir, sino que rodeó el campamento deliberadamente.
Δεν προσπάθησε ποτέ να δραπετεύσει, αλλά έκανε κύκλους γύρω από το στρατόπεδο επίτηδες.

Dejó claro que obedecería una vez que le dieran lo que quería.
Ξεκαθάρισε ότι θα υπάκουε μόλις του έδιναν αυτό που ήθελε.

François finalmente se sentó y se rascó la cabeza con frustración.
Ο Φρανσουά κάθισε τελικά και έξυσε το κεφάλι του από απογοήτευση.

Perrault miró su reloj, maldijo y murmuró algo sobre el tiempo perdido.
Ο Περώ κοίταξε το ρολόι του, έβρισε και μουρμούρισε για τον χαμένο χρόνο.

Ya había pasado una hora cuando debían estar en el sendero.

Είχε ήδη περάσει μια ώρα ενώ θα έπρεπε να είχαν ξεκινήσει το μονοπάτι.

François se encogió de hombros tímidamente y miró al mensajero, quien suspiró derrotado.

Ο Φρανσουά σήκωσε τους ώμους του ντροπαλά προς τον αγγελιαφόρο, ο οποίος αναστέναξε ηττημένος.

Entonces François se acercó a Solleks y llamó a Buck una vez más.

Έπειτα ο Φρανσουά περπάτησε προς τον Σολέκς και φώναξε ξανά τον Μπακ.

Buck se rió como se ríe un perro, pero mantuvo una distancia cautelosa.

Ο Μπακ γέλασε σαν γελάει ο σκύλος, αλλά κράτησε την προσεκτική του απόσταση.

François le quitó el arnés a Solleks y lo devolvió a su lugar.

Ο Φρανσουά αφαίρεσε την ζώνη του Σολέκς και τον επέστρεψε στη θέση του.

El equipo de trineo estaba completamente arneses y solo había un lugar libre.

Η ομάδα έλκηθρου ήταν πλήρως εξοπλισμένη, με μόνο μία θέση κενή.

La posición de liderazgo quedó vacía, claramente destinada solo para Buck.

Η θέση του επικεφαλής παρέμεινε κενή, σαφώς προορίζόμενη μόνο για τον Μπακ.

François volvió a llamar, y nuevamente Buck rió y se mantuvo firme.

Ο Φρανσουά φώναξε ξανά, και ο Μπακ γέλασε ξανά και κράτησε τη θέση του.

—Tira el garrote —ordenó Perrault sin dudarlo.

«Πετάξτε κάτω το ρόπαλο», διέταξε ο Περώ χωρίς δισταγμό.

François obedeció y Buck inmediatamente trotó hacia adelante orgulloso.

Ο Φρανσουά υπάκουσε και ο Μπακ αμέσως έτρεξε μπροστά περήφανα.

Se rió triunfante y asumió la posición de líder.

Γέλασε θριαμβευτικά και πήρε την πρώτη θέση.

François aseguró sus correajes y el trineo se soltó.

Ο Φρανσουά εξασφάλισε τα ίχνη του και το έλκηθρο λύθηκε.

Ambos hombres corrieron al lado del equipo mientras corrían hacia el sendero del río.

Και οι δύο άντρες έτρεχαν παράλληλα καθώς η ομάδα έτρεχε στο μονοπάτι του ποταμού.

François tenía en alta estima a los "dos demonios" de Buck.

Ο Φρανσουά είχε μεγάλη εκτίμηση για τους «δύο διαβόλους» του Μπακ,

Pero pronto se dio cuenta de que en realidad había subestimado al perro.

αλλά σύντομα συνειδητοποίησε ότι στην πραγματικότητα είχε υποτιμήσει τον σκύλο.

Buck asumió rápidamente el liderazgo y trabajó con excelencia.

Ο Μπακ ανέλαβε γρήγορα την ηγεσία και τα πήγε άψογα.

En juicio, pensamiento rápido y acción veloz, Buck superó a Spitz.

Σε κρίση, γρήγορη σκέψη και γρήγορη δράση, ο Μπακ ξεπέρασε τον Σπιτζ.

François nunca había visto un perro igual al que Buck mostraba ahora.

Ο Φρανσουά δεν είχε ξαναδεί σκύλο ισάξιο αυτού που επέδειξε τώρα ο Μπακ.

Pero Buck realmente sobresalía en imponer el orden e imponer respeto.

Αλλά ο Μπακ πραγματικά διέπρεψε στην επιβολή της τάξης και στην επιβολή σεβασμού.

Dave y Solleks aceptaron el cambio sin preocupación ni protesta.

Ο Ντέιβ και ο Σόλεκς δέχτηκαν την αλλαγή χωρίς ανησυχία ή διαμαρτυρία.

Se concentraron únicamente en el trabajo y en tirar con fuerza de las riendas.

Επικεντρώνονταν μόνο στη δουλειά και στο να τραβούν δυνατά τα ηνία.

A ellos les importaba poco quién iba delante, siempre y cuando el trineo siguiera moviéndose.

Λίγο τους ένοιαζε ποιος οδηγούσε, αρκεί το έλκηθρο να συνέχιζε να κινείται.

Billee, la alegre, podría haber liderado todo lo que a ellos les importaba.

Η Μπίλι, η χαρούμενη, θα μπορούσε να είχε ηγηθεί όσο κι αν τους ένοιαζε.

Lo que les importaba era la paz y el orden en las filas.

Αυτό που είχε σημασία για αυτούς ήταν η ειρήνη και η τάξη στις τάξεις.

El resto del equipo se había vuelto rebelde durante la decadencia de Spitz.

Η υπόλοιπη ομάδα είχε γίνει άτακτη κατά τη διάρκεια της παρακμής του Σπιτζ.

Se sorprendieron cuando Buck inmediatamente los puso en orden.

Έμειναν σοκαρισμένοι όταν ο Μπακ τους έβαλε αμέσως σε τάξη.

Pike siempre había sido perezoso y arrastraba los pies detrás de Buck.

Ο Πάικ ήταν πάντα τεμπέλης και σέρνονταν πίσω από τον Μπακ.

Pero ahora el nuevo liderazgo lo ha disciplinado severamente.

Αλλά τώρα τιμωρήθηκε αυστηρά από τη νέα ηγεσία.

Y rápidamente aprendió a aportar su granito de arena en el equipo.

Και γρήγορα έμαθε να έχει το βάρος του στην ομάδα.

Al final del día, Pike trabajó más duro que nunca.

Μέχρι το τέλος της ημέρας, ο Πάικ δούλεψε πιο σκληρά από ποτέ.

Esa noche en el campamento, Joe, el perro amargado, finalmente fue sometido.

Εκείνο το βράδυ στην κατασκήνωση, ο Τζο, το ξινό σκυλί, τελικά ησύχασε.

Spitz no logró disciplinarlo, pero Buck no falló.

Ο Σπιτζ δεν είχε καταφέρει να τον πειθαρχήσει, αλλά ο Μπακ δεν απέτυχε.

Utilizando su mayor peso, Buck superó a Joe en segundos.

Χρησιμοποιώντας το μεγαλύτερο βάρος του, ο Μπακ ξεπέρασε τον Τζο σε δευτερόλεπτα.

Mordió y golpeó a Joe hasta que gimió y dejó de resistirse.

Δάγκωσε και ξυλοκόπησε τον Τζο μέχρι που κλαψούρισε και σταμάτησε να αντιστέκεται.

Todo el equipo mejoró a partir de ese momento.

Όλη η ομάδα βελτιώθηκε από εκείνη τη στιγμή και μετά.

Los perros recuperaron su antigua unidad y disciplina.

Τα σκυλιά ανέκτησαν την παλιά τους ενότητα και πειθαρχία.

En Rink Rapids, se unieron dos nuevos huskies nativos, Teek y Koona.

Στο Ρινκ Ράπιντς, ενώθηκαν δύο νέα ιθαγενή χάσκι, ο Τικ και η Κούνα.

El rápido entrenamiento que Buck les dio sorprendió incluso a François.

Η γρήγορη εκπαίδευσή τους από τον Μπακ εξέπληξε ακόμη και τον Φρανσουά.

"¡Nunca hubo un perro como ese Buck!" gritó con asombro.

«Ποτέ δεν υπήρξε τέτοιο σκυλί σαν αυτόν τον Μπακ!» φώναξε με έκπληξη.

¡No, jamás! ¡Vale mil dólares, por Dios!

«Όχι, ποτέ! Αξίζει χίλια δολάρια, μα τον Θεό!»

—¿Eh? ¿Qué dices, Perrault? —preguntó con orgullo.

«Ε; Τι λες, Περό;» ρώτησε με υπερηφάνεια.

Perrault asintió en señal de acuerdo y revisó sus notas.

Ο Περώ ένευψε καταφατικά και έλεγξε τις σημειώσεις του.

Ya vamos por delante del cronograma y ganamos más cada día.

Είμαστε ήδη μπροστά από το χρονοδιάγραμμα και κερδίζουμε περισσότερα κάθε μέρα.

El sendero estaba duro y liso, sin nieve fresca.

Το μονοπάτι ήταν σκληρό και ομαλό, χωρίς φρέσκο χιόνι.

El frío era constante, rondando los cincuenta grados bajo cero durante todo el tiempo.

Το κρύο ήταν σταθερό, κυμαινόμενο στους πενήντα βαθμούς υπό το μηδέν καθ' όλη τη διάρκεια.

Los hombres cabalgaban y corrían por turnos para entrar en calor y ganar tiempo.

Οι άντρες ίππευαν και έτρεχαν με τη σειρά για να ζεσταθούν και να κερδίσουν χρόνο.

Los perros corrían rápido, con pocas paradas y siempre avanzando.

Τα σκυλιά έτρεχαν γρήγορα με λίγες στάσεις, σπρώχνοντας πάντα μπροστά.

El río Thirty Mile estaba casi congelado y era fácil cruzarlo.

Ο ποταμός Thirty Mile ήταν ως επί το πλείστον παγωμένος και εύκολος στη διέλευσή του.

Salieron en un día lo que habían tardado diez días en llegar.

Έφυγαν σε μία μέρα, ενώ είχαν πάρει δέκα μέρες για να έρθουν.

Hicieron una carrera de sesenta millas desde el lago Le Barge hasta White Horse.

Έκαναν μια διαδρομή εξήντα μιλίων από τη λίμνη Λε Μπαρζ μέχρι το Γουάιτ Χορς.

A través de los lagos Marsh, Tagish y Bennett se movieron increíblemente rápido.

Στις λίμνες Μαρς, Ταγκίς και Μπένετ κινήθηκαν απίστευτα γρήγορα.

El hombre corriendo remolcado detrás del trineo por una cuerda.

Ο τρέχων άντρας σύρθηκε πίσω από το έλκηθρο με σχοινί.

En la última noche de la segunda semana llegaron a su destino.

Την τελευταία νύχτα της δεύτερης εβδομάδας έφτασαν στον προορισμό τους.

Habían llegado juntos a la cima del Paso Blanco.

Είχαν φτάσει μαζί στην κορυφή του Λευκού Περάσματος.

Descendieron al nivel del mar con las luces de Skaguay debajo de ellos.

Κατέβηκαν στο επίπεδο της θάλασσας με τα φώτα του Σκάγκουεϊ από κάτω τους.

Había sido una carrera que estableció un récord a través de kilómetros de desierto frío.

Ήταν μια διαδρομή ρεκόρ σε χιλιόμετρα κρύας ερημιάς.

Durante catorce días seguidos, recorrieron un promedio de cuarenta millas.

Για δεκατέσσερις συνεχόμενες ημέρες, έτρεχαν κατά μέσο όρο σαράντα μίλια.

En Skaguay, Perrault y François transportaban mercancías por la ciudad.

Στο Σκαγκέι, ο Περό και ο Φρανσουά μετέφεραν εμπορεύματα μέσα στην πόλη.

Fueron aplaudidos y la multitud admirada les ofreció muchas bebidas.

Τους επευφημούσαν και τους πρόσφεραν πολλά ποτά το θαυμαστικό πλήθος.

Los cazadores de perros y los trabajadores se reunieron alrededor del famoso equipo de perros.

Κυνηγητικοί σκύλων και εργάτες συγκεντρώθηκαν γύρω από την περίφημη ομάδα σκύλων.

Luego, los forajidos del oeste llegaron a la ciudad y sufrieron una derrota violenta.

Στη συνέχεια, οι δυτικοί παράνομοι ήρθαν στην πόλη και υπέστησαν βίαιη ήττα.

La gente pronto se olvidó del equipo y se centró en un nuevo drama.

Οι άνθρωποι σύντομα ξέχασαν την ομάδα και επικεντρώθηκαν σε νέο δράμα.

Luego vinieron las nuevas órdenes que cambiaron todo de golpe.

Έπειτα ήρθαν οι νέες εντολές που άλλαξαν τα πάντα μονομιάς.

François llamó a Buck y lo abrazó con orgullo entre lágrimas.

Ο Φρανσουά φώναξε τον Μπακ κοντά του και τον αγκάλιασε με δακρυσμένη υπερηφάνεια.

Ese momento fue la última vez que Buck volvió a ver a François.

Εκείνη η στιγμή ήταν η τελευταία φορά που ο Μπακ είδε ξανά τον Φρανσουά.

Como muchos hombres antes, tanto François como Perrault se habían ido.

Όπως πολλοί άντρες στο παρελθόν, τόσο ο Φρανσουά όσο και ο Περώ είχαν φύγει.

Un mestizo escocés se hizo cargo de Buck y sus compañeros de equipo de perros de trineo.

Ένα Σκωτσέζικο ημίαιμο ανέλαβε τον Μπακ και τους συναθλητές του, τους σκύλους έλκηθρου.

Con una docena de otros equipos de perros, regresaron por el sendero hasta Dawson.

Με δώδεκα άλλες ομάδες σκύλων, επέστρεψαν κατά μήκος του μονοπατιού προς το Ντόσον.

Ya no era una carrera rápida, solo un trabajo duro con una carga pesada cada día.

Δεν ήταν πια γρήγορο τρέξιμο—μόνο βαριά δουλειά με βαρύ φορτίο κάθε μέρα.

Éste era el tren correo que llevaba noticias a los buscadores de oro cerca del Polo.

Αυτό ήταν το ταχυδρομικό τρένο, που έφερνε τα νέα στους κυνηγούς χρυσού κοντά στον Πόλο.

A Buck no le gustaba el trabajo, pero lo soportaba bien y se enorgullecía de su esfuerzo.

Ο Μπακ δεν άρεσε η δουλειά, αλλά την άντεχε καλά, περήφανος για την προσπάθειά του.

Al igual que Dave y Solleks, Buck mostró devoción por cada tarea diaria.

Όπως ο Ντέιβ και ο Σόλεκς, ο Μπακ έδειχνε αφοσίωση σε κάθε καθημερινή εργασία.

Se aseguró de que cada uno de sus compañeros hiciera su parte.

Φρόντισε όλοι οι συμπαίκτες του να βάλουν το βάρος που τους αναλογούσε.

La vida en el sendero se volvió aburrida, repetida con la precisión de una máquina.

Η ζωή στα μονοπάτια έγινε βαρετή, επαναλαμβανόμενη με την ακρίβεια μιας μηχανής.

Cada día parecía igual, una mañana se fundía con la siguiente.

Κάθε μέρα έμοιαζε ίδια, το ένα πρωί έσμιγε με το επόμενο.

A la misma hora, los cocineros se levantaron para hacer fogatas y preparar la comida.

Την ίδια ώρα, οι μάγειρες σηκώθηκαν για να ανάψουν φωτιές και να ετοιμάσουν φαγητό.

Después del desayuno, algunos abandonaron el campamento mientras otros enjaezaron los perros.

Μετά το πρωινό, κάποιοι έφυγαν από το στρατόπεδο, ενώ άλλοι έδεσαν τα σκυλιά.

Se pusieron en marcha antes de que la tenue señal del amanecer tocara el cielo.

Βρέθηκαν στο μονοπάτι πριν η αμυδρή προειδοποίηση της αυγής αγγίξει τον ουρανό.

Por la noche se detenían para acampar, cada hombre con una tarea determinada.

Τη νύχτα, σταματούσαν για να στρατοπεδεύσουν, ο καθένας με ένα καθορισμένο καθήκον.

Algunos montaron tiendas de campaña, otros cortaron leña y recogieron ramas de pino.

Κάποιοι έστησαν τις σκηνές, άλλοι έκοψαν καυσόξυλα και μάζεψαν κλαδιά πεύκου.

Se llevaba agua o hielo a los cocineros para la cena.

Νερό ή πάγος μεταφέρονταν πίσω στους μάγειρες για το βραδινό γεύμα.

Los perros fueron alimentados y esta fue la mejor parte del día para ellos.

Τα σκυλιά ταΐστηκαν, και αυτή ήταν η καλύτερη στιγμή της ημέρας για αυτά.

Después de comer pescado, los perros se relajaron y descansaron cerca del fuego.

Αφού έφαγαν ψάρι, τα σκυλιά χαλάρωσαν και ξάπλωσαν κοντά στη φωτιά.

Había otros cien perros en el convoy con los que mezclarse.

Υπήρχαν εκατό άλλα σκυλιά στην συνοδεία για να συναναστραφούμε.

Muchos de esos perros eran feroces y rápidos para pelear sin previo aviso.

Πολλά από αυτά τα σκυλιά ήταν άγρια και έσπευσαν να πολεμήσουν χωρίς προειδοποίηση.

Pero después de tres victorias, Buck dominó incluso a los luchadores más feroces.

Αλλά μετά από τρεις νίκες, ο Μπακ κυριάρχησε ακόμη και στους πιο σκληροτράχηλους μαχητές.

Cuando Buck gruñó y mostró los dientes, se hicieron a un lado.

Τώρα, όταν ο Μπακ γρύλισε και έδειξε τα δόντια του, έκαναν στην άκρη.

Quizás lo mejor de todo es que a Buck le encantaba tumbarse cerca de la fogata parpadeante.

Ίσως το καλύτερο από όλα ήταν ότι ο Μπακ λάτρευε να ξαπλώνει κοντά στην αναμμένη φωτιά.

Se agachó con las patas traseras dobladas y las patas delanteras estiradas hacia adelante.

Σκυμμένος με τα πίσω πόδια μαζεμένα και τα μπροστινά πόδια τεντωμένα μπροστά.

Levantó la cabeza mientras parpadeaba suavemente ante las llamas brillantes.

Το κεφάλι του ήταν σηκωμένο καθώς ανοιγόκλεινε απαλά τα μάτια του κοιτάζοντας τις λαμπερές φλόγες.

A veces recordaba la gran casa del juez Miller en Santa Clara.

Μερικές φορές θυμόταν το μεγάλο σπίτι του Δικαστή Μίλερ στη Σάντα Κλάρα.

Pensó en la piscina de cemento, en Ysabel y en el pug llamado Toots.

Σκέφτηκε την τσιμεντένια πισίνα, την Ύζαμπελ και το παγκ που το έλεγαν Τουτς.

Pero más a menudo recordaba el garrote del hombre del suéter rojo.

Αλλά πιο συχνά θυμόταν τον άντρα με το μπαστούνι του κόκκινου πουλόβερ.

Recordó la muerte de Curly y su feroz batalla con Spitz.

Θυμόταν τον θάνατο του Κέρλι και τη σκληρή μάχη του με τον Σπιτζ.

También recordó la buena comida que había comido o con la que aún soñaba.

Θυμήθηκε επίσης το καλό φαγητό που είχε φάει ή που ακόμα ονειρευόταν.

Buck no sentía nostalgia: el cálido valle era distante e irreal.

Ο Μπακ δεν νοσταλγούσε το σπίτι του—η ζεστή κοιλάδα ήταν μακρινή και εξωπραγματική.

Los recuerdos de California ya no ejercían ninguna atracción sobre él.

Οι αναμνήσεις της Καλιφόρνια δεν τον βασάνιζαν πλέον ιδιαίτερα.

Más fuertes que la memoria eran los instintos profundos en su linaje.

Πιο δυνατά από τη μνήμη ήταν τα ένστικτα βαθιά ριζωμένα στην γενεαλογία του.

Los hábitos que una vez se habían perdido habían regresado, revividos por el camino y la naturaleza.

Συνήθειες που κάποτε είχαν χαθεί είχαν επιστρέψει, αναβιωμένες από τα ίχνη και την άγρια φύση.

Mientras Buck observaba la luz del fuego, a veces se convertía en otra cosa.

Καθώς ο Μπακ παρακολουθούσε το φως της φωτιάς, μερικές φορές αυτό μετατρεπόταν σε κάτι άλλο.

Vio a la luz del fuego otro fuego, más antiguo y más profundo que el actual.

Είδε στο φως της φωτιάς μια άλλη φωτιά, παλαιότερη και βαθύτερη από την τωρινή.

Junto a ese otro fuego se agazapaba un hombre que no se parecía en nada al cocinero mestizo.

Δίπλα σε εκείνη την άλλη φωτιά καθόταν κουλουριασμένος ένας άντρας διαφορετικός από τον ημίαιμο μάγειρα.

Esta figura tenía piernas cortas, brazos largos y músculos duros y anudados.

Αυτή η φιγούρα είχε κοντά πόδια, μακριά χέρια και σκληρούς, δεμένους μύες.

Su cabello era largo y enmarañado, y caía hacia atrás desde los ojos.

Τα μαλλιά του ήταν μακριά και μπερδεμένα, γέρνοντας προς τα πίσω από τα μάτια.

Hizo ruidos extraños y miró con miedo hacia la oscuridad.

Έβγαζε παράξενους ήχους και κοίταζε έξω με φόβο το σκοτάδι.

Sostenía agachado un garrote de piedra, firmemente agarrado con su mano larga y áspera.

Κρατούσε χαμηλά ένα πέτρινο ρόπαλο, σφιγμένο σφιχτά στο μακρύ, τραχύ χέρι του.

El hombre vestía poco: sólo una piel carbonizada que le colgaba por la espalda.

Ο άντρας φορούσε ελάχιστα· μόνο ένα καμένο δέρμα που κρεμόταν στην πλάτη του.

Su cuerpo estaba cubierto de espeso vello en los brazos, el pecho y los muslos.

Το σώμα του ήταν καλυμμένο με πυκνές τρίχες σε όλα τα χέρια, το στήθος και τους μηρούς.

Algunas partes del cabello estaban enredadas en parches de pelaje áspero.

Μερικά μέρη των μαλλιών ήταν μπερδεμένα σε κομμάτια τραχιάς γούνας.

No se mantenía erguido, sino inclinado hacia delante desde las caderas hasta las rodillas.

Δεν στεκόταν ίσιος, αλλά έσκυψε μπροστά από τους γοφούς μέχρι τα γόνατα.

Sus pasos eran elásticos y felinos, como si estuviera siempre dispuesto a saltar.

Τα βήματά του ήταν ελαστικά και γατίσια, σαν να ήταν πάντα έτοιμος να πηδήξει.

Había un estado de alerta agudo, como si viviera con miedo constante.

Υπήρχε μια έντονη εγρήγορση, σαν να ζούσε μέσα σε διαρκή φόβο.

Este hombre anciano parecía esperar el peligro, ya sea que lo viera o no.

Αυτός ο αρχαίος άνθρωπος φαινόταν να περίμενε κίνδυνο, είτε ο κίνδυνος ήταν ορατός είτε όχι.

A veces, el hombre peludo dormía junto al fuego, con la cabeza metida entre las piernas.

Κατά καιρούς ο τριχωτός άντρας κοιμόταν δίπλα στη φωτιά, με το κεφάλι χωμένο ανάμεσα στα πόδια.

Sus codos descansaban sobre sus rodillas, sus manos entrelazadas sobre su cabeza.

Οι αγκώνες του ακουμπούσαν στα γόνατά του, με τα χέρια ενωμένα πάνω από το κεφάλι του.

Como un perro, usó sus brazos peludos para protegerse de la lluvia que caía.

Σαν σκύλος χρησιμοποιούσε τα τριχωτά του χέρια για να διώχνει τη βροχή που έπεφτε.

Más allá de la luz del fuego, Buck vio dos brasas brillando en la oscuridad.

Πέρα από το φως της φωτιάς, ο Μπακ είδε δίδυμα κάρβουνα να λάμπουν στο σκοτάδι.

Siempre de dos en dos, eran los ojos de las bestias rapaces al acecho.

Πάντα δύο δύο, ήταν τα μάτια των αρπακτικών θηρίων που παραμόνευαν.

Escuchó cuerpos chocando contra la maleza y ruidos en la noche.

Άκουσε σώματα να πέφτουν μέσα στις θάμνους και ήχους να κάνουν οι άνθρωποι τη νύχτα.

Acostado en la orilla del Yukón, parpadeando, Buck soñaba junto al fuego.

Ξαπλωμένος στην όχθη του Γιούκον, ανοιγοκλείνοντας τα μάτια του, ο Μπακ ονειρεύτηκε δίπλα στη φωτιά.

Las vistas y los sonidos de ese mundo salvaje le ponían los pelos de punta.

Τα αξιοθέατα και οι ήχοι εκείνου του άγριου κόσμου έκαναν τα μαλλιά του να σηκωθούν.

El pelaje se le subió por la espalda, los hombros y el cuello.

Η γούνα ανέβηκε κατά μήκος της πλάτης του, στους ώμους του και στον λαιμό του.

Él gimió suavemente o emitió un gruñido bajo y profundo en su pecho.

Κλαίγε απαλά ή έβγαλε ένα χαμηλό γρύλισμα βαθιά στο στήθος του.

Entonces el cocinero mestizo gritó: "¡Oye, Buck, despierta!"

Τότε ο ημίαιμος μάγειρας φώναξε: «Έι, εσύ Μπακ, ξύπνα!»

El mundo de los sueños desapareció y la vida real regresó a los ojos de Buck.

Ο κόσμος των ονείρων εξαφανίστηκε και η πραγματική ζωή επέστρεψε στα μάτια του Μπακ.

Iba a levantarse, estirarse y bostezar, como si acabara de despertar de una siesta.

Ετοιμαζόταν να σηκωθεί, να τεντωθεί και να χασμουρηθεί, σαν να τον είχαν ξυπνήσει από έναν υπνάκο.

El viaje fue duro, con el trineo del correo arrastrándose detrás de ellos.

Το ταξίδι ήταν δύσκολο, με το έλκηθρο με το ταχυδρομείο να σέρνεται πίσω τους.

Las cargas pesadas y el trabajo duro agotaban a los perros cada largo día.

Τα βαριά φορτία και η σκληρή δουλειά εξαντλούσαν τα σκυλιά κάθε κουραστική μέρα.

Llegaron a Dawson delgados, cansados y necesitando más de una semana de descanso.

Έφτασαν στο Ντόσον αδύναμοι, κουρασμένοι και χρειάζονταν πάνω από μια εβδομάδα ξεκούρασης.

Pero sólo dos días después, emprendieron nuevamente el descenso por el Yukón.

Αλλά μόνο δύο μέρες αργότερα, ξεκίνησαν ξανά κατά μήκος του Γιούκον.

Estaban cargados con más cartas destinadas al mundo exterior.

Ήταν φορτωμένοι με περισσότερα γράμματα με προορισμό τον έξω κόσμο.

Los perros estaban exhaustos y los hombres se quejaban constantemente.

Τα σκυλιά ήταν εξαντλημένα και οι άντρες παραπονιόντουσαν συνεχώς.

La nieve caía todos los días, suavizando el camino y ralentizando los trineos.

Το χιόνι έπεφτε κάθε μέρα, μαλακώνοντας το μονοπάτι και επιβραδύνοντας τα έλκηθρα.

Esto provocó que el tirón fuera más difícil y hubo más resistencia para los corredores.

Αυτό έκανε τους δρομείς πιο σκληρούς και πιο ανθεκτικούς.

A pesar de eso, los pilotos fueron justos y se preocuparon por sus equipos.

Παρόλα αυτά, οι οδηγοί ήταν δίκαιοι και φρόντιζαν τις ομάδες τους.

Cada noche, los perros eran alimentados antes de que los hombres pudieran comer.

Κάθε βράδυ, τα σκυλιά ταΐζονταν πριν προλάβουν να φάνε οι άντρες.

Ningún hombre duerme sin antes revisar las patas de su propio perro.

Κανένας άνθρωπος δεν κοιμόταν πριν ελέγξει τα πόδια του σκύλου του.

Aún así, los perros se fueron debilitando a medida que los kilómetros iban desgastando sus cuerpos.

Παρόλα αυτά, τα σκυλιά γίνονταν πιο αδύναμα καθώς τα χιλιόμετρα φθείρονταν στο σώμα τους.

Habían viajado mil ochocientas millas durante el invierno.

Είχαν ταξιδέψει οκτακόσια μίλια κατά τη διάρκεια του χειμώνα.

Tiraron de trineos a lo largo de cada milla de esa brutal distancia.

Έσυραν έλκηθρα σε κάθε μίλι αυτής της βάναυσης απόστασης.

Incluso los perros de trineo más resistentes sienten tensión después de tantos kilómetros.

Ακόμα και τα πιο ανθεκτικά σκυλιά για έλκηθρο νιώθουν καταπόνηση μετά από τόσα χιλιόμετρα.

Buck aguantó, mantuvo a su equipo trabajando y mantuvo la disciplina.

Ο Μπακ άντεξε, κράτησε την ομάδα του σε φόρμα και διατήρησε την πειθαρχία.

Pero Buck estaba cansado, al igual que los demás en el largo viaje.

Αλλά ο Μπακ ήταν κουρασμένος, όπως ακριβώς και οι άλλοι στο μακρύ ταξίδι.

Billee gemía y lloraba mientras dormía todas las noches sin falta.

Ο Μπίλι κλαψούριζε και έκλαιγε στον ύπνο του κάθε βράδυ αδιάκοπα.

Joe se volvió aún más amargado y Solleks se mantuvo frío y distante.

Ο Τζο πικράθηκε ακόμα περισσότερο, και ο Σόλεκς παρέμεινε ψυχρός και απόμακρος.

Pero fue Dave quien sufrió más de todo el equipo.

Αλλά ο Ντέιβ ήταν αυτός που υπέστη το χειρότερο από όλη την ομάδα.

Algo había ido mal dentro de él, aunque nadie sabía qué.

Κάτι είχε πάει στραβά μέσα του, αν και κανείς δεν ήξερε τι.

Se volvió más malhumorado y les gritaba a los demás con creciente enojo.

Έγινε πιο μελαγχολικός και ξέσπασε σε άλλους με αυξανόμενο θυμό.

Cada noche iba directo a su nido, esperando ser alimentado.

Κάθε βράδυ πήγαινε κατευθείαν στη φωλιά του,
περιμένοντας να τον ταΐσουν.

Una vez que cayó, Dave no se levantó hasta la mañana.

Μόλις έπεσε κάτω, ο Ντέιβ δεν ξανασηκώθηκε μέχρι το
πρωί.

**En las riendas, tirones o arranques repentinos le hacían
gritar de dolor.**

Πάνω στα ηνία, ξαφνικά τινάγματα ή τραντάγματα τον
έκαναν να κλαίει από τον πόνο.

Su conductor buscó la causa, pero no encontró heridos.

Ο οδηγός του έψαξε για την αιτία, αλλά δεν βρήκε κανέναν
τραυματισμό πάνω του.

**Todos los conductores comenzaron a observar a Dave y
discutieron su caso.**

Όλοι οι οδηγοί άρχισαν να παρακολουθούν τον Ντέιβ και
να συζητούν την περίπτωσή του.

**Hablaron durante las comidas y durante el último cigarrillo
del día.**

Συζητούσαν στα γεύματα και κατά τη διάρκεια του
τελευταίου καπνίσματος της ημέρας.

Una noche tuvieron una reunión y llevaron a Dave al fuego.

Ένα βράδυ έκαναν μια συνάντηση και έφεραν τον Ντέιβ
στη φωτιά.

Le apretaron y le palparon el cuerpo, y él gritaba a menudo.

Πίεσαν και εξέτασαν το σώμα του, και έκλαιγε συχνά.

**Estaba claro que algo iba mal, aunque no parecía haber
ningún hueso roto.**

Προφανώς, κάτι δεν πήγαινε καλά, αν και κανένα κόκκαλο
δεν φαινόταν σπασμένο.

Cuando llegaron a Cassiar Bar, Dave se estaba cayendo.

Μέχρι να φτάσουν στο Cassiar Bar, ο Dave έπεφτε κάτω.

**El mestizo escocés pidió un alto y eliminó a Dave del
equipo.**

Η ημίαιμη Σκωτσέζικη ομάδα σταμάτησε και απέλυσε τον
Ντέιβ από την ομάδα.

**Sujetó a Solleks en el lugar de Dave, más cerca del frente del
trineo.**

Έδεσε τον Σόλεκς στη θέση του Ντέιβ, πιο κοντά στο μπροστινό μέρος του έλκηθρου.

Su intención era dejar que Dave descansara y corriera libremente detrás del trineo en movimiento.

Σκόπευε να αφήσει τον Ντέιβ να ξεκουραστεί και να τρέξει ελεύθερος πίσω από το κινούμενο έλκηθρο.

Pero incluso estando enfermo, Dave odiaba que lo sacaran del trabajo que había tenido.

Αλλά ακόμα και άρρωστος, ο Ντέιβ μισούσε που τον έδιωξαν από τη δουλειά που είχε.

Gruñó y gimió cuando le quitaron las riendas del cuerpo.

Γρύλισε και κλαψούρισε καθώς τα ηνία τραβήχτηκαν από το σώμα του.

Cuando vio a Solleks en su lugar, lloró con el corazón roto.

Όταν είδε τον Σόλεκς στη θέση του, έκλαψε από πόνο συντετριμμένης καρδιάς.

El orgullo por el trabajo en los senderos estaba profundamente arraigado en Dave, incluso cuando se acercaba la muerte.

Η υπερηφάνεια για την εργασία στα μονοπάτια ήταν βαθιά μέσα στον Ντέιβ, ακόμα και καθώς πλησίαζε ο θάνατος.

Mientras el trineo se movía, Dave se tambaleaba sobre la nieve blanda cerca del sendero.

Καθώς το έλκηθρο κινούνταν, ο Ντέιβ παραπατούσε μέσα στο μαλακό χιόνι κοντά στο μονοπάτι.

Atacó a Solleks, mordiéndolo y empujándolo desde el costado del trineo.

Επιτέθηκε στον Σόλεκς, δαγκώνοντάς τον και σπρώχνοντάς τον από την πλευρά του έλκηθρου.

Dave intentó saltar al arnés y recuperar su lugar de trabajo.

Ο Ντέιβ προσπάθησε να πηδήξει στην εξάρτυση και να ανακτήσει τη θέση εργασίας του.

Gritó, se quejó y lloró, dividido entre el dolor y el orgullo por el trabajo.

Ούρλιαξε, γκρίνιαξε και έκλαιγε, διχασμένος ανάμεσα στον πόνο και την υπερηφάνεια της γέννας.

El mestizo usó su látigo para intentar alejar a Dave del equipo.

Ο ημίαιμος χρησιμοποίησε το μαστίγιό του για να προσπαθήσει να διώξει τον Ντέιβ από την ομάδα.

Pero Dave ignoró el látigo y el hombre no pudo golpearlo más fuerte.

Αλλά ο Ντέιβ αγνόησε το μαστίγιο, και ο άντρας δεν μπορούσε να τον χτυπήσει πιο δυνατά.

Dave rechazó el camino más fácil detrás del trineo, donde la nieve estaba acumulada.

Ο Ντέιβ αρνήθηκε το ευκολότερο μονοπάτι πίσω από το έλκηθρο, όπου ήταν γεμάτο χιόνι.

En cambio, luchaba en la nieve profunda junto al sendero, en la miseria.

Αντ' αυτού, πάλευε στο βαθύ χιόνι δίπλα στο μονοπάτι, μέσα στη δυστυχία.

Finalmente, Dave se desplomó, quedó tendido en la nieve y aullando de dolor.

Τελικά, ο Ντέιβ κατέρρευσε, ξαπλωμένος στο χιόνι και ουρλιάζοντας από τον πόνο.

Gritó cuando el largo tren de trineos pasó a su lado uno por uno.

Φώναξε καθώς η μακριά ακολουθία από έλκηθρα τον προσπέρασε ένα προς ένα.

Aún con las fuerzas que le quedaban, se levantó y tropezó tras ellos.

Παρόλα αυτά, με όση δύναμη του είχε απομείνει, σηκώθηκε και τους ακολούθησε σκοντάφτοντας.

Lo alcanzó cuando el tren se detuvo nuevamente y encontró su viejo trineo.

Πρόλαβε όταν το τρένο σταμάτησε ξανά και βρήκε το παλιό του έλκηθρο.

Pasó junto a los otros equipos y se quedó de nuevo al lado de Solleks.

Προσπέρασε με δυσκολία τις άλλες ομάδες και στάθηκε ξανά δίπλα στον Σόλεκς.

Cuando el conductor se detuvo para encender su pipa, Dave aprovechó su última oportunidad.

Καθώς ο οδηγός σταμάτησε για να ανάψει την πίπα του, ο Ντέιβ άρπαξε την τελευταία του ευκαιρία.

Cuando el conductor regresó y gritó, el equipo no avanzó.

Όταν ο οδηγός επέστρεψε και φώναξε, η ομάδα δεν προχώρησε.

Los perros habían girado la cabeza, confundidos por la parada repentina.

Τα σκυλιά είχαν γυρίσει τα κεφάλια τους, μπερδεμένα από την ξαφνική στάση.

El conductor también estaba sorprendido: el trineo no se había movido ni un centímetro hacia adelante.

Ο οδηγός σοκαρίστηκε κι αυτός — το έλκηθρο δεν είχε κινηθεί ούτε εκατοστό μπροστά.

Llamó a los demás para que vinieran a ver qué había sucedido.

Φώναξε τους άλλους να έρθουν να δουν τι είχε συμβεί.

Dave había mordido las riendas de Solleks, rompiéndolas ambas.

Ο Ντέιβ είχε δαγκώσει τα ηνία του Σόλεκς, σπάζοντας και τα δύο.

Ahora estaba de pie frente al trineo, nuevamente en su posición correcta.

Τώρα στεκόταν μπροστά από το έλκηθρο, πίσω στη σωστή του θέση.

Dave miró al conductor y le rogó en silencio que se mantuviera en el carril.

Ο Ντέιβ κοίταξε τον οδηγό, παρακαλώντας σιωπηλά να μην τον χάσει.

El conductor estaba desconcertado, sin saber qué hacer con el perro que luchaba.

Ο οδηγός ήταν προβληματισμένος, δεν ήξερε τι να κάνει για το σκυλί που αγωνιζόταν.

Los otros hombres hablaron de perros que habían muerto al ser sacados a la calle.

Οι άλλοι άντρες μίλησαν για σκυλιά που είχαν πεθάνει επειδή τα είχαν βγάλει έξω.

Contaron sobre perros viejos o heridos cuyo corazón se rompió al ser abandonados.

Έλεγαν για γέρικα ή τραυματισμένα σκυλιά των οποίων οι καρδιές ράγιζαν όταν τα άφηναν πίσω.

Estuvieron de acuerdo en que era una misericordia dejar que Dave muriera mientras aún estaba en su arnés.

Συμφώνησαν ότι ήταν έλεος να αφήσουν τον Ντέιβ να πεθάνει ενώ ήταν ακόμα στη ζώνη του.

Lo volvieron a sujetar al trineo y Dave tiró con orgullo.

Ήταν δεμένος πίσω στο έλκηθρο, και ο Ντέιβ το έσερνε με υπερηφάνεια.

Aunque a veces gritaba, trabajaba como si el dolor pudiera ignorarse.

Αν και έκλαιγε κατά καιρούς, λειτουργούσε σαν να μπορούσε να αγνοηθεί ο πόνος.

Más de una vez se cayó y fue arrastrado antes de levantarse de nuevo.

Πάνω από μία φορά έπεσε και τον σύραν πριν σηκωθεί ξανά.

Un día, el trineo pasó por encima de él y desde ese momento empezó a cojear.

Κάποτε, το έλκηθρο κύλησε από πάνω του και από εκείνη τη στιγμή άρχισε να κουτσαίνει.

Aún así, trabajó hasta llegar al campamento y luego se acostó junto al fuego.

Παρόλα αυτά, δούλευε μέχρι που έφτασαν στο στρατόπεδο και μετά ξάπλωσε δίπλα στη φωτιά.

Por la mañana, Dave estaba demasiado débil para viajar o incluso mantenerse en pie.

Το πρωί, ο Ντέιβ ήταν πολύ αδύναμος για να ταξιδέψει ή έστω να σταθεί όρθιος.

En el momento de preparar el arnés, intentó alcanzar a su conductor con un esfuerzo tembloroso.

Την ώρα που δέσατε την πρόσδεση, προσπάθησε να φτάσει τον οδηγό του με τρεμάμενη προσπάθεια.

Se obligó a levantarse, se tambaleó y se desplomó sobre el suelo nevado.

Σηκώθηκε με το ζόρι, παραπάτησε και κατέρρευσε στο χιονισμένο έδαφος.

Utilizando sus patas delanteras, arrastró su cuerpo hacia el área del arnés.

Χρησιμοποιώντας τα μπροστινά του πόδια, έσυρε το σώμα του προς την περιοχή της ζώνης.

Avanzó poco a poco, centímetro a centímetro, hacia los perros de trabajo.

Έστρεψε μπροστά, σπιθαμή προς σπιθαμή, προς τα σκυλιά εργασίας.

Sus fuerzas se acabaron, pero siguió avanzando en su último y desesperado esfuerzo.

Οι δυνάμεις του εξαντλήθηκαν, αλλά συνέχισε να κινείται στην τελευταία του απεγνωσμένη ώθηση.

Sus compañeros de equipo lo vieron jadeando en la nieve, todavía deseando unirse a ellos.

Οι συμπαίκτες του τον είδαν να λαχανιάζει στο χιόνι, λαχταρώντας ακόμα να τους συναντήσει.

Lo oyeron aullar de dolor mientras dejaban atrás el campamento.

Τον άκουσαν να ουρλιάζει από θλίψη καθώς έφευγαν από το στρατόπεδο.

Cuando el equipo desapareció entre los árboles, el grito de Dave resonó detrás de ellos.

Καθώς η ομάδα εξαφανίστηκε μέσα στα δέντρα, η κραυγή του Ντέιβ αντήχησε πίσω τους.

El tren de trineos se detuvo brevemente después de cruzar un tramo de bosque junto al río.

Το τρένο με έλκηθρο σταμάτησε για λίγο αφού διέσχισε μια έκταση δασικής έκτασης ποταμού.

El mestizo escocés caminó lentamente de regreso hacia el campamento que estaba detrás.

Το Σκωτσέζικο ημίαιμο περπάτησε αργά πίσω προς το στρατόπεδο από πίσω.

Los hombres dejaron de hablar cuando lo vieron salir del tren de trineos.

Οι άντρες σταμάτησαν να μιλάνε όταν τον είδαν να βγαίνει από το τρένο του έλκηθρου.

Entonces un único disparo se oyó claro y nítido en el camino.

Τότε ένας μόνο πυροβολισμός αντήχησε καθαρά και κοφτά κατά μήκος του μονοπατιού.

El hombre regresó rápidamente y ocupó su lugar sin decir palabra.

Ο άντρας επέστρεψε γρήγορα και πήρε τη θέση του χωρίς να πει λέξη.

Los látigos crujieron, las campanas tintinearon y los trineos rodaron por la nieve.

Μαστίγια έτριξαν, κουδούνια κουδούνισαν και τα έλκηθρα κυλούσαν μέσα στο χιόνι.

Pero Buck sabía lo que había sucedido... y todos los demás perros también.

Αλλά ο Μπακ ήξερε τι είχε συμβεί — και το ίδιο ήξεραν και όλα τα άλλα σκυλιά.

El trabajo de las riendas y el sendero
Ο Μόχθος των Ηνίων και του Μονοπατιού

Treinta días después de salir de Dawson, el Salt Water Mail llegó a Skaguay.

Τριάντα μέρες αφότου αναχώρησε από το Ντόσον, η Ταχυδρομική Υπηρεσία του Αλμυρού Νερού έφτασε στο Σκάγκουεϊ.

Buck y sus compañeros tomaron la delantera, llegando en lamentables condiciones.

Ο Μπακ και οι συμπαίκτες του πήραν το προβάδισμα, φτάνοντας σε άθλια κατάσταση.

Buck había bajado de ciento cuarenta a ciento quince libras.

Ο Μπακ είχε χάσει το βάρος του από εκατόν σαράντα σε εκατόν δεκαπέντε λίβρες.

Los otros perros, aunque más pequeños, habían perdido aún más peso corporal.

Τα άλλα σκυλιά, αν και μικρότερα, είχαν χάσει ακόμη περισσότερο σωματικό βάρος.

Pike, que antes fingía cojear, ahora arrastraba tras él una pierna realmente herida.

Ο Πάικ, που κάποτε ήταν ψεύτικος κουτσός, τώρα έσερνε πίσω του ένα πραγματικά τραυματισμένο πόδι.

Solleks cojeaba mucho y Dub tenía un omóplato torcido.

Ο Σόλεκς κουτσαίνει άσχημα, και ο Νταμπ είχε σπασμένη ωμοπλάτη.

Todos los perros del equipo tenían las patas doloridas por las semanas que pasaron en el sendero helado.

Κάθε σκύλος στην ομάδα είχε πονάκια στα πόδια του από εβδομάδες στο παγωμένο μονοπάτι.

Ya no tenían resorte en sus pasos, sólo un movimiento lento y arrastrado.

Δεν τους είχε απομείνει καμία ελαστικότητα στα βήματά τους, μόνο αργή, συρόμενη κίνηση.

Sus pies golpeaban el sendero con fuerza y cada paso añadía más tensión a sus cuerpos.

Τα πόδια τους χτυπούσαν δυνατά το μονοπάτι, με κάθε βήμα να επιβαρύνει περισσότερο το σώμα τους.

No estaban enfermos, sólo agotados más allá de toda recuperación natural.

Δεν ήταν άρρωστοι, απλώς εξαντλημένοι πέρα από κάθε φυσική ανάρρωση.

No era el cansancio de un día duro que se curaba con una noche de descanso.

Δεν ήταν κούραση από μια δύσκολη μέρα, που γιατρεύτηκε με έναν νυχτερινό ύπνο.

Fue un agotamiento acumulado lentamente a lo largo de meses de esfuerzo agotador.

Ήταν εξάντληση που συσσωρευόταν σιγά σιγά μέσα από μήνες εξαντλητικής προσπάθειας.

No quedaban reservas de fuerza: habían agotado todas las que tenían.

Δεν είχαν απομείνει εφεδρικές δυνάμεις — είχαν εξαντλήσει κάθε ίχνος τους.

Cada músculo, fibra y célula de sus cuerpos estaba gastado y desgastado.

Κάθε μυς, ίνα και κύτταρο στο σώμα τους είχε εξαντληθεί και φθαρεί.

Y había una razón: habían recorrido dos mil quinientas millas.

Και υπήρχε λόγος — είχαν διανύσει διακόσια πεντακόσια μίλια.

Habían descansado sólo cinco días durante las últimas mil ochocientas millas.

Είχαν ξεκουραστεί μόνο πέντε μέρες στα τελευταία χίλια οκτακόσια μίλια.

Cuando llegaron a Skaguay, parecían apenas capaces de mantenerse en pie.

Όταν έφτασαν στο Σκάγκουεϊ, φαινόταν ότι μετά βίας μπορούσαν να σταθούν όρθιοι.

Se esforzaron por mantener las riendas tensas y permanecer delante del trineo.

Δυσκολεύτηκαν να κρατήσουν τα ηνία σφιχτά και να παραμείνουν μπροστά από το έλκηθρο.

En las bajadas sólo lograron evitar ser atropellados.

Σε κατηφορικές πλαγιές, κατάφεραν μόνο να αποφύγουν το πάτημα.

"Sigan adelante, pobres pies doloridos", dijo el conductor mientras cojeaban.

«Προχωρήστε, καημένα τα πονεμένα πόδια», είπε ο οδηγός καθώς κουτσαίνανε.

"Este es el último tramo, luego todos tendremos un largo descanso, seguro".

«Αυτό είναι το τελευταίο κομμάτι, μετά σίγουρα θα έχουμε όλοι μια μεγάλη ξεκούραση.»

"Un descanso verdaderamente largo", prometió mientras los observaba tambalearse hacia adelante.

«Μια πραγματικά μεγάλη ανάπαυση», υποσχέθηκε, παρακολουθώντας τους να παραπατούν προς τα εμπρός.

Los conductores esperaban que ahora tuvieran un descanso largo y necesario.

Οι οδηγοί περίμεναν ότι τώρα θα έκαναν ένα μακρύ, απαραίτητο διάλειμμα.

Habían recorrido mil doscientas millas con sólo dos días de descanso.

Είχαν ταξιδέψει διακόσια μίλια με μόνο δύο μέρες ανάπαυσης.

Por justicia y razón, sintieron que se habían ganado tiempo para relajarse.

Με δικαιοσύνη και λογική, ένιωθαν ότι είχαν κερδίσει χρόνο για να χαλαρώσουν.

Pero eran demasiados los que habían llegado al Klondike y muy pocos los que se habían quedado en casa.

Αλλά πάρα πολλοί είχαν έρθει στο Κλοντάικ και πολύ λίγοι είχαν μείνει σπίτι.

Las cartas de las familias llegaron en masa, creando montañas de correo retrasado.

Οι επιστολές από οικογένειες κατέκλυσαν την περιοχή, δημιουργώντας σωρούς από καθυστερημένη αλληλογραφία.

Llegaron órdenes oficiales: nuevos perros de la Bahía de Hudson tomarían el control.

Έφτασαν επίσημες διαταγές—νέα σκυλιά από τον Κόλπο Χάντσον επρόκειτο να αναλάβουν τη δράση.

Los perros exhaustos, ahora llamados inútiles, debían ser eliminados.

Τα εξαντλημένα σκυλιά, που τώρα ονομάζονταν άχρηστα, έπρεπε να απορριφθούν.

Como el dinero importaba más que los perros, los iban a vender a bajo precio.

Εφόσον τα χρήματα είχαν μεγαλύτερη σημασία από τα σκυλιά, επρόκειτο να πουληθούν φθηνά.

Pasaron tres días más antes de que los perros sintieran lo débiles que estaban.

Πέρασαν άλλες τρεις μέρες πριν τα σκυλιά νιώσουν πόσο αδύναμα ήταν.

En la cuarta mañana, dos hombres de Estados Unidos compraron todo el equipo.

Το τέταρτο πρωί, δύο άντρες από τις ΗΠΑ αγόρασαν ολόκληρη την ομάδα.

La venta incluía todos los perros, además de sus arneses usados.

Η πώληση περιελάμβανε όλα τα σκυλιά, καθώς και τον φθαρμένο εξοπλισμό τους.

Los hombres se llamaban entre sí "Hal" y "Charles" mientras completaban el trato.

Οι άντρες αποκαλούσαν ο ένας τον άλλον «Χαλ» και «Τσαρλς» καθώς ολοκλήρωναν τη συμφωνία.

Charles era un hombre de mediana edad, pálido, con labios flácidos y puntas de bigote feroces.

Ο Κάρολος ήταν μεσήλικας, χλωμός, με άτονα χείλη και άγριες άκρες μουστακιού.

Hal era un hombre joven, de unos diecinueve años, que llevaba un cinturón lleno de cartuchos.

Ο Χαλ ήταν ένας νεαρός άντρας, περίπου δεκαεννέα χρονών, που φορούσε μια ζώνη γεμισμένη με φυσίγγια.

El cinturón contenía un gran revólver y un cuchillo de caza, ambos sin usar.

Η ζώνη περιείχε ένα μεγάλο περίστροφο και ένα κυνηγετικό μαχαίρι, και τα δύο αχρησιμοποίητα.

Esto demostró lo inexperto e inadecuado que era para la vida en el norte.

Έδειχνε πόσο άπειρος και ακατάλληλος ήταν για τη ζωή στον βορρά.

Ninguno de los dos pertenecía a la naturaleza; su presencia desafiaba toda razón.

Κανένας από τους δύο δεν ανήκε στην άγρια φύση· η παρουσία τους αψηφούσε κάθε λογική.

Buck observó cómo el dinero intercambiaba manos entre el comprador y el agente.

Ο Μπακ παρακολουθούσε καθώς τα χρήματα αντάλλασσαν ο αγοραστής και ο μεσίτης.

Sabía que los conductores de trenes correos abandonaban su vida como el resto.

Ήξερε ότι οι μηχανοδηγοί του ταχυδρομικού τρένου έφευγαν από τη ζωή του όπως οι υπόλοιποι.

Siguieron a Perrault y a François, ahora desaparecidos sin posibilidad de recuperación.

Ακολούθησαν τον Περώ και τον Φρανσουά, οι οποίοι πλέον δεν θυμούνται τίποτα.

Buck y el equipo fueron conducidos al descuidado campamento de sus nuevos dueños.

Ο Μπακ και η ομάδα οδηγήθηκαν στον ατημέλητο καταυλισμό των νέων ιδιοκτητών τους.

La tienda se hundía, los platos estaban sucios y todo estaba desordenado.

Η σκηνή είχε κρεμαστεί, τα πιάτα ήταν βρώμικα και όλα ήταν σε αταξία.

Buck también notó que había una mujer allí: Mercedes, la esposa de Charles y hermana de Hal.

Ο Μπακ πρόσεξε εκεί και μια γυναίκα—τη Μερσέντες, τη σύζυγο του Τσαρλς και αδερφή του Χαλ.

Formaban una familia completa, aunque no eran aptos para el recorrido.

Έκαναν μια ολοκληρωμένη οικογένεια, αν και κάθε άλλο παρά προσαρμοσμένοι στο μονοπάτι.

Buck observó nervioso cómo el trío comenzó a empacar los suministros.

Ο Μπακ παρακολουθούσε νευρικά καθώς η τριάδα άρχισε να συσκευάζει τις προμήθειες.

Trabajaron duro, pero sin orden: sólo alboroto y esfuerzos desperdiciados.

Δούλεψαν σκληρά αλλά χωρίς τάξη—μόνο φασαρία και χαμένος κόπος.

La tienda estaba enrollada hasta formar un volumen demasiado grande para el trineo.

Η σκηνή ήταν τυλιγμένη σε ένα ογκώδες σχήμα, πολύ μεγάλο για το έλκηθρο.

Los platos sucios se empaquetaron sin limpiarlos ni secarlos.

Τα βρώμικα πιάτα ήταν συσκευασμένα χωρίς να έχουν καθαριστεί ή στεγνώσει καθόλου.

Mercedes revoloteaba por todos lados, hablando, corrigiendo y entrometiéndose constantemente.

Η Μερσέντες φτερουγίζει τριγύρω, μιλώντας, διορθώνοντας και ανακατεύοντας συνεχώς.

Cuando le ponían un saco en el frente, ella insistía en que lo pusieran en la parte de atrás.

Όταν τοποθετήθηκε ένας σάκος μπροστά, εκείνη επέμεινε να μπει πίσω.

Metió la bolsa en el fondo y al siguiente momento la necesitó.

Έβαλε τον σάκο στον πάτο και την επόμενη στιγμή τον χρειαζόταν.

De esta manera, el trineo fue desempaquetado nuevamente para alcanzar la bolsa específica.

Έτσι, το έλκηθρο ξεπακεταρίστηκε ξανά για να φτάσει στη συγκεκριμένη τσάντα.

Cerca de allí, tres hombres estaban parados afuera de una tienda de campaña, observando cómo se desarrollaba la escena.

Κοντά, τρεις άντρες στέκονταν έξω από μια σκηνή, παρακολουθώντας τη σκηνή να εκτυλίσσεται.

Sonrieron, guiñaron el ojo y sonrieron ante la evidente confusión de los recién llegados.

Χαμογέλασαν, έκλεισαν το μάτι και χαμογέλασαν πλατιά βλέποντας την προφανή σύγχυση των νεοφερμένων.

"Ya tienes una carga bastante pesada", dijo uno de los hombres.

«Έχεις ήδη ένα πολύ βαρύ φορτίο», είπε ένας από τους άντρες.

"No creo que debas llevar esa tienda de campaña, pero es tu elección".

«Δεν νομίζω ότι πρέπει να κουβαλάς αυτή τη σκηνή, αλλά είναι δική σου επιλογή.»

"¡Inimaginable!", exclamó Mercedes levantando las manos con desesperación.

«Παράξενο!» φώναξε η Μερσέντες, σηκώνοντας τα χέρια της με απόγνωση.

"¿Cómo podría viajar sin una tienda de campaña donde refugiarme?"

«Πώς θα μπορούσα να ταξιδέψω χωρίς σκηνή για να μείνω από κάτω;»

"Es primavera, ya no volverás a ver el frío", respondió el hombre.

«Είναι άνοιξη —δεν θα ξαναδείτε κρύο καιρό», απάντησε ο άντρας.

Pero ella meneó la cabeza y ellos siguieron apilando objetos en el trineo.

Αλλά εκείνη κούνησε αρνητικά το κεφάλι της, και συνέχισαν να στοιβάζουν αντικείμενα πάνω στο έλκηθρο.

La carga se elevó peligrosamente a medida que añadían los últimos elementos.

Το φορτίο υψωνόταν επικίνδυνα ψηλά καθώς πρόσθεταν τα τελευταία πράγματα.

"¿Crees que el trineo se deslizará?" preguntó uno de los hombres con mirada escéptica.

«Νομίζεις ότι το έλκηθρο θα ανέβει;» ρώτησε ένας από τους άντρες με ένα σκεπτικό βλέμμα.

"¿Por qué no debería?", replicó Charles con gran fastidio.

«Γιατί όχι;» απάντησε απότομα ο Τσαρλς με έντονη ενόχληση.

—Está bien —dijo rápidamente el hombre, alejándose un poco de la ofensa.

«Α, δεν πειράζει», είπε γρήγορα ο άντρας, αποφεύγοντας την προσβολή.

"Solo me preguntaba, me pareció que tenía la parte superior demasiado pesada".

«Απλώς αναρωτιόμουν — μου φαινόταν λίγο βαρύ.»

Charles se dio la vuelta y ató la carga lo mejor que pudo.

Ο Κάρολος γύρισε την πλάτη του και έδεσε το φορτίο όσο καλύτερα μπορούσε.

Pero las ataduras estaban sueltas y el embalaje en general estaba mal hecho.

Αλλά οι προσδέσεις ήταν χαλαρές και η συσκευασία κακής κατασκευής συνολικά.

"Claro, los perros tirarán de eso todo el día", dijo otro hombre con sarcasmo.

«Σίγουρα, τα σκυλιά θα το τραβούν αυτό όλη μέρα», είπε σαρκαστικά ένας άλλος άντρας.

—Por supuesto —respondió Hal con frialdad, agarrando el largo palo del trineo.

«Φυσικά», απάντησε ψυχρά ο Χαλ, αρπάζοντας το μακρύ κοντάρι του έλκηθρου.

Con una mano en el poste, blandía el látigo con la otra.

Με το ένα χέρι στο κοντάρι, έβαλε το μαστίγιο με το άλλο.

"¡Vamos!", gritó. "¡Muévanse!", instando a los perros a empezar.

«Πάμε!» φώναξε. «Κουνήστε το!» παροτρύνοντας τα σκυλιά να ξεκινήσουν.

Los perros se inclinaron hacia el arnés y se tensaron durante unos instantes.

Τα σκυλιά έγειραν στην ιπποσκευή και τεντώθηκαν για λίγα λεπτά.

Entonces se detuvieron, incapaces de mover ni un centímetro el trineo sobrecargado.

Έπειτα σταμάτησαν, ανίκανοι να κουνήσουν το υπερφορτωμένο έλκηθρο ούτε εκατοστό.

—¡Esos brutos perezosos! —gritó Hal, levantando el látigo para golpearlos.

«Τα τεμπέληδες!» φώναξε ο Χαλ, σηκώνοντας το μαστίγιο για να τους χτυπήσει.

Pero Mercedes entró corriendo y le arrebató el látigo de las manos a Hal.

Αλλά η Μερσέντες όρμησε μέσα και άρπαξε το μαστίγιο από τα χέρια του Χαλ.

—Oh, Hal, no te atrevas a hacerles daño —gritó alarmada.

«Ω, Χαλ, μην τολμήσεις να τους πληγώσεις», φώναξε τρομοκρατημένη.

"Prométeme que serás amable con ellos o no daré un paso más".

«Υπόσχεσέ μου ότι θα είσαι ευγενικός μαζί τους, αλλιώς δεν θα κάνω ούτε βήμα άλλο.»

—No sabes nada de perros —le espetó Hal a su hermana.

«Δεν ξέρεις τίποτα για σκύλους», είπε απότομα ο Χαλ στην αδερφή του.

"Son perezosos y la única forma de moverlos es azotándolos".

«Είναι τεμπέληδες και ο μόνος τρόπος να τους μετακινήσεις είναι να τους μαστιγώσεις.»

"Pregúntale a cualquiera, pregúntale a uno de esos hombres de allí si dudas de mí".

«Ρώτα οποιονδήποτε — ρώτα έναν από εκείνους τους άντρες εκεί πέρα αν με αμφιβάλλεις.»

Mercedes miró a los espectadores con ojos suplicantes y llorosos.

Η Μερσέντες κοίταξε τους περαστικούς με ικετευτικά, δακρυσμένα μάτια.

Su rostro mostraba lo profundamente que odiaba ver cualquier dolor.

Το πρόσωπό της έδειχνε πόσο βαθιά μισούσε την όψη οποιουδήποτε πόνου.

"Están débiles, eso es todo", dijo un hombre. "Están agotados".

«Είναι αδύναμοι, αυτό είναι όλο», είπε ένας άντρας. «Είναι εξαντλημένοι».

"Necesitan descansar, han trabajado demasiado tiempo sin descansar".

«Χρειάζονται ξεκούραση—έχουν δουλέψει πάρα πολλή ώρα χωρίς διάλειμμα.»

—Maldito sea el resto —murmuró Hal con el labio curvado.

«Καταραμένος να είναι ο άνθρωπός σου», μουρμούρισε ο Χαλ με το χείλος του σφιγμένο.

Mercedes jadeó, visiblemente dolida por la grosera palabra que pronunció.

Η Μερσέντες άφησε μια ανάσα, φανερά πληγωμένη από τα χυδαία λόγια του.

Aún así, ella se mantuvo leal y defendió instantáneamente a su hermano.

Παρ' όλα αυτά, παρέμεινε πιστή και υπερασπίστηκε αμέσως τον αδελφό της.

—No le hagas caso a ese hombre —le dijo a Hal—. Son nuestros perros.

«Μην σε νοιάζει αυτός ο άνθρωπος», είπε στον Χαλ. «Είναι τα σκυλιά μας».

"Los conduces como mejor te parezca, haz lo que creas correcto".

«Τους οδηγείς όπως εσύ θεωρείς σωστό — κάνε αυτό που εσύ θεωρείς σωστό.»

Hal levantó el látigo y volvió a golpear a los perros sin piedad.

Ο Χαλ σήκωσε το μαστίγιο και χτύπησε ξανά τα σκυλιά χωρίς έλεος.

Se lanzaron hacia adelante, con el cuerpo agachado y los pies hundidos en la nieve.

Ορμούσαν μπροστά, με τα σώματα χαμηλά, τα πόδια τους να σπρώχνονται στο χιόνι.

Ponían toda su fuerza en tirar, pero el trineo no se movía.

Όλη τους η δύναμη πήγαινε στο τράβηγμα, αλλά το έλκηθρο δεν κινούνταν.

El trineo quedó atascado, como un ancla congelada en la nieve compacta.

Το έλκηθρο έμεινε κολλημένο, σαν άγκυρα παγωμένη στο πυκνό χιόνι.

Tras un segundo esfuerzo, los perros se detuvieron de nuevo, jadeando con fuerza.

Μετά από μια δεύτερη προσπάθεια, τα σκυλιά σταμάτησαν ξανά, λαχανιάζοντας δυνατά.

Hal levantó el látigo una vez más, justo cuando Mercedes interfirió nuevamente.

Ο Χαλ σήκωσε ξανά το μαστίγιο, ακριβώς τη στιγμή που η Μερσέντες παρενέβη ξανά.

Ella cayó de rodillas frente a Buck y abrazó su cuello.

Έπεσε στα γόνατα μπροστά στον Μπακ και αγκάλιασε τον λαιμό του.

Las lágrimas llenaron sus ojos mientras le suplicaba al perro exhausto.

Δάκρυα γέμισαν τα μάτια της καθώς παρακαλούσε το εξαντλημένο σκυλί.

"Pobres queridos", dijo, "¿por qué no tiran más fuerte?"

«Εσείς οι καημένες μου», είπε, «γιατί δεν τραβάτε πιο δυνατά;»

"Si tiras, no te azotarán así".

«Αν τραβάς, τότε δεν θα σε μαστιγώσουν έτσι.»

A Buck no le gustaba Mercedes, pero estaba demasiado cansado para resistirse a ella ahora.

Ο Μπακ αντιπαθούσε τη Μερσέντες, αλλά ήταν πολύ κουρασμένος για να της αντισταθεί τώρα.

Él aceptó sus lágrimas como una parte más de ese día miserable.

Δέχτηκε τα δάκρυά της ως ένα ακόμη κομμάτι της άθλιας μέρας.

Uno de los hombres que observaban finalmente habló después de contener su ira.

Ένας από τους άντρες που παρακολουθούσαν μίλησε τελικά αφού συγκρατούσε τον θυμό του.

"No me importa lo que les pase a ustedes, pero esos perros importan".

«Δεν με νοιάζει τι θα συμβεί σε εσάς, αλλά αυτά τα σκυλιά έχουν σημασία.»

"Si quieres ayudar, suelta ese trineo: está congelado hasta la nieve".

«Αν θέλεις να βοηθήσεις, λύσε το έλκηθρο—έχει παγώσει μέχρι το χιόνι.»

"Presiona con fuerza el polo G, derecha e izquierda, y rompe el sello de hielo".

«Πίεσε δυνατά τον πόλο του γκαζιού, δεξιά κι αριστερά, και σπάσε την παγωμένη σφραγίδα.»

Se hizo un tercer intento, esta vez siguiendo la sugerencia del hombre.

Έγινε μια τρίτη προσπάθεια, αυτή τη φορά μετά από πρόταση του άνδρα.

Hal balanceó el trineo de un lado a otro, soltando los patines.

Ο Χαλ κούνησε το έλκηθρο από τη μία πλευρά στην άλλη, απελευθερώνοντας τους δρομείς.

El trineo, aunque sobrecargado y torpe, finalmente avanzó con dificultad.

Το έλκηθρο, αν και υπερφορτωμένο και αδέξιο, τελικά κινήθηκε προς τα εμπρός.

Buck y los demás tiraron salvajemente, impulsados por una tormenta de latigazos.

Ο Μπακ και οι άλλοι τραβούσαν άγρια, παρασυρμένοι από μια καταιγίδα αυχενικών χτυπημάτων.

Cien metros más adelante, el sendero se curvaba y descendía hacia la calle.

Εκατό μέτρα μπροστά, το μονοπάτι έστριβε και κατέβαινε προς τον δρόμο.

Se hubiera necesitado un conductor habilidoso para mantener el trineo en posición vertical.

Θα χρειαζόταν ένας επιδέξιος οδηγός για να κρατήσει το έλκηθρο όρθιο.

Hal no era hábil y el trineo se volcó al girar en la curva.

Ο Χαλ δεν ήταν επιδέξιος, και το έλκηθρο γύρισε καθώς στριφογύριζε στη στροφή.

Las ataduras sueltas cedieron y la mitad de la carga se derramó sobre la nieve.

Τα χαλαρά δεσίματα υποχώρησαν και το μισό φορτίο χύθηκε στο χιόνι.

Los perros no se detuvieron; el trineo, más ligero, siguió volando de lado.

Τα σκυλιά δεν σταμάτησαν· το ελαφρύτερο έλκηθρο πετούσε στο πλάι.

Enojados por el abuso y la pesada carga, los perros corrieron más rápido.

Θυμωμένα από την κακοποίηση και το βαρύ φορτίο, τα σκυλιά έτρεξαν πιο γρήγορα.

Buck, furioso, echó a correr, con el equipo siguiéndolo detrás.

Ο Μπακ, έξαλλος, άρχισε να τρέχει, με την ομάδα να τον ακολουθεί.

Hal gritó "¡Guau! ¡Guau!", pero el equipo no le hizo caso.

Ο Χαλ φώναξε «Ουάου! Ουάου!» αλλά η ομάδα δεν του έδωσε σημασία.

Tropezó, cayó y fue arrastrado por el suelo por el arnés.

Σκόνταψε, έπεσε και σύρθηκε στο έδαφος από την εξάρτυση.

El trineo volcado saltó sobre él mientras los perros corrían delante.

Το αναποδογυρισμένο έλκηθρο έπεσε πάνω του καθώς τα σκυλιά έτρεχαν μπροστά.

El resto de los suministros se dispersaron por la concurrida calle de Skaguay.

Τα υπόλοιπα εφόδια ήταν σκορπισμένα στον πολυσύχναστο δρόμο του Σκάγκουεϊ.

La gente bondadosa se apresuró a detener a los perros y recoger el equipo.

Καλοκάγαθοι άνθρωποι έσπευσαν να σταματήσουν τα σκυλιά και να μαζέψουν τον εξοπλισμό.

También dieron consejos, contundentes y prácticos, a los nuevos viajeros.

Έδωσαν επίσης συμβουλές, σαφείς και πρακτικές, στους νέους ταξιδιώτες.

"Si quieres llegar a Dawson, lleva la mitad de la carga y el doble de perros".

«Αν θέλεις να φτάσεις στο Ντόσον, πάρε το μισό φορτίο και διπλασίασε τα σκυλιά.»

Hal, Charles y Mercedes escucharon, aunque no con entusiasmo.

Ο Χαλ, ο Τσαρλς και η Μερσέντες άκουγαν, αν και όχι με ενθουσιασμό.

Instalaron su tienda de campaña y comenzaron a clasificar sus suministros.

Έστησαν τη σκηνή τους και άρχισαν να ταξινομούν τις προμήθειές τους.

Salieron alimentos enlatados, lo que hizo reír a carcajadas a los espectadores.

Βγήκαν κονσερβοποιημένα προϊόντα, τα οποία έκαναν τους θεατές να γελάσουν δυνατά.

"¿Enlatado en el camino? Te morirás de hambre antes de que se derrita", dijo uno.

«Κονσερβοποιημένα πράγματα στο μονοπάτι; Θα λιμοκτονήσετε πριν λιώσουν», είπε κάποιος.

¿Mantas de hotel? Mejor tíralas todas.

«Κουβέρτες ξενοδοχείου; Καλύτερα να τις πετάξεις όλες.»

"Si también deshazte de la tienda de campaña, aquí nadie lava los platos".

«Παράτα και τη σκηνή, και κανείς δεν πλένει πιάτα εδώ.»

¿Crees que estás viajando en un tren Pullman con sirvientes a bordo?

«Νομίζεις ότι ταξιδεύεις με τρένο Pullman με υπηρέτες μέσα;»

El proceso comenzó: todos los objetos inútiles fueron arrojados a un lado.

Η διαδικασία ξεκίνησε — κάθε άχρηστο αντικείμενο πετάχτηκε στην άκρη.

Mercedes lloró cuando sus maletas fueron vaciadas en el suelo nevado.

Η Μερσέντες έκλαψε όταν οι τσάντες της άδειασαν στο χιονισμένο έδαφος.

Ella sollozaba por cada objeto que tiraba, uno por uno, sin pausa.

Έκλαιγε με λυγμούς για κάθε αντικείμενο που πετιόταν, ένα προς ένα χωρίς διακοπή.

Ella juró no dar un paso más, ni siquiera por diez Charleses.

Ορκίστηκε να μην κάνει ούτε ένα βήμα παραπάνω — ούτε για δέκα Σαρλς.

Ella le rogó a cada persona cercana que le permitiera conservar sus cosas preciosas.

Παρακάλεσε κάθε άτομο που βρισκόταν κοντά της να της επιτρέψει να κρατήσει τα πολύτιμα πράγματά της.

Por último, se secó los ojos y comenzó a arrojar incluso la ropa más importante.

Τελικά, σκούπισε τα μάτια της και άρχισε να πετάει ακόμη και τα πιο σημαντικά ρούχα της.

Cuando terminó con los suyos, comenzó a vaciar los suministros de los hombres.

Όταν τελείωσε με τα δικά της, άρχισε να αδειάζει τις προμήθειες των ανδρών.

Como un torbellino, destrozó las pertenencias de Charles y Hal.

Σαν ανεμοστρόβιλος, ξέσκιζε τα υπάρχοντα του Τσαρλς και της Χαλ.

Aunque la carga se redujo a la mitad, todavía era mucho más pesada de lo necesario.

Αν και το φορτίο είχε μειωθεί στο μισό, ήταν ακόμα πολύ βαρύτερο από ό,τι χρειαζόταν.

Esa noche, Charles y Hal salieron y compraron seis perros nuevos.

Εκείνο το βράδυ, ο Τσαρλς και ο Χαλ βγήκαν έξω και
αγόρασαν έξι καινούρια σκυλιά.

**Estos nuevos perros se unieron a los seis originales, además
de Teek y Koona.**

Αυτά τα νέα σκυλιά προστέθηκαν στα αρχικά έξι, συν τον
Τικ και την Κούνα.

**Juntos formaron un equipo de catorce perros enganchados al
trineo.**

Μαζί έφτιαξαν μια ομάδα από δεκατέσσερα σκυλιά δεμένα
στο έλκηθρο.

**Pero los nuevos perros no eran aptos y estaban mal
entrenados para el trabajo con trineos.**

Αλλά τα καινούρια σκυλιά ήταν ακατάλληλα και κακώς
εκπαιδευμένα για εργασία με έλκηθρο.

**Tres de los perros eran pointers de pelo corto y uno era un
Terranova.**

Τρία από τα σκυλιά ήταν κοντότριχα πόιντερ και ένα ήταν
Νέας Γης.

**Los dos últimos perros eran mestizos, sin ninguna raza ni
propósito claros.**

Τα δύο τελευταία σκυλιά ήταν mutt χωρίς σαφή ράτσα ή
σκοπό.

No entendieron el camino y no lo aprendieron rápidamente.

Δεν κατάλαβαν το μονοπάτι και δεν το έμαθαν γρήγορα.

**Buck y sus compañeros los miraron con desprecio y
profunda irritación.**

Ο Μπακ και οι φίλοι του τους παρακολουθούσαν με
περιφρόνηση και βαθιά εκνευρισμό.

**Aunque Buck les enseñó lo que no debían hacer, no podía
enseñarles cuál era el deber.**

Αν και ο Μπακ τους δίδαξε τι δεν πρέπει να κάνουν, δεν
μπορούσε να τους διδάξει το καθήκον.

**No se adaptaron bien a la vida en senderos ni al tirón de las
riendas y los trineos.**

Δεν αντιμετώπιζαν με καλό μάτι τη ζωή σε μονοπάτια ούτε
το τράβηγμα των ηνίων και των έλκηθρων.

Sólo los mestizos intentaron adaptarse, e incluso a ellos les faltó espíritu de lucha.

Μόνο οι μιγάδες προσπάθησαν να προσαρμοστούν, και ακόμη και αυτοί δεν είχαν αγωνιστικό πνεύμα.

Los demás perros estaban confundidos, debilitados y destrozados por su nueva vida.

Τα άλλα σκυλιά ήταν μπερδεμένα, αποδυναμωμένα και συντετριμμένα από τη νέα τους ζωή.

Con los nuevos perros desorientados y los viejos exhaustos, la esperanza era escasa.

Με τα καινούρια σκυλιά να μην έχουν ιδέα και τα παλιά εξαντλημένα, η ελπίδα ήταν ελάχιστες.

El equipo de Buck había recorrido dos mil quinientas millas de senderos difíciles.

Η ομάδα του Μπακ είχε καλύψει διακόσια πεντακόσια μίλια ανώμαλου μονοπατιού.

Aún así, los dos hombres estaban alegres y orgullosos de su gran equipo de perros.

Παρόλα αυτά, οι δύο άντρες ήταν χαρούμενοι και περήφανοι για την μεγάλη ομάδα σκύλων τους.

Creían que viajaban con estilo, con catorce perros enganchados.

Νόμιζαν ότι ταξίδευαν με στυλ, με δεκατέσσερα σκυλιά δεμένα.

Habían visto trineos partir hacia Dawson y otros llegar desde allí.

Είχαν δει έλκηθρα να φεύγουν για το Ντόσον, και άλλα να φτάνουν από εκεί.

Pero nunca habían visto uno tirado por tantos catorce perros.

Αλλά ποτέ δεν είχαν δει κάποιον να τον σέρνουν τόσα πολλά σκυλιά όσο δεκατέσσερα.

Había una razón por la que equipos comó ese eran raros en el desierto del Ártico.

Υπήρχε λόγος που τέτοιες ομάδες ήταν σπάνιες στην άγρια φύση της Αρκτικής.

Ningún trineo podría transportar suficiente comida para alimentar a catorce perros durante el viaje.

Κανένα έλκηθρο δεν μπορούσε να μεταφέρει αρκετή τροφή για να ταΐσει δεκατέσσερα σκυλιά για το ταξίδι.

Pero Charles y Hal no lo sabían: habían hecho los cálculos.

Αλλά ο Τσαρλς και ο Χαλ δεν το ήξεραν αυτό—είχαν κάνει τους υπολογισμούς.

Planificaron la comida: tanta cantidad por perro, tantos días, y listo.

Σημείωσαν με μολύβι την τροφή: τόσο ανά σκύλο, τόσες μέρες, έτοιμο.

Mercedes miró sus figuras y asintió como si tuviera sentido.

Η Μερσέντες κοίταξε τις φιγούρες τους και έγνεψε καταφατικά σαν να είχε νόημα.

Todo le parecía muy sencillo, al menos en el papel.

Όλα της φαίνονταν πολύ απλά, τουλάχιστον στα χαρτιά.

A la mañana siguiente, Buck guió al equipo lentamente por la calle nevada.

Το επόμενο πρωί, ο Μπακ οδήγησε την ομάδα αργά στον χιονισμένο δρόμο.

No había energía ni espíritu en él ni en los perros detrás de él.

Δεν υπήρχε ενέργεια ή πνεύμα μέσα του ή στα σκυλιά πίσω του.

Estaban muertos de cansancio desde el principio: no les quedaban reservas.

Ήταν πολύ κουρασμένοι από την αρχή — δεν είχαν απομείνει εφεδρικοί.

Buck ya había hecho cuatro viajes entre Salt Water y Dawson.

Ο Μπακ είχε ήδη κάνει τέσσερα ταξίδια μεταξύ Σολτ Γουότερ και Ντόσον.

Ahora, enfrentado nuevamente el mismo desafío, no sentía nada más que amargura.

Τώρα, αντιμέτωπος ξανά με το ίδιο μονοπάτι, δεν ένιωθε τίποτα άλλο παρά πίκρα.

Su corazón no estaba en ello, ni tampoco el corazón de los otros perros.

Η καρδιά του δεν ήταν μέσα σε αυτό, ούτε οι καρδιές των άλλων σκύλων.

Los nuevos perros eran tímidos y los huskies carecían de confianza.

Τα καινούρια σκυλιά ήταν δειλά, και τα χάσκι δεν έδειχναν καμία εμπιστοσύνη.

Buck sintió que no podía confiar en estos dos hombres ni en su hermana.

Ο Μπακ ένιωθε ότι δεν μπορούσε να βασιστεί σε αυτούς τους δύο άντρες ή στην αδερφή τους.

No sabían nada y no mostraron señales de aprender en el camino.

Δεν ήξεραν τίποτα και δεν έδειξαν σημάδια μάθησης στο μονοπάτι.

Estaban desorganizados y carecían de cualquier sentido de disciplina.

Ήταν ανοργάνωτοι και τους έλειπε κάθε αίσθηση πειθαρχίας.

Les tomó media noche montar un campamento descuidado cada vez.

Τους χρειαζόταν μισή νύχτα για να στήσουν μια πρόχειρη κατασκήνωση κάθε φορά.

Y la mitad de la mañana siguiente la pasaron otra vez jugueteando con el trineo.

Και τα μισά του επόμενου πρωινού τα πέρασαν ψάχνοντας ξανά στο έλκηθρο.

Al mediodía, a menudo se detenían simplemente para arreglar la carga desigual.

Μέχρι το μεσημέρι, συχνά σταματούσαν απλώς για να διορθώσουν το ανομοιόμορφο φορτίο.

Algunos días, viajaron menos de diez millas en total.

Κάποιες μέρες, ταξίδευαν συνολικά λιγότερο από δέκα μίλια.

Otros días ni siquiera conseguían salir del campamento.

Άλλες μέρες, δεν κατάφερναν καθόλου να φύγουν από το στρατόπεδο.

Nunca llegaron a cubrir la distancia alimentaria planificada.

Ποτέ δεν πλησίασαν στην κάλυψη της προγραμματισμένης απόστασης φαγητού.

Como era de esperar, muy rápidamente se quedaron sin comida para los perros.

Όπως αναμενόταν, πολύ γρήγορα τους έλειψε η τροφή για τα σκυλιά.

Empeoró las cosas sobrealimentándolos en los primeros días.

Χειροτέρεψαν τα πράγματα ταΐζοντας υπερβολικά τις πρώτες μέρες.

Esto acercaba la hambruna con cada ración descuidada.

Αυτό έφερνε την πείνα πιο κοντά με κάθε απρόσεκτη μερίδα.

Los nuevos perros no habían aprendido a sobrevivir con muy poco.

Τα καινούρια σκυλιά δεν είχαν μάθει να επιβιώνουν με ελάχιστα.

Comieron con hambre, con apetitos demasiado grandes para el camino.

Έφαγαν πεινασμένοι, με όρεξη πολύ μεγάλη για το μονοπάτι.

Al ver que los perros se debilitaban, Hal creyó que la comida no era suficiente.

Βλέποντας τα σκυλιά να εξασθενούν, ο Χαλ πίστεψε ότι το φαγητό δεν ήταν αρκετό.

Duplicó las raciones, empeorando aún más el error.

Διπλασίασε τις μερίδες, κάνοντας το λάθος ακόμη χειρότερο.

Mercedes añadió más problemas con lágrimas y suaves súplicas.

Η Μερσέντες επιδείνωσε το πρόβλημα με δάκρυα και απαλές παρακλήσεις.

Cuando no pudo convencer a Hal, alimentó a los perros en secreto.

Όταν δεν κατάφερε να πείσει τον Χαλ, τάισε τα σκυλιά κρυφά.

Ella robó de los sacos de pescado y se lo dio a sus espaldas.

Έκλεψε από τους σάκους με τα ψάρια και τους το έδωσε πίσω από την πλάτη του.

Pero lo que los perros realmente necesitaban no era más comida: era descanso.

Αλλά αυτό που πραγματικά χρειάζονταν τα σκυλιά δεν ήταν περισσότερο φαγητό—ήταν ξεκούραση.

Iban a poca velocidad, pero el pesado trineo aún seguía avanzando.

Δεν τα κατάφερναν καλά, αλλά το βαρύ έλκηθρο συνέχιζε να σέρνεται.

Ese peso solo les quitaba las fuerzas que les quedaban cada día.

Αυτό και μόνο το βάρος εξάντλησε τη δύναμή τους που τους είχε απομείνει κάθε μέρα.

Luego vino la etapa de desalimentación ya que los suministros escasearon.

Έπειτα ήρθε το στάδιο του υποσιτισμού καθώς οι προμήθειες λιγόστευαν.

Una mañana, Hal se dio cuenta de que la mitad de la comida para perros ya había desaparecido.

Ο Χαλ συνειδητοποίησε ένα πρωί ότι η μισή τροφή για σκύλους είχε ήδη τελειώσει.

Sólo habían recorrido una cuarta parte de la distancia total del recorrido.

Είχαν διανύσει μόνο το ένα τέταρτο της συνολικής απόστασης του μονοπατιού.

No se podía comprar más comida por ningún precio que se ofreciera.

Δεν μπορούσαν να αγοραστούν άλλα τρόφιμα, όποια τιμή κι αν προσφερόταν.

Redujo las raciones de los perros por debajo de la ración diaria estándar.

Μείωσε τις μερίδες των σκύλων κάτω από την τυπική ημερήσια μερίδα.

Al mismo tiempo, exigió viajes más largos para compensar las pérdidas.

Ταυτόχρονα, απαίτησε μεγαλύτερα ταξίδια για να αναπληρώσει την απώλεια.

Mercedes y Carlos apoyaron este plan, pero fracasaron en su ejecución.

Η Μερσέντες και ο Κάρολος υποστήριξαν αυτό το σχέδιο, αλλά απέτυχαν στην εκτέλεσή του.

Su pesado trineo y su falta de habilidad hicieron que el avance fuera casi imposible.

Το βαρύ έλκηθρο τους και η έλλειψη δεξιοτήτων τους έκαναν την πρόοδο σχεδόν αδύνατη.

Era fácil dar menos comida, pero imposible forzar más esfuerzo.

Ήταν εύκολο να δώσουν λιγότερο φαγητό, αλλά αδύνατο να επιβάλουν περισσότερη προσπάθεια.

No podían salir temprano ni tampoco viajar horas extras.

Δεν μπορούσαν να ξεκινήσουν νωρίς, ούτε μπορούσαν να ταξιδέψουν για επιπλέον ώρες.

No sabían cómo trabajar con los perros, ni tampoco ellos mismos.

Δεν ήξεραν πώς να χειριστούν τα σκυλιά, ούτε και τους εαυτούς τους, άλλωστε.

El primer perro que murió fue Dub, el desafortunado pero trabajador ladrón.

Ο πρώτος σκύλος που πέθανε ήταν ο Νταμπ, ο άτυχος αλλά εργατικός κλέφτης.

Aunque a menudo lo castigaban, Dub había hecho su parte sin quejarse.

Αν και συχνά τιμωρούνταν, ο Νταμπ είχε κάνει το καθήκον του χωρίς παράπονα.

Su hombro lesionado empeoró sin cuidados ni necesidad de descanso.

Ο τραυματισμένος ώμος του χειροτέρευε χωρίς φροντίδα ή χωρίς να χρειάζεται ξεκούραση.

Finalmente, Hal usó el revólver para acabar con el sufrimiento de Dub.

Τελικά, ο Χαλ χρησιμοποίησε το περίστροφο για να τερματίσει τα βάσανα του Νταμπ.

Un dicho común afirma que los perros normales mueren con raciones para perros esquimales.

Μια κοινή παροιμία έλεγε ότι τα κανονικά σκυλιά πεθαίνουν με μερίδες χάσκι.

Los seis nuevos compañeros de Buck tenían sólo la mitad de la porción de comida del husky.

Οι έξι νέοι σύντροφοι του Μπακ είχαν μόνο τη μισή μερίδα τροφής από αυτή του χάσκι.

Primero murió el Terranova y después los tres bracos de pelo corto.

Πρώτα πέθανε η Νέα Γη, και μετά οι τρεις κοντότριχες δείκτριες.

Los dos mestizos resistieron más tiempo pero finalmente perecieron como el resto.

Τα δύο μιγάδια άντεξαν περισσότερο, αλλά τελικά χάθηκαν όπως και τα υπόλοιπα.

Para entonces, todas las comodidades y la dulzura de Southland habían desaparecido.

Μέχρι εκείνη τη στιγμή, όλες οι ανέσεις και η ευγένεια της Νότιας Γης είχαν εξαφανιστεί.

Las tres personas habían perdido los últimos vestigios de su educación civilizada.

Οι τρεις άνθρωποι είχαν αποβάλει τα τελευταία ίχνη της πολιτισμένης ανατροφής τους.

Despojado de glamour y romance, el viaje al Ártico se volvió brutalmente real.

Απογυμνωμένο από αίγλη και ρομαντισμό, τα ταξίδια στην Αρκτική έγιναν άγρια πραγματικότητα.

Era una realidad demasiado dura para su sentido de masculinidad y feminidad.

Ήταν μια πραγματικότητα πολύ σκληρή για την αίσθηση που είχαν για τον ανδρισμό και τη γυναικεία φύση.

Mercedes ya no lloraba por los perros, ahora lloraba sólo por ella misma.

Η Μερσέντες δεν έκλαιγε πια για τα σκυλιά, αλλά έκλαιγε μόνο για τον εαυτό της.

Pasó su tiempo llorando y peleando con Hal y Charles.

Περνούσε τον χρόνο της κλαίγοντας και μαλώνοντας με τον Χαλ και τον Τσαρλς.

Pelear era lo único que nunca estaban demasiado cansados para hacer.

Οι καβγάδες ήταν το μόνο πράγμα που δεν κουράζονταν ποτέ να κάνουν.

Su irritabilidad surgió de la miseria, creció con ella y la superó.

Ο εκνευρισμός τους προερχόταν από τη δυστυχία, μεγάλωνε μαζί της και την ξεπερνούσε.

La paciencia del camino, conocida por quienes trabajan y sufren con bondad, nunca llegó.

Η υπομονή της διαδρομής, γνωστή σε όσους μοχθούν και υποφέρουν με καλοσύνη, δεν ήρθε ποτέ.

Esa paciencia que conserva dulce la palabra a pesar del dolor les era desconocida.

Αυτή η υπομονή, που διατηρεί την ομιλία γλυκιά μέσα στον πόνο, τους ήταν άγνωστη.

No tenían ni un ápice de paciencia ni la fuerza que suponía sufrir con gracia.

Δεν είχαν ούτε ίχνος υπομονής, ούτε δύναμη που αντλούσαν από τα βάσανα με χάρη.

Estaban rígidos por el dolor: les dolían los músculos, los huesos y el corazón.

Ήταν άκαμπτοι από τον πόνο—πονούσαν στους μύες, τα κόκαλα και την καρδιά τους.

Por eso se volvieron afilados de lengua y rápidos para usar palabras ásperas.

Εξαιτίας αυτού, έγιναν οξυδερκείς και γρήγοροι με σκληρά λόγια.

Cada día comenzaba y terminaba con voces enojadas y amargas quejas.

Κάθε μέρα ξεκινούσε και τελείωνε με θυμωμένες φωνές και πικρά παράπονα.

Charles y Hal discutían cada vez que Mercedes les daba una oportunidad.

Ο Τσαρλς και ο Χαλ διαπληκτίζονταν όποτε η Μερσέντες τους έδινε ευκαιρία.

Cada hombre creía que hacía más de lo que le correspondía en el trabajo.

Κάθε άντρας πίστευε ότι έκανε περισσότερα από όσα του αναλογούσαν.

Ninguno de los dos perdió la oportunidad de decirlo una y otra vez.

Κανένας από τους δύο δεν έχασε ποτέ την ευκαιρία να το πει, ξανά και ξανά.

A veces Mercedes se ponía del lado de Charles, a veces del lado de Hal.

Άλλοτε η Μερσέντες τάχθηκε με το μέρος του Τσαρλς, άλλοτε με το μέρος του Χαλ.

Esto dio lugar a una gran e interminable disputa entre los tres.

Αυτό οδήγησε σε μια μεγάλη και ατελείωτη διαμάχη μεταξύ των τριών.

Una disputa sobre quién debería cortar leña se salió de control.

Μια διαμάχη για το ποιος έπρεπε να κόψει καυσόξυλα ξέφυγε από κάθε έλεγχο.

Pronto se nombraron padres, madres, primos y parientes muertos.

Σύντομα, ονομάστηκαν πατέρες, μητέρες, ξαδέρφια και νεκροί συγγενείς.

Las opiniones de Hal sobre el arte o las obras de su tío se convirtieron en parte de la pelea.

Οι απόψεις του Χαλ για την τέχνη ή τα θεατρικά έργα του θείου του έγιναν μέρος της διαμάχης.

Las creencias políticas de Charles también entraron en el debate.

Οι πολιτικές πεποιθήσεις του Καρόλου εισήλθαν επίσης στη συζήτηση.

Para Mercedes, incluso los chismes de la hermana de su marido parecían relevantes.

Στη Μερσέντες, ακόμη και τα κουτσομπολιά της αδερφής του συζύγου της φαινόντουσαν σχετικά.

Ella expresó sus opiniones sobre eso y sobre muchos de los defectos de la familia de Charles.

Εξέφρασε απόψεις σχετικά με αυτό και για πολλά από τα ελαττώματα της οικογένειας του Καρόλου.

Mientras discutían, el fuego permaneció apagado y el campamento medio montado.

Ενώ μαλώνανε, η φωτιά παρέμεινε σβησμένη και το στρατόπεδο μισοσβησμένο.

Mientras tanto, los perros permanecieron fríos y sin comida.

Εν τω μεταξύ, τα σκυλιά παρέμεναν κρύα και χωρίς φαγητό.

Mercedes tenía un motivo de queja que consideraba profundamente personal.

Η Μερσέντες είχε ένα παράπονο που θεωρούσε βαθιά προσωπικό.

Se sintió maltratada como mujer, negándole sus privilegios de gentileza.

Ένιωθε ότι την κακομεταχειρίζονταν ως γυναίκα, ότι της στερούσαν τα ευγενικά της προνόμια.

Ella era bonita y dulce, y acostumbrada a la caballerosidad toda su vida.

Ήταν όμορφη και τρυφερή, και συνήθιζε να είναι ιππότης σε όλη της τη ζωή.

Pero su marido y su hermano ahora la trataban con impaciencia.

Αλλά ο σύζυγός της και ο αδελφός της τής φέρονταν τώρα με ανυπομονησία.

Su costumbre era actuar con impotencia y comenzaron a quejarse.

Η συνήθειά της ήταν να κάνει την αβοήθητη κίνηση, και άρχισαν να παραπονιούνται.

Ofendida por esto, les hizo la vida aún más difícil.

Προσβεβλημένη από αυτό, έκανε τη ζωή τους ακόμη πιο δύσκολη.

Ella ignoró a los perros e insistió en montar ella misma el trineo.

Αγνόησε τα σκυλιά και επέμεινε να ανέβει η ίδια στο έλκηθρο.

Aunque parecía ligera de aspecto, pesaba ciento veinte libras.

Αν και ελαφριά στην εμφάνιση, ζύγιζε εκατόν είκοσι λίβρες.

Esa carga adicional era demasiado para los perros hambrientos y débiles.

Αυτό το πρόσθετο βάρος ήταν πάρα πολύ βαρύ για τα πεινασμένα, αδύναμα σκυλιά.

Aún así, ella cabalgó durante días, hasta que los perros se desplomaron en las riendas.

Παρόλα αυτά, καβάλησε για μέρες, μέχρι που τα σκυλιά κατέρρευσαν στα ηνία.

El trineo se detuvo y Charles y Hal le rogaron que caminara.

Το έλκηθρο έμεινε ακίνητο, και ο Τσαρλς και ο Χαλ την παρακάλεσαν να περπατήσει.

Ellos suplicaron y rogaron, pero ella lloró y los llamó crueles.

Παρακαλούσαν και ικέτευαν, αλλά εκείνη έκλαιγε και τους αποκαλούσε σκληρούς.

En una ocasión la sacaron del trineo con pura fuerza y enojo.

Σε μια περίπτωση, την τράβηξαν από το έλκηθρο με απόλυτη δύναμη και θυμό.

Nunca volvieron a intentarlo después de lo que pasó aquella vez.

Δεν ξαναπροσπάθησαν ποτέ μετά από αυτό που συνέβη εκείνη τη φορά.

Ella se quedó flácida como un niño mimado y se sentó en la nieve.

Έπεσε κουτσαίνοντας σαν κακομαθημένο παιδί και κάθισε στο χιόνι.

Ellos siguieron adelante, pero ella se negó a levantarse o seguirlos.

Προχώρησαν, αλλά εκείνη αρνήθηκε να σηκωθεί ή να τους ακολουθήσει.

Después de tres millas, se detuvieron, regresaron y la llevaron de regreso.

Μετά από τρία μίλια, σταμάτησαν, επέστρεψαν και την κουβάλησαν πίσω.

La volvieron a cargar en el trineo, nuevamente usando la fuerza bruta.

Την ξαναφόρτωσαν στο έλκηθρο, χρησιμοποιώντας και πάλι ωμή δύναμη.

En su profunda miseria, fueron insensibles al sufrimiento de los perros.

Μέσα στη βαθιά τους δυστυχία, ήταν ασυγκίνητοι απέναντι στα βάσανα των σκύλων.

Hal creía que uno debía endurecerse y forzar esa creencia a los demás.

Ο Χαλ πίστευε ότι κάποιος πρέπει να σκληραγωγηθεί και επιβάλλει αυτή την πεποίθηση στους άλλους.

Primero intentó predicar su filosofía a su hermana.

Αρχικά προσπάθησε να κηρύξει τη φιλοσοφία του στην αδερφή του

y luego, sin éxito, le predicó a su cuñado.

και έπειτα, χωρίς επιτυχία, κήρυξε στον κουνιάδο του.

Tuvo más éxito con los perros, pero sólo porque los lastimaba.

Είχε μεγαλύτερη επιτυχία με τα σκυλιά, αλλά μόνο επειδή τα πλήγωνε.

En Five Fingers, la comida para perros se quedó completamente sin comida.

Στο Five Fingers, η τροφή για σκύλους τελείωσε εντελώς.

Una vieja india desdentada vendió unas cuantas libras de cuero de caballo congelado

Μια ηλικιωμένη γυναίκα χωρίς δόντια πούλησε μερικά κιλά κατεψυγμένο δέρμα αλόγου

Hal cambió su revólver por la piel de caballo seca.

Ο Χαλ αντάλλαξε το περίστροφό του με το αποξηραμένο δέρμα αλόγου.

La carne había procedido de caballos hambrientos de ganaderos meses antes.

Το κρέας είχε προέλθει από πεινασμένα άλογα ή κτηνοτρόφους μήνες πριν.

Congelada, la piel era como hierro galvanizado: dura y incomestible.

Παγωμένο, το δέρμα ήταν σαν γαλβανισμένο σίδερο· σκληρό και μη βρώσιμο.

Los perros tenían que masticar sin parar la piel para poder comérsela.

Τα σκυλιά έπρεπε να μασούν ατελείωτα το τομάρι για να το φάνε.

Pero las cuerdas correosas y el pelo corto no constituían apenas alimento.

Αλλά οι δερμάτινες κλωστές και τα κοντά μαλλιά δεν ήταν καθόλου τροφή.

La mayor parte de la piel era irritante y no era alimento en ningún sentido estricto.

Το μεγαλύτερο μέρος του δέρματος ήταν ενοχλητικό και όχι φαγητό με την πραγματική έννοια του όρου.

Y durante todo ese tiempo, Buck se tambaleaba al frente, como en una pesadilla.

Και μέσα σε όλα αυτά, ο Μπακ παραπατούσε μπροστά, σαν σε εφιάλτη.

Tiraba cuando podía, y cuando no, se quedaba tendido hasta que un látigo o un garrote lo levantaban.

Τραβούσε όταν μπορούσε· όταν δεν μπορούσε, έμενε ξαπλωμένος μέχρι να τον σηκώσει μαστίγιο ή ρόπαλο.

Su fino y brillante pelaje había perdido toda la rigidez y brillo que alguna vez tuvo.

Το λεπτό, γυαλιστερό τρίχωμά του είχε χάσει όλη την ακαμψία και τη λάμψη που είχε κάποτε.

Su cabello colgaba lacio, enmarañado y cubierto de sangre seca por los golpes.

Τα μαλλιά του κρέμονταν άτονα, σέρνονταν και ήταν πηγμένα από ξεραμένο αίμα από τα χτυπήματα.

Sus músculos se encogieron hasta convertirse en cuerdas y sus almohadillas de carne estaban todas desgastadas.

Οι μύες του συρρικνώθηκαν και οι σάρκες του είχαν φθαρεί.

Cada costilla, cada hueso se veía claramente a través de los pliegues de la piel arrugada.

Κάθε πλευρά, κάθε οστό φαινόταν καθαρά μέσα από πτυχές του ζαρωμένου δέρματος.

Fue desgarrador, pero el corazón de Buck no podía romperse.

Ήταν σπαρακτικό, κι όμως η καρδιά του Μπακ δεν μπορούσε να ραγίσει.

El hombre del suéter rojo lo había probado y demostrado hacía mucho tiempo.

Ο άντρας με το κόκκινο πουλόβερ το είχε δοκιμάσει και το είχε αποδείξει προ πολλού.

Tal como sucedió con Buck, sucedió con el resto de sus compañeros de equipo.

Όπως συνέβη με τον Μπακ, έτσι συνέβη και με όλους τους εναπομείναντες συμπαίκτες του.

Eran siete en total, cada uno de ellos un esqueleto andante de miseria.

Υπήρχαν συνολικά επτά, ο καθένας ένας κινούμενος σκελετός δυστυχίας.

Se habían vuelto insensibles a los latigazos y solo sentían un dolor distante.

Είχαν μουδιάσει στο βλεφαρίδα, νιώθοντας μόνο μακρινό πόνο.

Incluso la vista y el sonido les llegaban débilmente, como a través de una espesa niebla.

Ακόμα και η όραση και ο ήχος τους έφταναν αμυδρά, σαν μέσα από πυκνή ομίχλη.

No estaban ni medio vivos: eran huesos con tenues chispas en su interior.

Δεν ήταν μισοζώντανοι — ήταν κόκαλα με αμυδρές σπίθες μέσα.

Al detenerse, se desplomaron como cadáveres y sus chispas casi desaparecieron.

Όταν τους σταμάτησαν, κατέρρευσαν σαν πτώματα, με τις σπίθες τους σχεδόν να έχουν εξαφανιστεί.

Y cuando el látigo o el garrote volvían a golpear, las chispas revoloteaban débilmente.

Και όταν το μαστίγιο ή το ρόπαλο ξαναχτύπησε, οι σπίθες φτερούγισαν αδύναμα.

Entonces se levantaron, se tambalearon hacia adelante y arrastraron sus extremidades hacia delante.

Έπειτα σηκώθηκαν, παραπατούσαν μπροστά και έσερναν τα άκρα τους μπροστά.

Un día el amable Billee se cayó y ya no pudo levantarse.

Μια μέρα η ευγενική Μπίλι έπεσε και δεν μπορούσε πλέον να σηκωθεί καθόλου.

Hal había cambiado su revólver, por lo que utilizó un hacha para matar a Billee.

Ο Χαλ είχε ανταλλάξει το περίστροφό του, οπότε χρησιμοποίησε ένα τσεκούρι για να σκοτώσει την Μπίλι.

Lo golpeó en la cabeza, luego le cortó el cuerpo y se lo llevó arrastrado.

Τον χτύπησε στο κεφάλι, έπειτα έκοψε το σώμα του και το έσυρε μακριά.

Buck vio esto, y también los demás; sabían que la muerte estaba cerca.

Ο Μπακ το είδε αυτό, όπως και οι άλλοι· ήξεραν ότι ο θάνατος ήταν κοντά.

Al día siguiente Koona se fue, dejando sólo cinco perros en el equipo hambriento.

Την επόμενη μέρα η Κούνα έφυγε, αφήνοντας μόνο πέντε σκυλιά στην πεινασμένη ομάδα.

Joe, que ya no era malo, estaba demasiado perdido como para darse cuenta de gran cosa.

Ο Τζο, όχι πια κακός, ήταν πολύ ξεπερασμένος για να αντιληφθεί και πολλά.

Pike, que ya no fingía su lesión, estaba apenas consciente.

Ο Πάικ, που δεν προσποιούνταν πλέον τον τραυματισμό του, μόλις που είχε τις αισθήσεις του.

Solleks, todavía fiel, lamentó no tener fuerzas para dar.

Ο Σόλεκς, ακόμα πιστός, θρήνησε που δεν είχε δύναμη να δώσει.

Teek fue el que más perdió porque estaba más fresco, pero su rendimiento se estaba agotando rápidamente.

Ο Τικ ηττήθηκε περισσότερο επειδή ήταν πιο φρέσκος, αλλά ξεθώριαζε γρήγορα.

Y Buck, todavía a la cabeza, ya no mantenía el orden ni lo hacía cumplir.

Και ο Μπακ, που εξακολουθούσε να προηγείται, δεν τηρούσε πλέον την τάξη ούτε την επιβαλλόταν.

Medio ciego por la debilidad, Buck siguió el rastro sólo por el tacto.

Μισοτυφλωμένος από αδυναμία, ο Μπακ ακολούθησε το μονοπάτι νιώθοντας μόνος.

Era un hermoso clima primaveral, pero ninguno de ellos lo notó.

Ήταν όμορφος ανοιξιάτικος καιρός, αλλά κανείς τους δεν τον πρόσεξε.

Cada día el sol salía más temprano y se ponía más tarde que el anterior.

Κάθε μέρα ο ήλιος ανέτειλε νωρίτερα και έδυε αργότερα από πριν.

A las tres de la mañana ya había amanecido; el crepúsculo duró hasta las nueve.

Στις τρεις το πρωί, είχε έρθει η αυγή· το λυκόφως διαρκούσε μέχρι τις εννέα.

Los largos días estuvieron llenos del resplandor del sol primaveral.

Οι μακριές μέρες ήταν γεμάτες με την πλήρη λάμψη του ανοιξιάτικου ήλιου.

El silencio fantasmal del invierno se había transformado en un cálido murmullo.

Η στοιχειωμένη σιωπή του χειμώνα είχε μετατραπεί σε ένα ζεστό μουρμουρητό.

Toda la tierra estaba despertando, viva con la alegría de los seres vivos.

Όλη η γη ξυπνούσε, ζωντανή από τη χαρά των ζωντανών όντων.

El sonido provenía de lo que había permanecido muerto e inmóvil durante el invierno.

Ο ήχος προερχόταν από κάτι που είχε ξαπλώσει νεκρό και ακίνητο κατά τη διάρκεια του χειμώνα.

Ahora, esas cosas se movieron nuevamente, sacudiéndose el largo sueño helado.

Τώρα, αυτά τα πράγματα κινήθηκαν ξανά, τινάζοντας από πάνω τους τον μακρύ ύπνο του παγετού.

La savia subía a través de los oscuros troncos de los pinos que esperaban.

Χυμός ανέβαινε μέσα από τους σκοτεινούς κορμούς των πεύκων που περίμεναν.

Los sauces y los álamos brotan brillantes y jóvenes brotes en cada ramita.

Οι ιτιές και οι λεύκες βγάζουν φωτεινά νεαρά μπουμπούκια σε κάθε κλαδί.

Los arbustos y las enredaderas se vistieron de un verde fresco a medida que el bosque cobraba vida.

Οι θάμνοι και τα αμπέλια απέκτησαν φρέσκο πράσινο καθώς το δάσος ζωντάνεψε.

Los grillos cantaban por la noche y los insectos se arrastraban bajo el sol del día.

Τα τριζόνια κελαηδούσαν τη νύχτα και τα έντομα σέρνονταν στον ήλιο της ημέρας.

Las perdices graznaban y los pájaros carpinteros picoteaban en lo profundo de los árboles.

Οι πέρδικες βρυχήθηκαν και οι δρυοκολάπτες χτυπούσαν βαθιά μέσα στα δέντρα.

Las ardillas parloteaban, los pájaros cantaban y los gansos graznaban al hablarles a los perros.

Οι σκίουροι κελαηδούσαν, τα πουλιά τραγουδούσαν και οι χήνες κορνάριζαν πάνω από τα σκυλιά.

Las aves silvestres llegaron en grupos afilados, volando desde el sur.

Τα αγριοκότατα έρχονταν σε αιχμηρές σφήνες, πετώντας από το νότο.

De cada ladera llegaba la música de arroyos ocultos y caudalosos.

Από κάθε πλαγιά του λόφου ακουγόταν η μουσική κρυφών, ορμητικών ρυακιών.

Todas las cosas se descongelaron y se rompieron, se doblaron y volvieron a ponerse en movimiento.

Όλα τα πράγματα ξεπάγωσαν και έσπασαν, λύγισαν και ξαναρχίστηκαν.

El Yukón se esforzó por romper las frías cadenas del hielo congelado.

Το Γιούκον προσπάθησε να σπάσει τις ψυχρές αλυσίδες του παγωμένου πάγου.

El hielo se derritió desde abajo, mientras que el sol lo derritió desde arriba.

Ο πάγος έλιωνε από κάτω, ενώ ο ήλιος τον έλιωνε από ψηλά.

Se abrieron agujeros de aire, se abrieron grietas y algunos trozos cayeron al río.

Άνοιξαν τρύπες αέρα, ρωγμές εξαπλώθηκαν και κομμάτια έπεσαν στο ποτάμι.

En medio de toda esta vida frenética y llameante, los viajeros se tambaleaban.

Μέσα σε όλη αυτή την ξέφρενη και φλεγόμενη ζωή, οι ταξιδιώτες παραπατούσαν.

Dos hombres, una mujer y una jauría de perros esquimales caminaban como muertos.

Δύο άντρες, μια γυναίκα και μια αγέλη χάσκι περπατούσαν σαν νεκροί.

Los perros caían, Mercedes lloraba, pero seguía montando el trineo.

Τα σκυλιά έπεφταν, η Μερσέντες έκλαιγε, αλλά συνέχιζε να καβαλάει το έλκηθρο.

Hal maldijo débilmente y Charles parpadeó con los ojos llorosos.

Ο Χαλ έβρισε αδύναμα, και ο Τσαρλς ανοιγόκλεισε τα μάτια του με δακρυσμένα μάτια.

Se toparon con el campamento de John Thornton junto a la desembocadura del río Blanco.

Μπήκαν τυχαία στο στρατόπεδο του Τζον Θόρντον στις εκβολές του Γουάιτ Ρίβερ.

Cuando se detuvieron, los perros cayeron al suelo, como si todos hubieran muerto.

Όταν σταμάτησαν, τα σκυλιά έπεσαν κάτω, σαν να χτύπησαν όλα νεκρά.

Mercedes se secó las lágrimas y miró a John Thornton.

Η Μερσέντες σκούπισε τα δάκρυά της και κοίταξε τον Τζον Θόρντον.

Charles se sentó en un tronco, lenta y rígidamente, dolorido por el camino.

Ο Τσαρλς κάθισε σε ένα κούτσουρο, αργά και άκαμπτα, πονώντας από το μονοπάτι.

Hal habló mientras Thornton tallaba el extremo del mango de un hacha.

Ο Χαλ μιλούσε καθώς ο Θόρντον σκάλιζε την άκρη της λαβής ενός τσεκουριού.

Él tallaba madera de abedul y respondía con respuestas breves y firmes.

Έκοψε ξύλο σημύδας και απάντησε με σύντομες, σταθερές απαντήσεις.

Cuando se le preguntó, dio consejos, seguro de que no serían seguidos.

Όταν του ζητήθηκε, έδωσε συμβουλές, βέβαιος ότι δεν θα τις ακολουθούσε.

Hal explicó: "Nos dijeron que el hielo del sendero se estaba desprendiendo".

Ο Χαλ εξήγησε: «Μας είπαν ότι ο πάγος του μονοπατιού έπεφτε».

Dijeron que nos quedáramos allí, pero llegamos a White River.

«Είπαν ότι έπρεπε να μείνουμε εκεί—αλλά καταφέραμε να φτάσουμε στο Γουάιτ Ρίβερ.»

Terminó con un tono burlón, como para proclamar la victoria en medio de las dificultades.

Τελείωσε με έναν χλευαστικό τόνο, σαν να διεκδικούσε τη νίκη μέσα σε δυσκολίες.

—Y te dijeron la verdad —respondió John Thornton a Hal en voz baja.

«Και σου είπαν την αλήθεια», απάντησε ήσυχα ο Τζον Θόρντον στον Χαλ.

"El hielo puede ceder en cualquier momento; está a punto de desprenderse".

«Ο πάγος μπορεί να υποχωρήσει ανά πάσα στιγμή — είναι έτοιμος να πέσει.»

"Solo la suerte ciega y los tontos pudieron haber llegado tan lejos con vida".

«Μόνο η τυφλή τύχη και οι ανόητοι θα μπορούσαν να έχουν φτάσει τόσο μακριά ζωντανοί.»

"Te lo digo directamente: no arriesgaría mi vida ni por todo el oro de Alaska".

«Σας λέω ευθέως, δεν θα ρίσκαρα τη ζωή μου για όλο το χρυσάφι της Αλάσκας.»

—Supongo que es porque no eres tonto —respondió Hal.

«Αυτό συμβαίνει επειδή δεν είσαι ανόητος, υποθέτω», απάντησε ο Χαλ.

—De todos modos, seguiremos hasta Dawson. —Desenrolló el látigo.

«Παρόλα αυτά, θα πάμε στο Ντόσον.» Ξετύλιξε το μαστίγιό του.

—¡Sube, Buck! ¡Hola! ¡Sube! ¡Vamos! —gritó con dureza.

«Σήκω εκεί πάνω, Μπακ! Γεια! Σήκω πάνω! Συνέχισε!» φώναξε σκληρά.

Thornton siguió tallando madera, sabiendo que los tontos no escucharían razones.

Ο Θόρντον συνέχιζε να μιλάει, γνωρίζοντας ότι οι ανόητοι δεν θα ακούσουν τη λογική.

Detener a un tonto era inútil, y dos o tres tontos no cambiaban nada.

Το να σταματήσεις έναν ανόητο ήταν μάταιο — και δύο ή τρεις ανόητοι δεν άλλαζαν τίποτα.

Pero el equipo no se movió ante la orden de Hal.

Αλλά η ομάδα δεν κουνήθηκε στο άκουσμα της εντολής του Χαλ.

A estas alturas, sólo los golpes podían hacerlos levantarse y avanzar.

Μέχρι τώρα, μόνο χτυπήματα μπορούσαν να τους κάνουν να σηκωθούν και να τραβήξουν μπροστά.

El látigo golpeó una y otra vez a los perros debilitados.

Το μαστίγιο χτυπούσε ξανά και ξανά πάνω στα αδύναμα σκυλιά.

John Thornton apretó los labios con fuerza y observó en silencio.

Ο Τζον Θόρντον έσφιξε σφιχτά τα χείλη του και παρακολουθούσε σιωπηλός.

Solleks fue el primero en ponerse de pie bajo el látigo.

Ο Σόλεκς ήταν ο πρώτος που σηκώθηκε όρθιος κάτω από το μαστίγιο.

Entonces Teek lo siguió, temblando. Joe gritó al tambalearse.

Έπειτα ο Τικ τον ακολούθησε τρέμοντας. Ο Τζο ούρλιαξε καθώς σκόνταψε πάνω.

Pike intentó levantarse, falló dos veces y finalmente se mantuvo en pie, tambaleándose.

Ο Πάικ προσπάθησε να σηκωθεί, απέτυχε δύο φορές, και τελικά στάθηκε ασταθής.

Pero Buck yacía donde había caído, sin moverse en absoluto este momento.

Αλλά ο Μπακ ήταν ξαπλωμένος εκεί που είχε πέσει, ακίνητος αυτή τη φορά.

El látigo lo golpeaba una y otra vez, pero él no emitía ningún sonido.

Το μαστίγιο τον χτυπούσε ξανά και ξανά, αλλά δεν έβγαζε ήχο.

Él no se inmutó ni se resistió, simplemente permaneció quieto y en silencio.
Δεν τσίμπησε ούτε αντιστάθηκε, απλώς παρέμεινε ακίνητος και σιωπηλός.

Thornton se movió más de una vez, como si fuera a hablar, pero no lo hizo.
Ο Θόρντον κουνήθηκε περισσότερες από μία φορές, σαν να ήθελε να μιλήσει, αλλά δεν το έκανε.

Sus ojos se humedecieron y el látigo siguió golpeando contra Buck.
Τα μάτια του έβρεξαν, και το μαστίγιο εξακολουθούσε να χτυπάει πάνω στον Μπακ.

Finalmente, Thornton comenzó a caminar lentamente, sin saber qué hacer.
Επιτέλους, ο Θόρντον άρχισε να περπατάει αργά, αβέβαιος για το τι να κάνει.

Era la primera vez que Buck fallaba y Hal se puso furioso.
Ήταν η πρώτη φορά που ο Μπακ αποτύγχανε, και ο Χαλ έγινε έξαλλος.

Dejó el látigo y en su lugar tomó el pesado garrote.
Πέταξε κάτω το μαστίγιο και πήρε αντ' αυτού το βαρύ ρόπαλο.

El palo de madera cayó con fuerza, pero Buck todavía no se levantó para moverse.
Το ξύλινο ρόπαλο έπεσε με δύναμη, αλλά ο Μπακ δεν σηκώθηκε ακόμα για να κουνηθεί.

Al igual que sus compañeros de equipo, era demasiado débil, pero más que eso.
Όπως και οι συμπαίκτες του, ήταν πολύ αδύναμος — αλλά κάτι παραπάνω από αυτό.

Buck había decidido no moverse, sin importar lo que sucediera después.
Ο Μπακ είχε αποφασίσει να μην κουνηθεί, ό,τι και να επακολουθούσε.

Sintió algo oscuro y seguro flotando justo delante.
Ένιωσε κάτι σκοτεινό και σίγουρο να αιωρείται ακριβώς μπροστά του.

Ese miedo se apoderó de él tan pronto como llegó a la orilla del río.

Αυτός ο τρόμος τον είχε κυριεύσει μόλις έφτασε στην όχθη του ποταμού.

La sensación no lo había abandonado desde que sintió el hielo fino bajo sus patas.

Το συναίσθημα δεν τον είχε εγκαταλείψει από τότε που ένιωθε τον πάγο λεπτό κάτω από τα πόδια του.

Algo terrible lo esperaba; lo sintió más allá del camino.

Κάτι τρομερό τον περίμενε — το ένιωσε λίγο πιο κάτω στο μονοπάτι.

No iba a caminar hacia esa cosa terrible que había delante.

Δεν επρόκειτο να περπατήσει προς αυτό το τρομερό πράγμα μπροστά του

Él no iba a obedecer ninguna orden que lo llevara a esa cosa.

Δεν επρόκειτο να υπακούσει σε καμία εντολή που τον οδηγούσε σε εκείνο το πράγμα.

El dolor de los golpes apenas lo afectaba ahora: estaba demasiado lejos.

Ο πόνος από τα χτυπήματα μόλις που τον άγγιζε τώρα — είχε εξαφανιστεί πολύ.

La chispa de la vida parpadeaba débilmente y se apagaba bajo cada golpe cruel.

Η σπίθα της ζωής τρεμόπαιζε χαμηλά, σβήνοντας κάτω από κάθε σκληρό χτύπημα.

Sus extremidades se sentían distantes; su cuerpo entero parecía pertenecer a otro.

Τα άκρα του ένιωθαν απόμακρα· ολόκληρο το σώμα του έμοιαζε να ανήκει σε κάποιον άλλο.

Sintió un extraño entumecimiento mientras el dolor desapareció por completo.

Ένιωσε ένα παράξενο μούδιασμα καθώς ο πόνος υποχώρησε εντελώς.

Desde lejos, sentía que lo golpeaban, pero apenas lo sabía.

Από μακριά, ένιωθε ότι τον χτυπούσαν, αλλά μόλις που το κατάλαβε.

Podía oír los golpes débilmente, pero ya no dolían realmente.

Άκουγε αμυδρά τους γδούπους, αλλά δεν πονούσαν πια πραγματικά.

Los golpes dieron en el blanco, pero su cuerpo ya no parecía el suyo.

Τα χτυπήματα έπεσαν, αλλά το σώμα του δεν έμοιαζε πια με δικό του.

Entonces, de repente y sin previo aviso, John Thornton lanzó un grito salvaje.

Τότε ξαφνικά, χωρίς προειδοποίηση, ο Τζον Θόρντον έβγαλε μια άγρια κραυγή.

Era un grito inarticulado, más el grito de una bestia que el de un hombre.

Ήταν άναρθρο, περισσότερο σαν κραυγή θηρίου παρά ανθρώπου.

Saltó hacia el hombre con el garrote y tiró a Hal hacia atrás.

Πήδηξε πάνω στον άντρα με το ρόπαλο και έριξε τον Χαλ προς τα πίσω.

Hal voló como si lo hubiera golpeado un árbol y aterrizó con fuerza en el suelo.

Ο Χαλ πέταξε σαν να τον είχε χτυπήσει δέντρο, και προσγειώθηκε με δύναμη στο έδαφος.

Mercedes gritó en pánico y se llevó las manos a la cara.

Η Μερσέντες ούρλιαξε πανικόβλητη και άρπαξε το πρόσωπό της.

Charles se limitó a mirar, se secó los ojos y permaneció sentado.

Ο Κάρολος απλώς κοίταζε, σκούπισε τα μάτια του και έμεινε καθισμένος.

Su cuerpo estaba demasiado rígido por el dolor para levantarse o ayudar en la pelea.

Το σώμα του ήταν πολύ άκαμπτο από τον πόνο για να σηκωθεί ή να βοηθήσει στη μάχη.

Thornton se quedó de pie junto a Buck, temblando de furia, incapaz de hablar.

Ο Θόρντον στεκόταν πάνω από τον Μπακ, τρέμοντας από οργή, ανίκανος να μιλήσει.

Se estremeció de rabia y luchó por encontrar su voz a través de ella.

Έτρεμε από οργή και πάλευε να βρει τη φωνή του μέσα από αυτό.

—Si vuelves a golpear a ese perro, te mataré —dijo finalmente.

«Αν ξαναχτυπήσεις αυτό το σκυλί, θα σε σκοτώσω», είπε τελικά.

Hal se limpió la sangre de la boca y volvió a avanzar.

Ο Χαλ σκούπισε το αίμα από το στόμα του και ήρθε ξανά μπροστά.

—Es mi perro —murmuró—. ¡Quítate del medio o te curaré!

«Είναι ο σκύλος μου», μουρμούρισε. «Φύγε από τη μέση, αλλιώς θα σε φτιάξω εγώ.»

"Voy a Dawson y no me lo vas a impedir", añadió.

«Πάω στο Ντόσον και δεν με σταματάς», πρόσθεσε.

Thornton se mantuvo firme entre Buck y el joven enojado.

Ο Θόρντον στάθηκε σταθερός ανάμεσα στον Μπακ και τον θυμωμένο νεαρό.

No tenía intención de hacerse a un lado o dejar pasar a Hal.

Δεν είχε καμία πρόθεση να κάνει στην άκρη ή να αφήσει τον Χαλ να περάσει.

Hal sacó su cuchillo de caza, largo y peligroso en la mano.

Ο Χαλ έβγαλε το κυνηγετικό του μαχαίρι, που το κρατούσε μακρύ και επικίνδυνο.

Mercedes gritó, luego lloró y luego rió con una histeria salvaje.

Η Μερσέντες ούρλιαξε, μετά έκλαψε και μετά γέλασε με τρελή υστερία.

Thornton golpeó la mano de Hal con el mango de su hacha, fuerte y rápido.

Ο Θόρντον χτύπησε το χέρι του Χαλ με τη λαβή του τσεκουριού του, δυνατά και γρήγορα.

El cuchillo se soltó del agarre de Hal y voló al suelo.

Το μαχαίρι έφυγε από τη λαβή του Χαλ και έπεσε στο έδαφος.

Hal intentó recoger el cuchillo y Thornton volvió a golpearle los nudillos.

Ο Χαλ προσπάθησε να σηκώσει το μαχαίρι, και ο Θόρντον χτύπησε ξανά τις αρθρώσεις του.

Entonces Thornton se agachó, agarró el cuchillo y lo sostuvo.

Τότε ο Θόρντον έσκυψε, άρπαξε το μαχαίρι και το κράτησε.

Con dos rápidos golpes del mango del hacha, cortó las riendas de Buck.

Με δύο γρήγορα χτυπήματα της λαβής του τσεκουριού, έκοψε τα ηνία του Μπακ.

Hal ya no tenía fuerzas para luchar y se apartó del perro.

Ο Χαλ δεν είχε πια καμία μάχη μέσα του και έκανε ένα βήμα πίσω από τον σκύλο.

Además, Mercedes necesitaba ahora ambos brazos para mantenerse erguida.

Άλλωστε, η Μερσέντες χρειαζόταν τώρα και τα δύο χέρια της για να την κρατήσει όρθια.

Buck estaba demasiado cerca de la muerte como para volver a ser útil para tirar de un trineo.

Ο Μπακ ήταν πολύ κοντά στον θάνατο για να είναι ξανά χρήσιμος για να σύρει έλκηθρο.

Unos minutos después, se marcharon y se dirigieron río abajo.

Λίγα λεπτά αργότερα, βγήκαν έξω, κατευθυνόμενοι προς το ποτάμι.

Buck levantó la cabeza débilmente y los observó mientras salían del banco.

Ο Μπακ σήκωσε αδύναμα το κεφάλι του και τους παρακολούθησε να φεύγουν από την τράπεζα.

Pike lideró el equipo, con Solleks en la parte trasera, al volante.

Ο Πάικ ηγήθηκε της ομάδας, με τον Σόλεκς πίσω στη θέση του τιμονιού.

Joe y Teek caminaron entre ellos, ambos cojeando por el cansancio.

Ο Τζο και ο Τικ περπατούσαν ανάμεσά τους, κουτσαίνοντας και οι δύο από την εξάντληση.

Mercedes se sentó en el trineo y Hal agarró el largo palo.

Η Μερσέντες κάθισε στο έλκηθρο και ο Χαλ κρατούσε σφιχτά το μακρύ κοντάρι.

Charles se tambaleó detrás, sus pasos torpes e inseguros.

Ο Κάρολος παραπατούσε πίσω, με τα βήματά του αδέξια και αβέβαια.

Thornton se arrodilló junto a Buck y buscó con delicadeza los huesos rotos.

Ο Θόρντον γονάτισε δίπλα στον Μπακ και έψαξε απαλά για σπασμένα κόκαλα.

Sus manos eran ásperas pero se movían con amabilidad y cuidado.

Τα χέρια του ήταν τραχιά αλλά κινούνταν με καλοσύνη και φροντίδα.

El cuerpo de Buck estaba magullado pero no mostraba lesiones duraderas.

Το σώμα του Μπακ ήταν μελανιασμένο αλλά δεν έδειξε μόνιμο τραυματισμό.

Lo que quedó fue un hambre terrible y una debilidad casi total.

Αυτό που παρέμενε ήταν τρομερή πείνα και σχεδόν ολοκληρωτική αδυναμία.

Cuando esto quedó claro, el trineo ya había avanzado mucho río abajo.

Μέχρι να ξεκαθαρίσει αυτό, το έλκηθρο είχε κατευθυνθεί πολύ προς τα κάτω του ποταμού.

El hombre y el perro observaron cómo el trineo se deslizaba lentamente sobre el hielo agrietado.

Ο άντρας και ο σκύλος παρακολουθούσαν το έλκηθρο να σέρνεται αργά πάνω στον σπασμένο πάγο.

Luego vieron que el trineo se hundía en un hueco.

Έπειτα, είδαν το έλκηθρο να βυθίζεται σε μια κοιλότητα.

El mástil voló hacia arriba, con Hal todavía aferrándose a él en vano.

Το τζι-πόλος πέταξε ψηλά, με τον Χαλ να εξακολουθεί να κρέμεται πάνω του μάταια.

El grito de Mercedes les llegó a través de la fría distancia.

Η κραυγή της Μερσέντες έφτασε σε αυτούς πέρα από την κρύα απόσταση.

Charles se giró y dio un paso atrás, pero ya era demasiado tarde.

Ο Τσαρλς γύρισε και έκανε ένα βήμα πίσω—αλλά ήταν πολύ αργά.

Una capa de hielo entera cedió y todos ellos cayeron al suelo.

Ένα ολόκληρο στρώμα πάγου υποχώρησε και όλοι έπεσαν μέσα.

Los perros, los trineos y las personas desaparecieron en el agua negra que había debajo.

Σκυλιά, έλκηθρα και άνθρωποι εξαφανίστηκαν στα μαύρα νερά από κάτω.

En el hielo por donde habían pasado sólo quedaba un amplio agujero.

Μόνο μια μεγάλη τρύπα στον πάγο είχε απομείνει από εκεί που είχαν περάσει.

El sendero se había hundido por completo, tal como Thornton había advertido.

Το κάτω μέρος του μονοπατιού είχε κατρακυλήσει— ακριβώς όπως είχε προειδοποιήσει ο Θόρντον.

Thornton y Buck se miraron el uno al otro y guardaron silencio por un momento.

Ο Θόρντον και ο Μπακ κοιτάχτηκαν μεταξύ τους, σιωπηλοί για μια στιγμή.

—Pobre diablo —dijo Thornton suavemente, y Buck le lamió la mano.

«Καημένος διάβολε», είπε απαλά ο Θόρντον, και ο Μπακ του έγλειψε το χέρι.

Por el amor de un hombre
Για την αγάπη ενός άντρα

John Thornton se congeló los pies en el frío del diciembre anterior.

Ο Τζον Θόρντον πάγωσε τα πόδια του στο κρύο του προηγούμενου Δεκεμβρίου.

Sus compañeros lo hicieron sentir cómodo y lo dejaron recuperarse solo.

Οι συνεργάτες του τον έκαναν να νιώσει άνετα και τον άφησαν να αναρρώσει μόνος του.

Subieron al río para recoger una balsa de troncos para aserrar para Dawson.

Ανέβηκαν το ποτάμι για να μαζέψουν μια σειρά από κορμούς πριονιού για τον Ντόσον.

Todavía cojeaba ligeramente cuando rescató a Buck de la muerte.

Κουτσαίωνε ακόμα ελαφρώς όταν έσωσε τον Μπακ από τον θάνατο.

Pero como el clima cálido continuó, incluso esa cojera desapareció.

Αλλά με τη συνεχιζόμενη ζέστη, ακόμη και αυτή η αδράνεια εξαφανίστηκε.

Durante los largos días de primavera, Buck descansaba a orillas del río.

Ξαπλωμένος στην όχθη του ποταμού κατά τη διάρκεια των μακριών ανοιξιάτικων ημερών, ο Μπακ ξεκουραζόταν.

Observó el agua fluir y escuchó a los pájaros y a los insectos.

Παρατηρούσε το τρεχούμενο νερό και άκουγε τα πουλιά και τα έντομα.

Lentamente, Buck recuperó su fuerza bajo el sol y el cielo.

Σιγά σιγά, ο Μπακ ανέκτησε τις δυνάμεις του κάτω από τον ήλιο και τον ουρανό.

Un descanso fue maravilloso después de viajar tres mil millas.

Η ξεκούραση ήταν υπέροχη μετά από ταξίδια τριών χιλιάδων μιλίων.

Buck se volvió perezoso a medida que sus heridas sanaban y su cuerpo se llenaba.

Ο Μπακ έγινε τεμπέλης καθώς οι πληγές του επουλώθηκαν και το σώμα του γέμισε.

Sus músculos se reafirmaron y la carne volvió a cubrir sus huesos.

Οι μύες του σφίχτηκαν και η σάρκα επέστρεψε για να καλύψει τα κόκαλά του.

Todos estaban descansando: Buck, Thornton, Skeet y Nig.

Όλοι ξεκουράζονταν—ο Μπακ, ο Θόρντον, ο Σκιτ και ο Νιγκ.

Esperaron la balsa que los llevaría a Dawson.

Περίμεναν τη σχεδία που θα τους μετέφερε στο Ντόσον.

Skeet era un pequeño setter irlandés que se hizo amigo de Buck.

Ο Σκιτ ήταν ένας μικρός Ιρλανδός σέτερ που έκανε παρέα με τον Μπακ.

Buck estaba demasiado débil y enfermo para resistirse a ella en su primer encuentro.

Ο Μπακ ήταν πολύ αδύναμος και άρρωστος για να της αντισταθεί στην πρώτη τους συνάντηση.

Skeet tenía el rasgo de sanador que algunos perros poseen naturalmente.

Ο Σκιτ είχε το χαρακτηριστικό του θεραπευτή που έχουν φυσικά κάποια σκυλιά.

Como una gata madre, lamió y limpió las heridas abiertas de Buck.

Σαν μητέρα γάτα, έγλειψε και καθάρισε τις πληγές του Μπακ.

Todas las mañanas, después del desayuno, repetía su minucioso trabajo.

Κάθε πρωί μετά το πρωινό, επαναλάμβανε την προσεκτική της δουλειά.

Buck llegó a esperar su ayuda tanto como la de Thornton.

Ο Μπακ περίμενε τη βοήθειά της όσο και του Θόρντον.

Nig también era amigable, pero menos abierto y menos cariñoso.

Ο Νικ ήταν κι αυτός φιλικός, αλλά λιγότερο ανοιχτός και λιγότερο στοργικός.

Nig era un perro grande y negro, mitad sabueso y mitad lebrel.

Ο Νικ ήταν ένα μεγάλο μαύρο σκυλί, εν μέρει λαγωνικό και εν μέρει λαγωνικό.

Tenía ojos sonrientes y un espíritu bondadoso sin límites.

Είχε γελαστά μάτια και ατελείωτη καλοσύνη στο πνεύμα του.

Para sorpresa de Buck, ninguno de los perros mostró celos hacia él.

Προς έκπληξη του Μπακ, κανένα από τα δύο σκυλιά δεν έδειξε ζήλια απέναντί του.

Tanto Skeet como Nig compartieron la amabilidad de John Thornton.

Τόσο ο Σκιτ όσο και ο Νικ μοιράστηκαν την καλοσύνη του Τζον Θόρντον.

A medida que Buck se hacía más fuerte, lo atrajeron hacia juegos de perros tontos.

Καθώς ο Μπακ δυνάμωνε, τον παρασύρανε σε ανόητα παιχνίδια με σκύλους.

Thornton también jugaba a menudo con ellos, incapaz de resistirse a su alegría.

Ο Θόρντον έπαιζε συχνά μαζί τους, ανίκανος να αντισταθεί στη χαρά τους.

De esta manera lúdica, Buck pasó de la enfermedad a una nueva vida.

Με αυτόν τον παιχνιδιάρικο τρόπο, ο Μπακ πέρασε από την ασθένεια σε μια νέα ζωή.

El amor, el amor verdadero, ardiente y apasionado, finalmente era suyo.

Η αγάπη—αληθινή, φλογερή και παθιασμένη αγάπη— ήταν επιτέλους δική του.

Nunca había conocido ese tipo de amor en la finca de Miller.

Δεν είχε ξαναζήσει ποτέ τέτοιου είδους αγάπη στο κτήμα του Μίλερ.

Con los hijos del Juez había compartido trabajo y aventuras.

Με τους γιους του Δικαστή, είχε μοιραστεί δουλειά και περιπέτειες.

En los nietos vio un orgullo rígido y jactancioso.

Με τα εγγόνια, είδε μια άκαμπτη και αλαζονική υπερηφάνεια.

Con el propio juez Miller mantuvo una amistad respetuosa.

Με τον ίδιο τον δικαστή Μίλερ, είχε μια σεβαστή φιλία.

Pero el amor que era fuego, locura y adoración llegó con Thornton.

Αλλά η αγάπη που ήταν φωτιά, τρέλα και λατρεία ήρθε με τον Θόρντον.

Este hombre había salvado la vida de Buck, y eso solo significaba mucho.

Αυτός ο άντρας είχε σώσει τη ζωή του Μπακ, και αυτό από μόνο του σήμαινε πολλά.

Pero más que eso, John Thornton era el tipo de maestro ideal.

Αλλά περισσότερο από αυτό, ο Τζον Θόρντον ήταν το ιδανικό είδος δασκάλου.

Otros hombres cuidaban perros por obligación o necesidad laboral.

Άλλοι άντρες φρόντιζαν σκυλιά από καθήκον ή για επαγγελματικές ανάγκες.

John Thornton cuidaba a sus perros como si fueran sus hijos.

Ο Τζον Θόρντον φρόντιζε τα σκυλιά του σαν να ήταν παιδιά του.

Él se preocupaba por ellos porque los amaba y simplemente no podía evitarlo.

Τους φρόντιζε επειδή τους αγαπούσε και απλά δεν μπορούσε να κάνει αλλιώς.

John Thornton vio incluso más lejos de lo que la mayoría de los hombres lograron ver.

Ο Τζον Θόρντον έβλεπε ακόμη πιο μακριά από ό,τι κατάφεραν ποτέ να δουν οι περισσότεροι άντρες.

Nunca se olvidó de saludarlos amablemente o decirles alguna palabra de aliento.

Ποτέ δεν ξεχνούσε να τους χαιρετά ευγενικά ή να τους λέει μια λέξη επευφημίας.

Le encantaba sentarse con los perros para tener largas charlas, o "gases", como él decía.

Του άρεσε να κάθεται με τα σκυλιά για μεγάλες συζητήσεις, ή να «αερίζει», όπως έλεγε.

Le gustaba agarrar bruscamente la cabeza de Buck entre sus fuertes manos.

Του άρεσε να πιάνει απότομα το κεφάλι του Μπακ με τα δυνατά του χέρια.

Luego apoyó su cabeza contra la de Buck y lo sacudió suavemente.

Έπειτα ακούμπησε το κεφάλι του στο κεφάλι του Μπακ και τον κούνησε απαλά.

Mientras tanto, él llamaba a Buck con nombres groseros que significaban amor para Buck.

Όλο αυτό το διάστημα, αποκαλούσε τον Μπακ αγενείς βρισιές που σήμαιναν αγάπη για τον Μπακ.

Para Buck, ese fuerte abrazo y esas palabras le trajeron una profunda alegría.

Στον Μπακ, αυτή η άγρια αγκαλιά και αυτά τα λόγια έφεραν βαθιά χαρά.

Su corazón parecía latir con fuerza de felicidad con cada movimiento.

Η καρδιά του φαινόταν να τρέμει από ευτυχία με κάθε κίνηση.

Cuando se levantó de un salto, su boca parecía como si se estuviera riendo.

Όταν πετάχτηκε όρθιος μετά, το στόμα του έμοιαζε σαν να γέλασε.

Sus ojos brillaban intensamente y su garganta temblaba con una alegría tácita.

Τα μάτια του έλαμπαν έντονα και ο λαιμός του έτρεμε από ανείπωτη χαρά.

Su sonrisa se detuvo en ese estado de emoción y afecto resplandeciente.

Το χαμόγελό του έμεινε ακίνητο σε εκείνη την κατάσταση συγκίνησης και λαμπερής στοργής.

Entonces Thornton exclamó pensativo: "¡Dios! ¡Casi puede hablar!"

Τότε ο Θόρντον αναφώνησε σκεπτικά: «Θεέ μου! Μπορεί σχεδόν να μιλήσει!»

Buck tenía una extraña forma de expresar amor que casi causaba dolor.

Ο Μπακ είχε έναν παράξενο τρόπο να εκφράζει την αγάπη του που παραλίγο να προκαλέσει πόνο.

A menudo apretaba muy fuerte la mano de Thornton entre los dientes.

Συχνά έσφιγγε σφιχτά το χέρι του Θόρντον στα δόντια του.

La mordedura iba a dejar marcas profundas que permanecerían durante algún tiempo.

Το δάγκωμα επρόκειτο να άφηνε βαθιά σημάδια που θα έμεναν για αρκετό καιρό μετά.

Buck creía que esos juramentos eran de amor y Thornton lo sabía también.

Ο Μπακ πίστευε ότι αυτοί οι όρκοι ήταν αγάπη, και ο Θόρντον ήξερε το ίδιο.

La mayoría de las veces, el amor de Buck se demostraba en una adoración silenciosa, casi silenciosa.

Τις περισσότερες φορές, η αγάπη του Μπακ εκδηλωνόταν με ήσυχη, σχεδόν σιωπηλή λατρεία.

Aunque se emocionaba cuando lo tocaban o le hablaban, no buscaba atención.

Αν και ενθουσιαζόταν όταν τον άγγιζαν ή του μιλούσαν, δεν επιδίωκε την προσοχή.

Skeet empujó su nariz bajo la mano de Thornton hasta que él la acarició.

Η Σκιτ έβαλε τη μύτη της κάτω από το χέρι του Θόρντον μέχρι που εκείνος τη χάιδεψε.

Nig se acercó en silencio y apoyó su gran cabeza en la rodilla de Thornton.

Ο Νιγκ πλησίασε αθόρυβα και ακούμπησε το μεγάλο κεφάλι του στο γόνατο του Θόρντον.

Buck, por el contrario, se conformaba con amar desde una distancia respetuosa.

Ο Μπακ, αντίθετα, ήταν ικανοποιημένος που αγαπούσε από μια σεβαστή απόσταση.

Durante horas permaneció tendido a los pies de Thornton, alerta y observando atentamente.

Έμεινε ξαπλωμένος για ώρες στα πόδια του Θόρντον, σε εγρήγορση και παρακολουθώντας στενά.

Buck estudió cada detalle del rostro de su amo y su más mínimo movimiento.

Ο Μπακ μελέτησε κάθε λεπτομέρεια του προσώπου του αφέντη του και την παραμικρή κίνηση.

O yacía más lejos, estudiando la figura del hombre en silencio.

Ή έμεινε ξαπλωμένος πιο μακριά, μελετώντας σιωπηλά τη μορφή του άντρα.

Buck observó cada pequeño movimiento, cada cambio de postura o gesto.

Ο Μπακ παρακολουθούσε κάθε μικρή κίνηση, κάθε αλλαγή στη στάση του σώματος ή στη χειρονομία.

Tan poderosa era esta conexión que a menudo atraía la mirada de Thornton.

Τόσο δυνατή ήταν αυτή η σύνδεση που συχνά τραβούσε το βλέμμα του Θόρντον.

Sostuvo la mirada de Buck sin palabras, pero el amor brillaba claramente a través de ella.

Κοίταξε τον Μπακ στα μάτια χωρίς λόγια, με την αγάπη να λάμπει καθαρά μέσα από αυτήν.

Durante mucho tiempo después de ser salvado, Buck nunca perdió de vista a Thornton.

Για πολύ καιρό μετά τη σωτηρία του, ο Μπακ δεν άφησε ποτέ τον Θόρντον να χαθεί από τα μάτια του.

Cada vez que Thornton salía de la tienda, Buck lo seguía de cerca afuera.

Κάθε φορά που ο Θόρντον έφευγε από τη σκηνή, ο Μπακ τον ακολουθούσε από κοντά έξω.

Todos los amos severos de las Tierras del Norte habían hecho que Buck tuviera miedo de confiar.

Όλοι οι σκληροί αφέντες στη Βόρεια Χώρα είχαν κάνει τον Μπακ να φοβάται να εμπιστευτεί.

Temía que ningún hombre pudiera seguir siendo su amo durante más de un corto tiempo.

Φοβόταν ότι κανένας άνθρωπος δεν θα μπορούσε να παραμείνει αφέντης του για περισσότερο από ένα σύντομο χρονικό διάστημα.

Temía que John Thornton desapareciera como Perrault y François.

Φοβόταν ότι ο Τζον Θόρντον θα εξαφανιζόταν όπως ο Περώ και ο Φρανσουά.

Incluso por la noche, el miedo a perderlo acechaba el sueño inquieto de Buck.

Ακόμα και τη νύχτα, ο φόβος μήπως τον χάσει στοίχειωνε τον ανήσυχο ύπνο του Μπακ.

Cuando Buck se despertó, salió a escondidas al frío y fue a la tienda de campaña.

Όταν ο Μπακ ξύπνησε, βγήκε κρυφά έξω στο κρύο και πήγε στη σκηνή.

Escuchó atentamente el suave sonido de la respiración en su interior.

Άκουγε προσεκτικά τον απαλό ήχο της εσωτερικής του αναπνοής.

A pesar del profundo amor de Buck por John Thornton, lo salvaje siguió vivo.

Παρά τη βαθιά αγάπη του Μπακ για τον Τζον Θόρντον, η άγρια φύση παρέμεινε ζωντανή.

Ese instinto primitivo, despertado en el Norte, no desapareció.

Αυτό το πρωτόγονο ένστικτο, που ξύπνησε στον Βορρά, δεν εξαφανίστηκε.

El amor trajo devoción, lealtad y el cálido vínculo del fuego.

Η αγάπη έφερε αφοσίωση, πίστη και τον ζεστό δεσμό της πλευράς της φωτιάς.

Pero Buck también mantuvo sus instintos salvajes, agudos y siempre alerta.

Αλλά ο Μπακ διατηρούσε επίσης τα άγρια ένστικτά του, αιχμηρά και πάντα σε εγρήγορση.

No era sólo una mascota domesticada de las suaves tierras de la civilización.

Δεν ήταν απλώς ένα εξημερωμένο κατοικίδιο από τις ήπιες χώρες του πολιτισμού.

Buck era un ser salvaje que había venido a sentarse junto al fuego de Thornton.

Ο Μπακ ήταν ένα άγριο πλάσμα που είχε μπει μέσα για να καθίσει δίπλα στη φωτιά του Θόρντον.

Parecía un perro del Sur, pero en su interior vivía lo salvaje.

Έμοιαζε με σκύλο του Σάουθλαντ, αλλά μέσα του ζούσε η άγρια φύση.

Su amor por Thornton era demasiado grande como para permitirle robarle algo.

Η αγάπη του για τον Θόρντον ήταν πολύ μεγάλη για να επιτρέψει την κλοπή από τον άντρα.

Pero en cualquier otro campamento, robaría con valentía y sin pausa.

Αλλά σε οποιοδήποτε άλλο στρατόπεδο, θα έκλεβε με τόλμη και χωρίς διακοπή.

Era tan astuto al robar que nadie podía atraparlo ni acusarlo.

Ήταν τόσο έξυπνος στην κλοπή που κανείς δεν μπορούσε να τον πιάσει ή να τον κατηγορήσει.

Su rostro y su cuerpo estaban cubiertos de cicatrices de muchas peleas pasadas.

Το πρόσωπο και το σώμα του ήταν καλυμμένα με ουλές από πολλούς προηγούμενους αγώνες.

Buck seguía luchando con fiereza, pero ahora luchaba con más astucia.

Ο Μπακ εξακολουθούσε να πολεμάει λυσσαλέα, αλλά τώρα πολεμούσε με περισσότερη πονηριά.

Skeet y Nig eran demasiado amables para pelear, y eran de Thornton.

Ο Σκιτ και ο Νιγκ ήταν πολύ ευγενικοί για να πολεμήσουν, και ήταν του Θόρντον.

Pero cualquier perro extraño, por fuerte o valiente que fuese, cedía.

Αλλά κάθε παράξενο σκυλί, όσο δυνατό ή γενναίο κι αν ήταν, υποχωρούσε.

De lo contrario, el perro se encontraría luchando contra Buck; luchando por su vida.

Διαφορετικά, ο σκύλος βρέθηκε να παλεύει με τον Μπακ, παλεύοντας για τη ζωή του.

Buck no tuvo piedad una vez que decidió pelear contra otro perro.

Ο Μπακ δεν έδειξε κανένα έλεος όταν επέλεξε να πολεμήσει εναντίον ενός άλλου σκύλου.

Había aprendido bien la ley del garrote y el colmillo en las Tierras del Norte.

Είχε μάθει καλά τον νόμο του κλαμπ και του κυνόδοντα στη Βόρεια Χώρα.

Él nunca renunció a una ventaja y nunca se retractó de la batalla.

Ποτέ δεν εγκατέλειψε το πλεονέκτημα και ποτέ δεν υποχώρησε από τη μάχη.

Había estudiado a los Spitz y a los perros más feroces del correo y de la policía.

Είχε μελετήσει τον Σπιτζ και τα πιο άγρια σκυλιά του ταχυδρομείου και της αστυνομίας.

Sabía claramente que no había término medio en un combate salvaje.

Ήξερε ξεκάθαρα ότι δεν υπήρχε μέση οδός σε μια άγρια μάχη.

Él debía gobernar o ser gobernado; mostrar misericordia significaba mostrar debilidad.

Έπρεπε να κυβερνά ή να κυβερνάται· το να δείχνεις έλεος σήμαινε να δείχνεις αδυναμία.

Mercy era una desconocida en el crudo y brutal mundo de la supervivencia.

Η Μέρσι ήταν άγνωστη στον ωμό και βάναυσο κόσμο της επιβίωσης.

Mostrar misericordia era visto como miedo, y el miedo conducía rápidamente a la muerte.

Η επίδειξη ελέους θεωρούνταν φόβος, και ο φόβος οδηγούσε γρήγορα στον θάνατο.

La antigua ley era simple: matar o ser asesinado, comer o ser comido.

Ο παλιός νόμος ήταν απλός: σκότωσέ το ή θα σε σκοτώσουν, φάε ή θα σε φάνε.

Esa ley vino desde las profundidades del tiempo, y Buck la siguió plenamente.

Αυτός ο νόμος προερχόταν από τα βάθη του χρόνου, και ο Μπακ τον ακολούθησε πλήρως.

Buck era mayor que su edad y el número de respiraciones que tomaba.

Ο Μπακ ήταν μεγαλύτερος από την ηλικία του και από τον αριθμό των αναπνοών που έπαιρνε.

Conectó claramente el pasado antiguo con el momento presente.

Συνέδεσε με σαφήνεια το αρχαίο παρελθόν με το παρόν.

Los ritmos profundos de las épocas lo atravesaban como mareas.

Οι βαθιοί ρυθμοί των αιώνων τον διαπερνούσαν σαν τις παλίρροιες.

El tiempo latía en su sangre con la misma seguridad con la que las estaciones movían la tierra.

Ο χρόνος πάλλονταν στο αίμα του τόσο σίγουρα όσο οι εποχές κινούσαν τη γη.

Se sentó junto al fuego de Thornton, con el pecho fuerte y los colmillos blancos.

Κάθισε δίπλα στη φωτιά του Θόρντον, με δυνατό στήθος και άσπρα δόντια.

Su largo pelaje ondeaba, pero detrás de él los espíritus de los perros salvajes observaban.

Η μακριά γούνα του κυμάτιζε, αλλά πίσω του τα πνεύματα των άγριων σκύλων παρακολουθούσαν.

Lobos medio y lobos completos se agitaron dentro de su corazón y sus sentidos.

Μισοί λύκοι και γεμάτοι λύκοι αναδεύονταν μέσα στην καρδιά και τις αισθήσεις του.

Probaron su carne y bebieron la misma agua que él.

Δοκίμασαν το κρέας του και ήπιαν το ίδιο νερό που ήπιε κι αυτός.

Olfatearon el viento junto a él y escucharon el bosque.

Μύρισαν τον άνεμο δίπλα του και αφουγκράστηκαν το δάσος.

Susurraron los significados de los sonidos salvajes en la oscuridad.

Ψιθύρισαν τις έννοιες των άγριων ήχων στο σκοτάδι.

Ellos moldearon sus estados de ánimo y guiaron cada una de sus reacciones tranquilas.

Διαμόρφωναν τις διαθέσεις του και καθοδήγησαν κάθε μία από τις ήσυχες αντιδράσεις του.

Se quedaron con él mientras dormía y se convirtieron en parte de sus sueños más profundos.

Ξάπλωναν μαζί του καθώς κοιμόταν και γίνονταν μέρος των βαθιών ονείρων του.

Soñaron con él, más allá de él, y constituyeron su propio espíritu.

Ονειρεύόντουσαν μαζί του, πέρα από αυτόν, και αποτελούσαν το ίδιο του το πνεύμα.

Los espíritus de la naturaleza llamaron con tanta fuerza que Buck se sintió atraído.

Τα πνεύματα της άγριας φύσης φώναξαν τόσο δυνατά που ο Μπακ ένιωσε να τον τραβάει η καρδιά του.

Cada día, la humanidad y sus reivindicaciones se debilitaban más en el corazón de Buck.

Κάθε μέρα, η ανθρωπότητα και οι αξιώσεις της γινόταν όλο και πιο αδύναμες στην καρδιά του Μπακ.

En lo profundo del bosque, un llamado extraño y emocionante estaba por surgir.

Βαθιά μέσα στο δάσος, ένα παράξενο και συναρπαστικό κάλεσμα επρόκειτο να ακουστεί.

Cada vez que escuchaba el llamado, Buck sentía un impulso que no podía resistir.

Κάθε φορά που άκουγε το κάλεσμα, ο Μπακ ένιωθε μια παρόρμηση στην οποία δεν μπορούσε να αντισταθεί.

Él iba a alejarse del fuego y de los caminos humanos trillados.

Επρόκειτο να απομακρυνθεί από τη φωτιά και από τα πεπατημένα ανθρώπινα μονοπάτια.

Iba a adentrarse en el bosque, avanzando sin saber por qué.

Ετοιμαζόταν να βουτήξει στο δάσος, προχωρώντας χωρίς να ξέρει γιατί.

Él no cuestionó esta atracción porque el llamado era profundo y poderoso.

Δεν αμφισβήτησε αυτή την έλξη, γιατί το κάλεσμα ήταν βαθύ και ισχυρό.

A menudo, alcanzaba la sombra verde y la tierra suave e intacta.

Συχνά, έφτανε στην πράσινη σκιά και την απαλή ανέγγιχτη γη

Pero entonces el fuerte amor por John Thornton lo atrajo de nuevo al fuego.

Αλλά τότε η έντονη αγάπη για τον Τζον Θόρντον τον τράβηξε πίσω στη φωτιά.

Sólo John Thornton realmente pudo sostener en sus manos el corazón salvaje de Buck.

Μόνο ο Τζον Θόρντον κρατούσε πραγματικά την άγρια καρδιά του Μπακ στην αγκαλιά του.

El resto de la humanidad no tenía ningún valor o significado duradero para Buck.

Η υπόλοιπη ανθρωπότητα δεν είχε καμία διαρκή αξία ή νόημα για τον Μπακ.

Los extraños podrían elogiarlo o acariciar su pelaje con manos amistosas.

Οι ξένοι μπορεί να τον επαινούσαν ή να χαϊδεύαν τη γούνα του με φιλικά χέρια.

Buck permaneció impasible y se alejó por demasiado afecto.

Ο Μπακ έμεινε ασυγκίνητος και έφυγε από την υπερβολική στοργή.

Hans y Pete llegaron con la balsa que habían esperado durante tanto tiempo.

Ο Χανς και ο Πιτ έφτασαν με τη σχεδία που περίμεναν εδώ και καιρό

Buck los ignoró hasta que supo que estaban cerca de Thornton.

Ο Μπακ τους αγνόησε μέχρι που έμαθε ότι ήταν κοντά στον Θόρντον.

Después de eso, los toleró, pero nunca les mostró total calidez.

Μετά από αυτό, τους ανέχτηκε, αλλά ποτέ δεν τους έδειξε πλήρη θέρμη.

Él aceptaba comida o gentileza de ellos como si les estuviera haciendo un favor.

Πήρε φαγητό ή καλοσύνη από αυτούς σαν να τους έκανε χάρη.

Eran como Thornton: sencillos, honestos y claros en sus pensamientos.

Ήταν σαν τον Θόρντον—απλοί, ειλικρινείς και με καθαρή σκέψη.

Todos juntos viajaron al aserradero de Dawson y al gran remolino.

Όλοι μαζί ταξίδεψαν στο πριονιστήριο του Ντόσον και στον μεγάλο αυλάκι.

En su viaje aprendieron a comprender profundamente la naturaleza de Buck.

Στο ταξίδι τους, έμαθαν να κατανοούν σε βάθος τη φύση του Μπακ.

No intentaron acercarse como lo habían hecho Skeet y Nig.

Δεν προσπάθησαν να έρθουν πιο κοντά όπως είχαν κάνει ο Σκιτ και ο Νιγκ.

Pero el amor de Buck por John Thornton solo se profundizó con el tiempo.

Αλλά η αγάπη του Μπακ για τον Τζον Θόρντον μόνο βάθυνε με την πάροδο του χρόνου.

Sólo Thornton podía colocar una mochila en la espalda de Buck en el verano.

Μόνο ο Θόρντον μπορούσε να βάλει μια αγέλη στην πλάτη του Μπακ το καλοκαίρι.

Cualquiera que fuera lo que Thornton ordenaba, Buck estaba dispuesto a hacerlo a cabalidad.

Ό,τι και αν διέταζε ο Θόρντον, ο Μπακ ήταν πρόθυμος να το εκτελέσει πλήρως.

Un día, después de que dejaron Dawson hacia las cabeceras del río Tanana,

Μια μέρα, αφού έφυγαν από το Ντόσον για τις πηγές του ποταμού Τανάνα,

El grupo se sentó en un acantilado que caía un metro hasta el lecho rocoso desnudo.

Η ομάδα κάθισε σε έναν γκρεμό που έπεφτε ένα μέτρο σε γυμνό βράχο.

John Thornton se sentó cerca del borde y Buck descansó a su lado.

Ο Τζον Θόρντον κάθισε κοντά στην άκρη και ο Μπακ ξεκουράστηκε δίπλα του.

Thornton tuvo una idea repentina y llamó la atención de los hombres.

Ο Θόρντον έκανε μια ξαφνική σκέψη και έστρεψε την προσοχή των ανδρών.

Señaló hacia el otro lado del abismo y le dio a Buck una única orden.

Έδειξε την απέναντι πλευρά του χάσματος και έδωσε στον Μπακ μια μόνο εντολή.

—¡Salta, Buck! —dijo, extendiendo el brazo por encima del precipicio.

«Πήδα, Μπακ!» είπε, απλώνοντας το χέρι του πάνω από την πτώση.

En un momento, tuvo que agarrar a Buck, quien estaba saltando para obedecer.

Σε μια στιγμή, έπρεπε να αρπάξει τον Μπακ, ο οποίος πηδούσε να υπακούσει.

Hans y Pete corrieron hacia adelante y los pusieron a ambos a salvo.

Ο Χανς και ο Πιτ όρμησαν μπροστά και τράβηξαν και τους δύο πίσω σε ασφαλές μέρος.

Cuando todo terminó y recuperaron el aliento, Pete habló.

Αφού όλα τελείωσαν και πήραν μια ανάσα, ο Πιτ μίλησε.

"El amor es extraño", dijo, conmocionado por la feroz devoción del perro.

«Η αγάπη είναι παράξενη», είπε, συγκλονισμένος από την άγρια αφοσίωση του σκύλου.

Thornton meneó la cabeza y respondió con seriedad y calma.

Ο Θόρντον κούνησε το κεφάλι του και απάντησε με ήρεμη σοβαρότητα.

"No, el amor es espléndido", dijo, "pero también terrible".

«Όχι, ο έρωτας είναι υπέροχος», είπε, «αλλά και τρομερός».

"A veces, debo admitirlo, este tipo de amor me da miedo".

«Μερικές φορές, πρέπει να παραδεχτώ, αυτό το είδος αγάπης με κάνει να φοβάμαι.»

Pete asintió y dijo: "Odiaría ser el hombre que te toque".

Ο Πιτ ένευψε καταφατικά και είπε: «Δεν θα ήθελα να είμαι ο άντρας που θα σε αγγίξει».

Miró a Buck mientras hablaba, serio y lleno de respeto.

Κοίταξε τον Μπακ καθώς μιλούσε, σοβαρός και γεμάτος σεβασμό.

—¡Py Jingo! —dijo Hans rápidamente—. Yo tampoco, señor.

«Πι Τζίνγκο!» είπε γρήγορα ο Χανς. «Ούτε εγώ, όχι κύριε.»

Antes de que terminara el año, los temores de Pete se hicieron realidad en Circle City.

Πριν τελειώσει η χρονιά, οι φόβοι του Πιτ επαληθεύτηκαν στο Σέρκλ Σίτι.

Un hombre cruel llamado Black Burton provocó una pelea en el bar.

Ένας σκληρός άντρας ονόματι Μπλακ Μπάρτον ξεκίνησε καβγά στο μπαρ.

Estaba enojado y malicioso, arremetiendo contra un nuevo novato.

Ήταν θυμωμένος και κακόβουλος, επιτιθέμενος σε ένα καινούργιο τρυφερό πόδι.

John Thornton entró en escena, tranquilo y afable como siempre.

Ο Τζον Θόρντον παρενέβη, ήρεμος και καλόκαρδος όπως πάντα.

Buck yacía en un rincón, con la cabeza gacha, observando a Thornton de cerca.

Ο Μπακ ήταν ξαπλωμένος σε μια γωνία με το κεφάλι σκυμμένο, παρακολουθώντας προσεκτικά τον Θόρντον.

Burton atacó de repente, y su puñetazo hizo que Thornton girara.

Ο Μπάρτον χτύπησε ξαφνικά, η γροθιά του έκανε τον Θόρντον να περιστραφεί.

Sólo la barandilla de la barra evitó que se estrellara con fuerza contra el suelo.

Μόνο το κιγκλίδωμα του μπαρ τον εμπόδισε να πέσει με δύναμη στο έδαφος.

Los observadores oyeron un sonido que no era un ladrido ni un aullido.

Οι παρατηρητές άκουσαν έναν ήχο που δεν ήταν γάβγισμα ή κραυγή

Un rugido profundo salió de Buck mientras se lanzaba hacia el hombre.

Ένα βαθύ βρυχηθμό ακούστηκε από τον Μπακ καθώς όρμησε προς τον άντρα.

Burton levantó el brazo y apenas salvó su vida.

Ο Μπάρτον σήκωσε το χέρι του και μόλις που έσωσε τη ζωή του.

Buck se estrelló contra él y lo tiró al suelo.

Ο Μπακ έπεσε πάνω του, ρίχνοντάς τον στο πάτωμα.

Buck mordió profundamente el brazo del hombre y luego se abalanzó sobre su garganta.

Ο Μπακ δάγκωσε βαθιά το μπράτσο του άντρα και μετά όρμησε προς το λαιμό.

Burton sólo pudo bloquearlo parcialmente y su cuello quedó destrozado.

Ο Μπάρτον μπορούσε να μπλοκάρει μόνο εν μέρει και ο λαιμός του ήταν σκισμένος.

Los hombres se apresuraron a entrar, con los garrotes en alto, y apartaron a Buck del hombre sangrante.

Άντρες όρμησαν μέσα, σήκωσαν ρόπαλα και έδιωξαν τον Μπακ από τον αιμορραγούντα άντρα.

Un cirujano trabajó rápidamente para detener la fuga de sangre.

Ένας χειρουργός εργάστηκε γρήγορα για να σταματήσει την ροή του αίματος.

Buck caminaba de un lado a otro y gruñía, intentando atacar una y otra vez.

Ο Μπακ περπατούσε και γρύλιζε, προσπαθώντας να επιτεθεί ξανά και ξανά.

Sólo los golpes con los palos le impidieron llegar hasta Burton.

Μόνο τα κλαμπ κούνιας τον εμπόδιζαν να φτάσει στο Μπάρτον.

Allí mismo se convocó y celebró una asamblea de mineros.

Συγκλήθηκε μια συνάντηση των ανθρακωρύχων και πραγματοποιήθηκε εκεί επί τόπου.

Estuvieron de acuerdo en que Buck había sido provocado y votaron por liberarlo.

Συμφώνησαν ότι ο Μπακ είχε προκληθεί και ψήφισαν να αφεθεί ελεύθερος.

Pero el feroz nombre de Buck ahora resonaba en todos los campamentos de Alaska.

Αλλά το άγριο όνομα του Μπακ αντηχούσε τώρα σε κάθε στρατόπεδο στην Αλάσκα.

Más tarde ese otoño, Buck salvó a Thornton nuevamente de una nueva manera.

Αργότερα εκείνο το φθινόπωρο, ο Μπακ έσωσε ξανά τον Θόρντον με έναν νέο τρόπο.

Los tres hombres guiaban un bote largo por rápidos agitados.

Οι τρεις άντρες οδηγούσαν μια μακριά βάρκα σε απότομα ορμητικά νερά.

Thornton tripulaba el bote, gritando instrucciones para llegar a la costa.

Ο Θόρντον έστρεψε το σκάφος στη θέση του, ζητώντας οδηγίες για την ακτογραμμή.

Hans y Pete corrieron por la tierra, sosteniendo una cuerda de árbol a árbol.

Ο Χανς και ο Πιτ έτρεξαν στη στεριά, κρατώντας ένα σχοινί από δέντρο σε δέντρο.

Buck seguía el ritmo en la orilla, siempre observando a su amo.

Ο Μπακ συνέχιζε να περπατάει στην όχθη, παρακολουθώντας πάντα τον αφέντη του.

En un lugar desagradable, las rocas sobresalían bajo el agua rápida.

Σε ένα άσχημο σημείο, πέτρες προεξείχαν κάτω από το ορμητικό νερό.

Hans soltó la cuerda y Thornton dirigió el bote hacia otro lado.

Ο Χανς άφησε το σχοινί και ο Θόρντον άνοιξε το δρόμο για τη βάρκα.

Hans corrió para alcanzar el barco nuevamente más allá de las rocas peligrosas.

Ο Χανς έτρεξε τρέχοντας για να προλάβει ξανά τη βάρκα, περνώντας από τα επικίνδυνα βράχια.

El barco superó la cornisa pero se topó con una parte más fuerte de la corriente.

Το σκάφος πέρασε από το χείλος αλλά χτύπησε σε ένα ισχυρότερο σημείο του ρεύματος.

Hans agarró la cuerda demasiado rápido y desequilibró el barco.

Ο Χανς άρπαξε το σχοινί πολύ γρήγορα και έβγαλε τη βάρκα από την ισορροπία της.

El barco se volcó y se estrelló contra la orilla, boca abajo.

Το σκάφος ανατράπηκε και χτύπησε στην όχθη, με τον πάτο προς τα πάνω.

Thornton fue arrojado y arrastrado hacia la parte más salvaje del agua.

Ο Θόρντον πετάχτηκε έξω και παρασύρθηκε στο πιο άγριο σημείο του νερού.

Ningún nadador habría podido sobrevivir en esas aguas turbulentas y mortales.

Κανένας κολυμβητής δεν θα μπορούσε να επιβιώσει σε εκείνα τα θανατηφόρα, αγωνιώδη νερά.

Buck saltó instantáneamente y persiguió a su amo río abajo.

Ο Μπακ πήδηξε αμέσως μέσα και κυνήγησε τον αφέντη του κάτω στο ποτάμι.

Después de trescientos metros, llegó por fin a Thornton.

Μετά από τριακόσια μέτρα, έφτασε επιτέλους στο Θόρντον.

Thornton agarró la cola de Buck y Buck se giró hacia la orilla.

Ο Θόρντον άρπαξε την ουρά του Μπακ και ο Μπακ γύρισε προς την ακτή.

Nadó con todas sus fuerzas, luchando contra el arrastre salvaje del agua.

Κολύμπησε με όλη του τη δύναμη, παλεύοντας με την άγρια αντίσταση του νερού.

Se movieron río abajo más rápido de lo que podían llegar a la orilla.

Κινήθηκαν προς τα κάτω του ρεύματος πιο γρήγορα από ό,τι μπορούσαν να φτάσουν στην ακτή.

Más adelante, el río rugía cada vez más fuerte mientras caía en rápidos mortales.

Μπροστά, το ποτάμι βρυχόταν πιο δυνατά καθώς έπεφτε σε θανατηφόρα ορμητικά νερά.

Las rocas cortaban el agua como los dientes de un peine enorme.

Βράχοι έκοβαν το νερό σαν τα δόντια μιας τεράστιας χτένας.

La atracción del agua cerca de la caída era salvaje e ineludible.

Η έλξη του νερού κοντά στη σταγόνα ήταν άγρια και αναπόφευκτη.

Thornton sabía que nunca podrían llegar a la costa a tiempo.

Ο Θόρντον ήξερε ότι δεν θα μπορούσαν ποτέ να φτάσουν στην ακτή εγκαίρως.

Raspó una roca, se estrelló contra otra,

Ξύσε μια πέτρα, χτύπησε μια δεύτερη,

Y entonces se estrelló contra una tercera roca, agarrándola con ambas manos.

Και μετά έπεσε πάνω σε έναν τρίτο βράχο, αρπάζοντάς τον και με τα δύο χέρια.

Soltó a Buck y gritó por encima del rugido: "¡Vamos, Buck! ¡Vamos!".

Άφησε τον Μπακ να φύγει και φώναξε μέσα από τον βρυχηθμό, «Πήγαινε, Μπακ! Πήγαινε!»

Buck no pudo mantenerse a flote y fue arrastrado por la corriente.

Ο Μπακ δεν μπορούσε να παραμείνει στην επιφάνεια και παρασύρθηκε από το ρεύμα.

Luchó con todas sus fuerzas, intentando girar, pero no consiguió ningún progreso.

Πάλεψε σκληρά, παλεύοντας να κάνει στροφή, αλλά δεν έκανε καμία απολύτως πρόοδο.

Entonces escuchó a Thornton repetir la orden por encima del rugido del río.

Τότε άκουσε τον Θόρντον να επαναλαμβάνει την εντολή πάνω από τον βρυχηθμό του ποταμού.

Buck salió del agua y levantó la cabeza como para echar una última mirada.

Ο Μπακ σηκώθηκε από το νερό, σήκωσε το κεφάλι του σαν να ήθελε να ρίξει μια τελευταία ματιά.

Luego se giró y obedeció, nadando hacia la orilla con resolución.

έπειτα γύρισε και υπάκουσε, κολυμπώντας προς την όχθη με αποφασιστικότητα.

Pete y Hans lo sacaron a tierra en el último momento posible.

Ο Πιτ και ο Χανς τον τράβηξαν στην ακτή την τελευταία δυνατή στιγμή.

Sabían que Thornton podría aferrarse a la roca sólo por unos minutos más.

Ήξεραν ότι ο Θόρντον μπορούσε να κρατηθεί στον βράχο μόνο για λίγα λεπτά ακόμα.

Corrieron por la orilla hasta un lugar mucho más arriba de donde estaba colgado.

Έτρεξαν στην όχθη μέχρι ένα σημείο πολύ πιο πάνω από το σημείο όπου κρεμόταν.

Ataron la cuerda del bote al cuello y los hombros de Buck con cuidado.

Έδεσαν προσεκτικά το σχοινί της βάρκας στον λαιμό και τους ώμους του Μπακ.

La cuerda estaba ajustada pero lo suficientemente suelta para permitir la respiración y el movimiento.

Το σχοινί ήταν σφιχτό αλλά αρκετά χαλαρό για να αναπνέει και να κινείται.

Luego lo lanzaron nuevamente al caudaloso y mortal río.

Έπειτα τον πέταξαν ξανά στο ορμητικό, θανατηφόρο ποτάμι.

Buck nadó con valentía, pero perdió su ángulo debido a la fuerza de la corriente.

Ο Μπακ κολύμπησε με τόλμη, αλλά αστόχησε στη γωνία του μέσα στη δύναμη του ρέματος.

Se dio cuenta demasiado tarde de que iba a dejar atrás a Thornton.

Κατάλαβε πολύ αργά ότι επρόκειτο να περάσει παραπατώντας δίπλα από τον Θόρντον.

Hans tiró de la cuerda con fuerza, como si Buck fuera un barco que se hundía.

Ο Χανς έσφιξε το σχοινί σφιχτά, σαν να ήταν ο Μπακ βάρκα που αναποδογυρίζει.

La corriente lo arrastró hacia abajo y desapareció bajo la superficie.

Το ρεύμα τον τράβηξε κάτω από το νερό και εξαφανίστηκε κάτω από την επιφάνεια.

Su cuerpo chocó contra el banco antes de que Hans y Pete pudieran sacarlo.

Το σώμα του χτύπησε στην όχθη πριν τον τραβήξουν έξω ο Χανς και ο Πιτ.

Estaba medio ahogado y le sacaron el agua a golpes.

Ήταν μισοπνιγμένος, και τον τράβηξαν με δύναμη για να ξεπλύνουν το νερό.

Buck se puso de pie, se tambaleó y volvió a desplomarse en el suelo.

Ο Μπακ σηκώθηκε, παραπάτησε και κατέρρευσε ξανά στο έδαφος.

Entonces oyeron la voz de Thornton llevada débilmente por el viento.

Τότε άκουσαν τη φωνή του Θόρντον να παρασύρεται αχνά από τον άνεμο.

Aunque las palabras no eran claras, sabían que estaba cerca de morir.

Αν και τα λόγια ήταν ασαφή, ήξεραν ότι ήταν κοντά στον θάνατο.

El sonido de la voz de Thornton golpeó a Buck como una sacudida eléctrica.

Ο ήχος της φωνής του Θόρντον χτύπησε τον Μπακ σαν ηλεκτρικό τράνταγμα.

Saltó y corrió por la orilla, regresando al punto de lanzamiento.

Πήδηξε πάνω και έτρεξε στην όχθη, επιστρέφοντας στο σημείο εκτόξευσης.

Nuevamente ataron la cuerda a Buck, y nuevamente entró al arroyo.

Έδεσαν ξανά το σχοινί στον Μπακ, και αυτός μπήκε ξανά στο ρυάκι.

Esta vez nadó directo y firmemente hacia el agua que palpitaba.

Αυτή τη φορά, κολύμπησε ευθεία και σταθερά μέσα στο ορμητικό νερό.

Hans soltó la cuerda con firmeza mientras Pete evitaba que se enredara.

Ο Χανς άφησε το σχοινί σταθερά, ενώ ο Πιτ το κρατούσε μακριά από το να μπερδευτεί.

Buck nadó con fuerza hasta que estuvo alineado justo encima de Thornton.

Ο Μπακ κολύμπησε δυνατά μέχρι που βρέθηκε ακριβώς πάνω από τον Θόρντον.

Luego se dio la vuelta y se lanzó hacia abajo como un tren a toda velocidad.

Έπειτα γύρισε και όρμησε προς τα κάτω σαν τρένο με ολοταχεία ταχύτητα.

Thornton lo vio venir, se preparó y le rodeó el cuello con los brazos.

Ο Θόρντον τον είδε να έρχεται, στηρίχτηκε και αγκάλιασε τον λαιμό του.

Hans ató la cuerda fuertemente alrededor de un árbol mientras ambos eran arrastrados hacia abajo.

Ο Χανς έδεσε γερά το σχοινί γύρω από ένα δέντρο καθώς και οι δύο τραβήχτηκαν από κάτω.

Cayeron bajo el agua y se estrellaron contra rocas y escombros del río.

Έπεσαν κάτω από το νερό, χτυπώντας σε βράχους και συντρίμμια ποταμών.

En un momento Buck estaba arriba y al siguiente Thornton se levantó jadeando.

Τη μια στιγμή ο Μπακ ήταν από πάνω, την επόμενη ο Θόρντον σηκώθηκε λαχανιασμένος.

Maltratados y asfixiados, se desviaron hacia la orilla y se pusieron a salvo.

Χτυπημένοι και πνιγμένοι, κατευθύνθηκαν προς την όχθη και την ασφάλεια.

Thornton recuperó el conocimiento, acostado sobre un tronco a la deriva.

Ο Θόρντον ανέκτησε τις αισθήσεις του, ξαπλωμένος πάνω σε ένα κούτσουρο που παρασύρεται από το νερό.

Hans y Pete trabajaron duro para devolverle el aliento y la vida.

Ο Χανς και ο Πιτ τον δούλεψαν σκληρά για να του επαναφέρουν την αναπνοή και τη ζωή.

Su primer pensamiento fue para Buck, que yacía inmóvil y flácido.

Η πρώτη του σκέψη ήταν για τον Μπακ, ο οποίος ήταν ξαπλωμένος ακίνητος και κουτσός.

Nig aulló sobre el cuerpo de Buck y Skeet le lamió la cara suavemente.

Ο Νιγκ ούρλιαξε πάνω από το σώμα του Μπακ και ο Σκιτ του έγλειψε απαλά το πρόσωπο.

Thornton, dolorido y magullado, examinó a Buck con manos cuidadosas.

Ο Θόρντον, πληγωμένος και μελανιασμένος, εξέτασε τον Μπακ με προσεκτικά χέρια.

Encontró tres costillas rotas, pero ninguna herida mortal en el perro.

Βρήκε τρία πλευρά σπασμένα, αλλά κανένα θανατηφόρο τραύμα στον σκύλο.

"Eso lo resuelve", dijo Thornton. "Acamparemos aquí". Y así lo hicieron.

«Αυτό λύνει το πρόβλημα», είπε ο Θόρντον.
«Κατασκηνώνουμε εδώ». Και το έκαναν.

Se quedaron hasta que las costillas de Buck sanaron y pudo caminar nuevamente.

Έμειναν μέχρι να επουλωθούν τα πλευρά του Μπακ και να μπορέσει να περπατήσει ξανά.

Ese invierno, Buck realizó una hazaña que aumentó aún más su fama.

Εκείνο τον χειμώνα, ο Μπακ πραγματοποίησε ένα κατόρθωμα που αύξησε περαιτέρω τη φήμη του.

Fue menos heroico que salvar a Thornton, pero igual de impresionante.

Ήταν λιγότερο ηρωικό από τη σωτηρία του Θόρντον, αλλά εξίσου εντυπωσιακό.

En Dawson, los socios necesitaban suministros para un viaje lejano.

Στο Ντόσον, οι συνεργάτες χρειάζονταν προμήθειες για ένα μακρινό ταξίδι.

Querían viajar hacia el Este, hacia tierras vírgenes y silvestres.

Ήθελαν να ταξιδέψουν ανατολικά, σε ανέγγιχτες άγριες περιοχές.

La escritura de Buck en el Eldorado Saloon hizo posible ese viaje.

Το συμβόλαιο του Μπακ στο Eldorado Saloon έκανε αυτό το ταξίδι δυνατό.

Todo empezó con hombres alardeando de sus perros mientras bebían.

Ξεκίνησε με άντρες που καυχιόντουσαν για τα σκυλιά τους πίνοντας ποτά.

La fama de Buck lo convirtió en blanco de desafíos y dudas.

Η φήμη του Μπακ τον έκανε στόχο προκλήσεων και αμφιβολιών.

Thornton, orgulloso y tranquilo, se mantuvo firme en la defensa del nombre de Buck.

Ο Θόρντον, περήφανος και ήρεμος, υπερασπίστηκε σταθερά το όνομα του Μπακ.

Un hombre dijo que su perro podía levantar doscientos cincuenta kilos con facilidad.

Ένας άντρας είπε ότι ο σκύλος του μπορούσε να τραβήξει εύκολα διακόσια πενήντα κιλά.

Otro dijo seiscientos, y un tercero se jactó de setecientos.

Άλλος είπε εξακόσιοι, και ένας τρίτος καυχήθηκε επτακόσιοι.

"¡Pfft!" dijo John Thornton, "Buck puede tirar de un trineo de mil libras".

«Πφφ!» είπε ο Τζον Θόρντον, «ο Μπακ μπορεί να ρυμουλκήσει έλκηθρο χιλίων λιρών».

Matthewson, un Rey de Bonanza, se inclinó hacia delante y lo desafió.

Ο Μάθιουσον, ένας Βασιλιάς της Μπόνανζα, έσκυψε μπροστά και τον προκάλεσε.

¿Crees que puede poner tanto peso en movimiento?

«Νομίζεις ότι μπορεί να βάλει τόσο βάρος σε κίνηση;»

"¿Y crees que puede tirar del peso cien yardas enteras?"

«Και νομίζεις ότι μπορεί να τραβήξει το βάρος εκατό ολόκληρα μέτρα;»

Thornton respondió con frialdad: «Sí. Buck es lo suficientemente bueno como para hacerlo».

Ο Θόρντον απάντησε ψύχραιμα: «Ναι. Ο Μπακ είναι αρκετά σκληρός για να το κάνει».

"Pondrá mil libras en movimiento y las arrastrará cien yardas".

«Θα βάλει σε κίνηση χίλιες λίβρες και θα τις τραβήξει εκατό μέτρα.»

Matthewson sonrió lentamente y se aseguró de que todos los hombres escucharan sus palabras.

Ο Μάθιουσον χαμογέλασε αργά και βεβαιώθηκε ότι όλοι οι άντρες άκουσαν τα λόγια του.

Tengo mil dólares que dicen que no puede. Ahí está.

«Έχω χίλια δολάρια που λένε ότι δεν μπορεί. Ορίστε.»

Arrojó un saco de polvo de oro del tamaño de una salchicha sobre la barra.

Χτύπησε ένα σακί χρυσόσκονη στο μέγεθος λουκάνικου πάνω στην μπάρα.

Nadie dijo una palabra. El silencio se hizo denso y tenso a su alrededor.

Κανείς δεν είπε λέξη. Η σιωπή έγινε βαριά και τεταμένη γύρω τους.

El engaño de Thornton —si es que lo hubo— había sido tomado en serio.

Η μπλόφα του Θόρντον —αν ήταν τέτοια— είχε ληφθεί σοβαρά υπόψη.

Sintió que el calor le subía a la cara mientras la sangre le subía a las mejillas.

Ένιωσε τη ζέστη να ανεβαίνει στο πρόσωπό του καθώς το αίμα έτρεχε στα μάγουλά του.

En ese momento su lengua se había adelantado a su razón.

Η γλώσσα του είχε ξεπεράσει τη λογική του εκείνη τη στιγμή.

Realmente no sabía si Buck podría mover mil libras.

Πραγματικά δεν ήξερε αν ο Μπακ μπορούσε να μετακινήσει χίλια κιλά.

¡Media tonelada! Solo su tamaño le hacía sentir un gran peso en el corazón.

Μισό τόνο! Και μόνο το μέγεθός του έκανε την καρδιά του να βαραίνει.

Tenía fe en la fuerza de Buck y creía que era capaz.

Είχε πίστη στη δύναμη του Μπακ και τον θεωρούσε ικανό.

Pero nunca se había enfrentado a un desafío así, no de esta manera.

Αλλά δεν είχε αντιμετωπίσει ποτέ τέτοιου είδους πρόκληση, όχι έτσι.

Una docena de hombres lo observaban en silencio, esperando ver qué haría.

Δώδεκα άντρες τον παρακολουθούσαν σιωπηλά, περιμένοντας να δουν τι θα έκανε.

Él no tenía el dinero, ni tampoco Hans ni Pete.

Δεν είχε χρήματα — ούτε ο Χανς ούτε ο Πιτ.

"Tengo un trineo afuera", dijo Matthewson fría y directamente.

«Έχω ένα έλκηθρο έξω», είπε ο Μάθιουσον ψυχρά και ευθέως.

"Está cargado con veinte sacos de cincuenta libras cada uno, todo de harina.

«Είναι φορτωμένο με είκοσι σάκους, πενήντα λίβρες ο καθένας, όλο αλεύρι.»

Así que no dejen que un trineo perdido sea su excusa ahora", añadió.

«Οπότε μην αφήσετε τώρα τη δικαιολογία σας για ένα χαμένο έλκηθρο», πρόσθεσε.

Thornton permaneció en silencio. No sabía qué decir.

Ο Θόρντον έμεινε σιωπηλός. Δεν ήξερε τι λέξεις να προτείνει.

Miró a su alrededor los rostros sin verlos con claridad.

Κοίταξε γύρω του τα πρόσωπα χωρίς να τα βλέπει καθαρά.

Parecía un hombre congelado en sus pensamientos, intentando reiniciarse.

Έμοιαζε με άντρα παγωμένο στις σκέψεις του, που προσπαθούσε να ξαναρχίσει.

Luego vio a Jim O'Brien, un amigo de la época de Mastodon.

Έπειτα είδε τον Τζιμ Ο'Μπράιεν, έναν φίλο του από την εποχή των Μαστόδον.

Ese rostro familiar le dio un coraje que no sabía que tenía.

Αυτό το γνώριμο πρόσωπο του έδωσε θάρρος που δεν ήξερε ότι είχε.

Se giró y preguntó en voz baja: "¿Puedes prestarme mil?"

Γύρισε και ρώτησε χαμηλόφωνα: «Μπορείτε να μου δανείσετε χίλια;»

"Claro", dijo O'Brien, dejando caer un pesado saco junto al oro.

«Σίγουρα», είπε ο Ο'Μπράιεν, ρίχνοντας έναν βαρύ σάκο δίπλα στο χρυσάφι.

"Pero la verdad, John, no creo que la bestia pueda hacer esto".

«Αλλά ειλικρινά, Τζον, δεν πιστεύω ότι το θηρίο μπορεί να το κάνει αυτό.»

Todos los que estaban en el Eldorado Saloon corrieron hacia afuera para ver el evento.

Όλοι στο Eldorado Saloon έτρεξαν έξω για να δουν την εκδήλωση.

Abandonaron las mesas y las bebidas, e incluso los juegos se pausaron.

Άφησαν τραπέζια και ποτά, και ακόμη και τα παιχνίδια διακόπηκαν προσωρινά.

Comerciantes y jugadores acudieron para presenciar el final de la audaz apuesta.

Ντίλερ και τζογαδόροι ήρθαν για να παρακολουθήσουν το τέλος αυτού του τολμηρού στοιχήματος.

Cientos de personas se reunieron alrededor del trineo en la calle helada y abierta.

Εκατοντάδες άνθρωποι συγκεντρώθηκαν γύρω από το έλκηθρο στον παγωμένο ανοιχτό δρόμο.

El trineo de Matthewson estaba cargado con un montón de sacos de harina.

Το έλκηθρο του Μάθιουσον στεκόταν γεμάτο με σάκους αλεύρι.

El trineo había permanecido parado durante horas a temperaturas bajo cero.

Το έλκηθρο παρέμενε ακίνητο για ώρες σε θερμοκρασίες υπό το μηδέν.

Los patines del trineo estaban congelados y pegados a la nieve compacta.

Οι πίστες του έλκηθρου είχαν παγώσει σφιχτά στο συμπιεσμένο χιόνι.

Los hombres ofrecieron dos a uno de que Buck no podría mover el trineo.

Οι άντρες προσέφεραν πιθανότητες δύο προς ένα ότι ο Μπακ δεν θα μπορούσε να κινήσει το έλκηθρο.

Se desató una disputa sobre lo que realmente significaba "break out".

Ξέσπασε μια διαμάχη σχετικά με το τι πραγματικά σήμαινε η λέξη «ξεσπάσω».

O'Brien dijo que Thornton debería aflojar la base congelada del trineo.

Ο Ο'Μπράιεν είπε ότι ο Θόρντον θα έπρεπε να χαλαρώσει την παγωμένη βάση του έλκηθρου.

Buck pudo entonces "escapar" de un comienzo sólido e inmóvil.

Ο Μπακ θα μπορούσε τότε να «ξεσπάσει» από ένα σταθερό, ακίνητο ξεκίνημα.

Matthewson argumentó que el perro también debe liberar a los corredores.

Ο Μάθιουσον υποστήριξε ότι ο σκύλος πρέπει να απελευθερώσει και τους δρομείς.

Los hombres que habían escuchado la apuesta estuvieron de acuerdo con la opinión de Matthewson.

Οι άντρες που είχαν ακούσει το στοίχημα συμφώνησαν με την άποψη του Μάθιουσον.

Con esa decisión, las probabilidades aumentaron a tres a uno en contra de Buck.

Με αυτή την απόφαση, οι πιθανότητες ανέβηκαν σε τρία προς ένα εναντίον του Μπακ.

Nadie se animó a asumir las crecientes probabilidades de tres a uno.

Κανείς δεν έκανε ένα βήμα μπροστά για να δεχτεί τις αυξανόμενες πιθανότητες τριών προς ένα.

Ningún hombre creyó que Buck pudiera realizar la gran hazaña.

Ούτε ένας άντρας πίστευε ότι ο Μπακ θα μπορούσε να επιτύχει το σπουδαίο κατόρθωμα.

Thornton se había apresurado a hacer la apuesta, cargado de dudas.

Ο Θόρντον είχε βιαστεί να βάλει το στοίχημα, γεμάτος αμφιβολίες.

Ahora miró el trineo y el equipo de diez perros que estaba a su lado.

Τώρα κοίταξε το έλκηθρο και την ομάδα των δέκα σκύλων δίπλα του.

Ver la realidad de la tarea la hizo parecer más imposible.

Βλέποντας την πραγματικότητα του έργου, αυτό φάνταζε ακόμα πιο αδύνατο.

Matthewson estaba lleno de orgullo y confianza en ese momento.

Ο Μάθιουσον ήταν γεμάτος υπερηφάνεια και αυτοπεποίθηση εκείνη τη στιγμή.

—¡Tres a uno! —gritó—. ¡Apuesto mil más, Thornton!

«Τρία προς ένα!» φώναξε. «Ποντάρω άλλα χίλια, Θόρντον!»

"¿Qué dices?" añadió lo suficientemente alto para que todos lo oyeran.

«Τι λες;» πρόσθεσε, αρκετά δυνατά για να το ακούσουν όλοι.

El rostro de Thornton mostraba sus dudas, pero su ánimo se había elevado.

Το πρόσωπο του Θόρντον έδειχνε τις αμφιβολίες του, αλλά το ηθικό του είχε ανέβει.

Ese espíritu de lucha ignoraba las probabilidades y no temía a nada en absoluto.

Αυτό το μαχητικό πνεύμα αγνόησε τις πιθανότητες και δεν φοβόταν απολύτως τίποτα.

Llamó a Hans y Pete para que trajeran todo su dinero a la mesa.

Κάλεσε τον Χανς και τον Πιτ να φέρουν όλα τα μετρητά τους στο τραπέζι.

Les quedaba poco: sólo doscientos dólares en total.

Τους είχαν απομείνει λίγα — μόνο διακόσια δολάρια μαζί.

Esta pequeña suma constituía su fortuna total en tiempos difíciles.

Αυτό το μικρό ποσό ήταν η συνολική τους περιουσία σε δύσκολες στιγμές.

Aún así, apostaron toda su fortuna contra la apuesta de Matthewson.

Παρ' όλα αυτά, έβαλαν όλη τους την περιουσία στο στοίχημα του Matthewson.

El equipo de diez perros fue desenganchado y se alejó del trineo.

Η ομάδα των δέκα σκύλων αποσυνδέθηκε και απομακρύνθηκε από το έλκηθρο.

Buck fue colocado en las riendas, vistiendo su arnés familiar.

Ο Μπακ τοποθετήθηκε στα ηνία, φορώντας την οικεία του ζώνη.

Había captado la energía de la multitud y sentía la tensión.

Είχε αντιληφθεί την ενέργεια του πλήθους και ένιωσε την ένταση.

De alguna manera, sabía que tenía que hacer algo por John Thornton.

Κατά κάποιο τρόπο, ήξερε ότι έπρεπε να κάνει κάτι για τον Τζον Θόρντον.

La gente murmuraba con admiración ante la orgullosa figura del perro.

Οι άνθρωποι μουρμούριζαν με θαυμασμό την περήφανη φιγούρα του σκύλου.

Era delgado y fuerte, sin un solo gramo de carne extra.

Ήταν αδύνατος και δυνατός, χωρίς ούτε μια ουγγιά σάρκας.

Su peso total de ciento cincuenta libras era todo potencia y resistencia.

Το συνολικό βάρος του, εκατόν πενήντα λίβρες, ήταν όλο δύναμη και αντοχή.

El pelaje de Buck brillaba como la seda, espeso y saludable.

Το παλτό του Μπακ έλαμπε σαν μετάξι, πυκνό από υγεία και δύναμη.

El pelaje a lo largo de su cuello y hombros pareció levantarse y erizarse.

Η γούνα κατά μήκος του λαιμού και των ώμων του φαινόταν να ανασηκώνεται και να τριχώνεται.

Su melena se movía levemente, cada cabello vivo con su gran energía.

Η χαίτη του κινούνταν ελαφρά, κάθε τρίχα του ζωντάνιαζε από τη μεγάλη του ενέργεια.

Su pecho ancho y sus piernas fuertes hacían juego con su cuerpo pesado y duro.

Το πλατύ στήθος του και τα δυνατά του πόδια ταίριαζαν με το βαρύ, σκληροτράχηλο σώμα του.

Los músculos se ondulaban bajo su abrigo, tensos y firmes como hierro.

Οι μύες κυματίζονταν κάτω από το παλτό του, σφιχτοί και σταθεροί σαν δεμένο σίδερο.

Los hombres lo tocaron y juraron que estaba construido como una máquina de acero.

Οι άντρες τον άγγιζαν και έβριζαν ότι ήταν φτιαγμένος σαν ατσάλινη μηχανή.

Las probabilidades bajaron levemente a dos a uno contra el gran perro.

Οι πιθανότητες έπεσαν ελαφρώς σε δύο προς ένα εναντίον του σπουδαίου σκύλου.

Un hombre de los bancos Skookum se adelantó, tartamudeando.

Ένας άντρας από τα παγκάκια του Σκούκουμ προχώρησε τραυλίζοντας.

—¡Bien, señor! ¡Ofrezco ochocientas libras por él, antes del examen, señor!

«Ωραία, κύριε! Προσφέρω οκτακόσια γι' αυτόν—πριν από την εξέταση, κύριε!»

"¡Ochocientos, tal como está ahora mismo!" insistió el hombre.

«Οκτακόσια, όπως είναι αυτή τη στιγμή!» επέμεινε ο άντρας.

Thornton dio un paso adelante, sonrió y meneó la cabeza con calma.

Ο Θόρντον έκανε ένα βήμα μπροστά, χαμογέλασε και κούνησε ήρεμα το κεφάλι του.

Matthewson intervino rápidamente con una voz de advertencia y el ceño fruncido.

Ο Μάθιουσον παρενέβη γρήγορα με προειδοποιητική φωνή και συνοφρυωμένος.

—Debes alejarte de él —dijo—. Dale espacio.

«Πρέπει να απομακρυνθείς από αυτόν», είπε. «Δώσε του χώρο.»

La multitud quedó en silencio; sólo los jugadores seguían ofreciendo dos a uno.

Το πλήθος σώπασε· μόνο οι τζογαδόροι προσέφεραν ακόμα δύο προς ένα.

Todos admiraban la complexión de Buck, pero la carga parecía demasiado grande.

Όλοι θαύμαζαν τη σωματική διάπλαση του Μπακ, αλλά το φορτίο φαινόταν πολύ μεγάλο.

Veinte sacos de harina, cada uno de cincuenta libras de peso, parecían demasiados.

Είκοσι σακιά αλεύρι —βάρους πενήντα κιλών το καθένα— φάνταζαν πάρα πολλά.

Nadie estaba dispuesto a abrir su bolsa y arriesgar su dinero.

Κανείς δεν ήταν πρόθυμος να ανοίξει το πουγκί του και να ρισκάρει τα χρήματά του.

Thornton se arrodilló junto a Buck y tomó su cabeza con ambas manos.

Ο Θόρντον γονάτισε δίπλα στον Μπακ και έπιασε το κεφάλι του και με τα δύο χέρια.

Presionó su mejilla contra la de Buck y le habló al oído.

Πίεσε το μάγουλό του στο μάγουλο του Μπακ και του μίλησε στο αυτί.

Ya no había apretones juguetones ni susurros de insultos amorosos.

Δεν υπήρχε πλέον παιχνιδιάρικο κούνημα ούτε ψιθυριστές αγαπητικές προσβολές.

Él sólo murmuró suavemente: "Tanto como me amas, Buck".

Μουρμούρισε μόνο απαλά, «Όσο κι αν με αγαπάς, Μπακ».

Buck dejó escapar un gemido silencioso, su entusiasmo apenas fue contenido.

Ο Μπακ έβγαλε ένα σιγανό κλαψούρισμα, με την ανυπομονησία του μόλις που συγκρατήθηκε.

Los espectadores observaron con curiosidad cómo la tensión llenaba el aire.

Οι θεατές παρακολουθούσαν με περιέργεια καθώς η ένταση γέμιζε την ατμόσφαιρα.

El momento parecía casi irreal, como algo más allá de la razón.

Η στιγμή έμοιαζε σχεδόν εξωπραγματική, σαν κάτι πέρα από κάθε λογική.

Cuando Thornton se puso de pie, Buck tomó suavemente su mano entre sus mandíbulas.

Όταν ο Θόρντον σηκώθηκε, ο Μπακ έπιασε απαλά το χέρι του στα σαγόνια του.

Presionó con los dientes y luego lo soltó lenta y suavemente.

Πίεσε προς τα κάτω με τα δόντια του και μετά το άφησε αργά και απαλά.

Fue una respuesta silenciosa de amor, no dicha, pero entendida.

Ήταν μια σιωπηλή απάντηση αγάπης, όχι ειπωμένη, αλλά κατανοητή.

Thornton se alejó bastante del perro y dio la señal.

Ο Θόρντον έκανε ένα βήμα μακριά από τον σκύλο και έδωσε το σύνθημα.

—Ahora, Buck —dijo, y Buck respondió con calma y concentración.

«Λοιπόν, Μπακ», είπε, και ο Μπακ απάντησε με συγκεντρωμένη ηρεμία.

Buck apretó las correas y luego las aflojó unos centímetros.

Ο Μπακ έσφιξε τα ίχνη και μετά τα χαλάρωσε μερικά εκατοστά.

Éste era el método que había aprendido; su manera de romper el trineo.

Αυτή ήταν η μέθοδος που είχε μάθει· ο τρόπος του να σπάει το έλκηθρο.

—¡Caramba! —gritó Thornton con voz aguda en el pesado silencio.

«Ουάου!» φώναξε ο Θόρντον, με κοφτερή φωνή μέσα στη βαριά σιωπή.

Buck giró hacia la derecha y se lanzó con todo su peso.

Ο Μπακ στράφηκε δεξιά και όρμησε με όλο του το βάρος.

La holgura desapareció y la masa total de Buck golpeó las cuerdas apretadas.

Το χαλαρό μέρος εξαφανίστηκε και ολόκληρη η μάζα του Μπακ χτύπησε στα στενά ίχνη.

El trineo tembló y los patines produjeron un crujido crujiente.

Το έλκηθρο έτρεμε και οι δρομείς έβγαλαν έναν τραγανό ήχο.

—¡Ja! —ordenó Thornton, cambiando nuevamente la dirección de Buck.

«Χα!» διέταξε ο Θόρντον, αλλάζοντας ξανά την κατεύθυνση του Μπακ.

Buck repitió el movimiento, esta vez tirando bruscamente hacia la izquierda.

Ο Μπακ επανέλαβε την κίνηση, αυτή τη φορά τραβώντας απότομα προς τα αριστερά.

El trineo crujió más fuerte y los patines crujieron y se movieron.

Το έλκηθρο κροταλούσε πιο δυνατά, οι δρομείς χτυπούσαν και μετακινούνταν.

La pesada carga se deslizó ligeramente hacia un lado sobre la nieve congelada.

Το βαρύ φορτίο γλίστρησε ελαφρώς πλάγια πάνω στο παγωμένο χιόνι.

¡El trineo se había soltado del sendero helado!

Το έλκηθρο είχε ξεφύγει από τη λαβή του παγωμένου μονοπατιού!

Los hombres contenían la respiración, sin darse cuenta de que ni siquiera estaban respirando.

Οι άντρες κρατούσαν την αναπνοή τους, χωρίς να συνειδητοποιούν ότι δεν ανέπνεαν καν.

—¡Ahora, TIRA! —gritó Thornton a través del silencio helado.

«Τώρα, ΤΡΑΒΗΞ!» φώναξε ο Θόρντον μέσα στην παγωμένη σιωπή.

La orden de Thornton sonó aguda, como el chasquido de un látigo.

Η εντολή του Θόρντον αντήχησε κοφτή, σαν τον κρότο ενός μαστιγίου.

Buck se lanzó hacia adelante con una estocada feroz y estremecedora.

Ο Μπακ όρμησε μπροστά με μια άγρια και τρανταχτή ορμή.

Todo su cuerpo se tensó y se arrugó por la enorme tensión.

Όλο του το σώμα τεντώθηκε και συσπάστηκε από την τεράστια καταπόνηση.

Los músculos se ondulaban bajo su pelaje como serpientes que cobraban vida.

Οι μύες κυματίζονταν κάτω από τη γούνα του σαν φίδια που ζωντανεύουν.

Su gran pecho estaba bajo y la cabeza estirada hacia delante, hacia el trineo.

Το μεγάλο του στήθος ήταν χαμηλό, με το κεφάλι τεντωμένο μπροστά προς το έλκηθρο.

Sus patas se movían como un rayo y sus garras cortaban el suelo helado.

Τα πόδια του κινούνταν σαν αστραπή, με τα νύχια του να κόβουν το παγωμένο έδαφος.

Los surcos se abrieron profundos mientras luchaba por cada centímetro de tracción.

Οι αυλακώσεις ήταν βαθιές καθώς πάλευε για κάθε εκατοστό πρόσφυσης.

El trineo se balanceó, tembló y comenzó un movimiento lento e inquieto.

Το έλκηθρο λικνίστηκε, έτρεμε και άρχισε μια αργή, ανήσυχη κίνηση.

Un pie resbaló y un hombre entre la multitud gimió en voz alta.

Το ένα πόδι γλίστρησε και ένας άντρας από το πλήθος γρύλισε δυνατά.

Entonces el trineo se lanzó hacia adelante con un movimiento brusco y espasmódico.

Έπειτα το έλκηθρο όρμησε μπροστά με μια απότομη, τραχιά κίνηση.

No se detuvo de nuevo: media pulgada... una pulgada... dos pulgadas más.

Δεν σταμάτησε ξανά—μισή ίντσα...μια ίντσα...δύο ίντσες ακόμα.

Los tirones se hicieron más pequeños a medida que el trineo empezó a ganar velocidad.

Τα τινάγματα μικραίνουν καθώς το έλκηθρο αρχίζει να αυξάνει την ταχύτητα.

Pronto Buck estaba tirando con una potencia suave, uniforme y rodante.

Σύντομα ο Μπακ άρχισε να τραβάει με ομαλή, ομοιόμορφη δύναμη κύλισης.

Los hombres jadearon y finalmente recordaron respirar de nuevo.

Οι άντρες άφησαν μια ανάσα και επιτέλους θυμήθηκαν να αναπνεύσουν ξανά.

No se habían dado cuenta de que su respiración se había detenido por el asombro.

Δεν είχαν προσέξει ότι η ανάσα τους είχε σταματήσει από δέος.

Thornton corrió detrás, gritando órdenes breves y alegres.

Ο Θόρντον έτρεξε από πίσω, φωνάζοντας σύντομες, χαρούμενες εντολές.

Más adelante había una pila de leña que marcaba la distancia.

Μπροστά υπήρχε μια στοίβα από καυσόξυλα που σηματοδοτούσε την απόσταση.

A medida que Buck se acercaba a la pila, los vítores se hacían cada vez más fuertes.

Καθώς ο Μπακ πλησίαζε στη στοίβα, οι ζητωκραυγές γίνονταν όλο και πιο δυνατές.

Los aplausos aumentaron hasta convertirse en un rugido cuando Buck pasó el punto final.

Οι ζητωκραυγές μετατράπηκαν σε βρυχηθμό καθώς ο Μπακ πέρασε το σημείο τερματισμού.

Los hombres saltaron y gritaron, incluso Matthewson sonrió.

Άντρες πετάχτηκαν και φώναξαν, ακόμη και ο Μάθιουσον ξέσπασε σε ένα χαμόγελο.

Los sombreros volaron por el aire y los guantes fueron arrojados sin pensar ni rumbo.

Καπέλα πετούσαν στον αέρα, γάντια πετάγονταν χωρίς σκέψη ή στόχο.

Los hombres se abrazaron y se dieron la mano sin saber a quién.

Οι άντρες άρπαξαν ο ένας τον άλλον και έδωσαν τα χέρια χωρίς να ξέρουν ποιος.

Toda la multitud vibró en una celebración salvaje y alegre.

Όλο το πλήθος βουίζει σε έναν ξέφρενο, χαρούμενο εορτασμό.

Thornton cayó de rodillas junto a Buck con manos temblorosas.

Ο Θόρντον έπεσε στα γόνατα δίπλα στον Μπακ με τρεμάμενα χέρια.

Apretó su cabeza contra la de Buck y lo sacudió suavemente hacia adelante y hacia atrás.

Ακούμπησε το κεφάλι του στο κεφάλι του Μπακ και τον κούνησε απαλά μπρος-πίσω.

Los que se acercaron le oyeron maldecir al perro con silencioso amor.

Όσοι πλησίασαν τον άκουσαν να καταριέται τον σκύλο με σιωπηλή αγάπη.

Maldijo a Buck durante un largo rato, suavemente, cálidamente, con emoción.

Έβριζε τον Μπακ για πολλή ώρα — απαλά, θερμά, με συγκίνηση.

—¡Bien, señor! ¡Bien, señor! —gritó el rey del Banco Skookum a toda prisa.

«Ωραία, κύριε! Ωραία, κύριε!» φώναξε βιαστικά ο βασιλιάς του Πάγκου Σκούκουμ.

—¡Le daré mil, no, mil doscientos, por ese perro, señor!

«Θα σας δώσω χίλια—όχι, διακόσια—για αυτό το σκυλί, κύριε!»

Thornton se puso de pie lentamente, con los ojos brillantes de emoción.

Ο Θόρντον σηκώθηκε αργά όρθιος, με τα μάτια του να λάμπουν από συγκίνηση.

Las lágrimas corrían abiertamente por sus mejillas sin ninguna vergüenza.

Δάκρυα κυλούσαν ανοιχτά στα μάγουλά του χωρίς καμία ντροπή.

"Señor", le dijo al rey del Banco Skookum, firme y firme.

«Κύριε», είπε στον βασιλιά του Πάγκου Σκούκουμ, σταθερός και ακλόνητος

—No, señor. Puede irse al infierno, señor. Esa es mi última respuesta.

«Όχι, κύριε. Μπορείτε να πάτε στην κόλαση, κύριε. Αυτή είναι η τελική μου απάντηση.»

Buck agarró suavemente la mano de Thornton con sus fuertes mandíbulas.

Ο Μπακ άρπαξε απαλά το χέρι του Θόρντον με τα δυνατά του σαγόνια.

Thornton lo sacudió juguetonamente; su vínculo era más profundo que nunca.

Ο Θόρντον τον σκούντηξε παιχνιδιάρικα, ο δεσμός τους ήταν τόσο βαθύς όσο ποτέ.

La multitud, conmovida por el momento, retrocedió en silencio.

Το πλήθος, συγκινημένο από τη στιγμή, έκανε ένα βήμα πίσω σιωπηλό.

Desde entonces nadie se atrevió a interrumpir tan sagrado afecto.

Από τότε και στο εξής, κανείς δεν τόλμησε να διακόψει μια τέτοια ιερή στοργή.

El sonido de la llamada
Ο Ήχος της Κλήσης

Buck había ganado mil seiscientos dólares en cinco minutos.
Ο Μπακ είχε κερδίσει χίλια εξακόσια δολάρια σε πέντε
λεπτά.
El dinero permitió a John Thornton pagar algunas de sus deudas.
Τα χρήματα επέτρεψαν στον John Thornton να
αποπληρώσει μέρος των χρεών του.
Con el resto del dinero se dirigió al Este con sus socios.
Με τα υπόλοιπα χρήματα κατευθύνθηκε προς την
Ανατολή με τους συνεργάτες του.
Buscaban una legendaria mina perdida, tan antigua como el país mismo.
Αναζήτησαν ένα θρυλικό χαμένο ορυχείο, τόσο παλιό όσο
και η ίδια η χώρα.
Muchos hombres habían buscado la mina, pero pocos la habían encontrado.
Πολλοί άντρες είχαν ψάξει για το ορυχείο, αλλά λίγοι το
είχαν βρει ποτέ.
Más de unos pocos hombres habían desaparecido durante la peligrosa búsqueda.
Περισσότεροι από λίγοι άντρες είχαν εξαφανιστεί κατά τη
διάρκεια της επικίνδυνης αναζήτησης.
Esta mina perdida estaba envuelta en misterio y vieja tragedia.
Αυτό το χαμένο ορυχείο ήταν τυλιγμένο σε μυστήριο και
παλιά τραγωδία.
Nadie sabía quién había sido el primer hombre que encontró la mina.
Κανείς δεν ήξερε ποιος ήταν ο πρώτος άνθρωπος που
ανακάλυψε το ορυχείο.
Las historias más antiguas no mencionan a nadie por su nombre.
Οι παλαιότερες ιστορίες δεν αναφέρουν κανέναν
ονομαστικά.

Siempre había habido allí una antigua y destartalada cabaña.

Πάντα υπήρχε εκεί μια παλιά ετοιμόρροπη καλύβα.

Los hombres moribundos habían jurado que había una mina al lado de aquella vieja cabaña.

Οι ετοιμοθάνατοι είχαν ορκιστεί ότι υπήρχε ένα ορυχείο δίπλα σε εκείνη την παλιά καλύβα.

Probaron sus historias con oro como ningún otro en ningún otro lugar.

Απέδειξαν τις ιστορίες τους με χρυσάφι που δεν υπάρχει πουθενά αλλού.

Ningún alma viviente había jamás saqueado el tesoro de aquel lugar.

Καμία ζωντανή ψυχή δεν είχε ποτέ λεηλατήσει τον θησαυρό από εκείνο το μέρος.

Los muertos estaban muertos, y los muertos no cuentan historias.

Οι νεκροί ήταν νεκροί, και οι νεκροί δεν λένε ιστορίες.

Entonces Thornton y sus amigos se dirigieron al Este.

Έτσι, ο Θόρντον και οι φίλοι του κατευθύνθηκαν προς την Ανατολή.

Pete y Hans se unieron, trayendo a Buck y seis perros fuertes.

Ο Πιτ και ο Χανς ενώθηκαν, φέρνοντας μαζί τους τον Μπακ και έξι δυνατά σκυλιά.

Se embarcaron en un camino desconocido donde otros habían fracasado.

Ξεκίνησαν σε ένα άγνωστο μονοπάτι όπου άλλοι είχαν αποτύχει.

Se deslizaron en trineo setenta millas por el congelado río Yukón.

Διέσχισαν με έλκηθρο εβδομήντα μίλια πάνω στον παγωμένο ποταμό Γιούκον.

Giraron a la izquierda y siguieron el sendero hacia Stewart.

Έστριψαν αριστερά και ακολούθησαν το μονοπάτι προς τον ποταμό Στιούαρτ.

Pasaron Mayo y McQuestion y siguieron adelante.

Πέρασαν από το Mayo και το McQuestion, συνεχίζοντας.

El río Stewart se encogió y se convirtió en un arroyo, atravesando picos irregulares.

Ο Στιούαρτ συρρικνώθηκε σε ρυάκι, διασχίζοντας αιχμηρές κορυφές.

Estos picos afilados marcaban la columna vertebral del continente.

Αυτές οι αιχμηρές κορυφές σηματοδοτούσαν την ίδια τη ραχοκοκαλιά της ηπείρου.

John Thornton exigía poco a los hombres y a la tierra salvaje.

Ο Τζον Θόρντον απαιτούσε ελάχιστα από τους ανθρώπους ή την άγρια γη.

No temía a nada de la naturaleza y se enfrentaba a lo salvaje con facilidad.

Δεν φοβόταν τίποτα στη φύση και αντιμετώπιζε την άγρια φύση με άνεση.

Con sólo sal y un rifle, podría viajar a donde quisiera.

Με μόνο αλάτι και ένα τουφέκι, μπορούσε να ταξιδέψει όπου επιθυμούσε.

Al igual que los nativos, cazaba alimentos mientras viajaba.

Όπως οι ιθαγενείς, κυνηγούσε τροφή ενώ ταξίδευε.

Si no pescaba nada, seguía adelante, confiando en que la suerte le acompañaría.

Αν δεν έπιανε τίποτα, συνέχιζε, εμπιστευόμενος την τύχη που έβλεπε μπροστά του.

En este largo viaje, la carne era lo principal que comían.

Σε αυτό το μακρύ ταξίδι, το κρέας ήταν το κύριο πράγμα που έτρωγαν.

El trineo contenía herramientas y municiones, pero no un horario estricto.

Το έλκηθρο περιείχε εργαλεία και πυρομαχικά, αλλά δεν είχε αυστηρό χρονοδιάγραμμα.

A Buck le encantaba este vagabundeo, la caza y la pesca interminables.

Ο Μπακ λάτρευε αυτή την περιπλάνηση· το ατελείωτο κυνήγι και ψάρεμα.

Durante semanas estuvieron viajando día tras día.

Επί εβδομάδες ταξίδευαν μέρα με τη μέρα.

Otras veces montaban campamentos y permanecían allí durante semanas.

Άλλες φορές έφτιαχναν στρατόπεδα και έμεναν ακίνητοι για εβδομάδες.

Los perros descansaron mientras los hombres cavaban en la tierra congelada.

Τα σκυλιά ξεκουράζονταν ενώ οι άντρες έσκαβαν μέσα στο παγωμένο χώμα.

Calentaron sartenes sobre el fuego y buscaron oro escondido.

Ζέσταναν τηγάνια πάνω από φωτιές και έψαχναν για κρυμμένο χρυσάφι.

Algunos días pasaban hambre y otros días tenían fiestas.

Κάποιες μέρες πεινούσαν και κάποιες άλλες έκαναν γιορτές.

Sus comidas dependían de la presa y de la suerte de la caza.

Τα γεύματά τους εξαρτιόνταν από το θήραμα και την τύχη του κυνηγιού.

Cuando llegaba el verano, los hombres y los perros cargaban cargas sobre sus espaldas.

Όταν ήρθε το καλοκαίρι, οι άντρες και τα σκυλιά φόρτωσαν φορτία στις πλάτες τους.

Navegaron por lagos azules escondidos en bosques de montaña.

Έκαναν ράφτινγκ σε γαλάζιες λίμνες κρυμμένες σε ορεινά δάση.

Navegaban en delgadas embarcaciones por ríos que ningún hombre había cartografiado jamás.

Έπλεαν μικρά σκάφη σε ποτάμια που κανένας άνθρωπος δεν είχε χαρτογραφήσει ποτέ.

Esos barcos se construyeron a partir de árboles que cortaban en la naturaleza.

Αυτά τα σκάφη κατασκευάστηκαν από δέντρα που πριονίστηκαν στην άγρια φύση.

Los meses pasaron y ellos serpentearon por tierras salvajes y desconocidas.

Οι μήνες περνούσαν και περιπλανιόντουσαν σε άγριες, άγνωστες χώρες.

No había hombres allí, aunque había rastros antiguos que indicaban que había habido hombres.

Δεν υπήρχαν άντρες εκεί, κι όμως παλιά ίχνη υπονοούσαν ότι υπήρχαν άντρες.

Si la Cabaña Perdida fue real, entonces otras personas habían pasado por allí alguna vez.

Αν η Χαμένη Καλύβα ήταν αληθινή, τότε κι άλλοι είχαν έρθει κάποτε από εδώ.

Cruzaron pasos altos en medio de tormentas de nieve, incluso en verano.

Διέσχιζαν ψηλά περάσματα εν μέσω χιονοθύελλας, ακόμη και κατά τη διάρκεια του καλοκαιριού.

Temblaban bajo el sol de medianoche en las laderas desnudas de las montañas.

Έτρεμαν κάτω από τον ήλιο του μεσονυχτίου στις γυμνές πλαγιές των βουνών.

Entre la línea de árboles y los campos de nieve, subieron lentamente.

Ανάμεσα στην οροσειρά των δέντρων και τα χιονισμένα λιβάδια, σκαρφάλωναν αργά.

En los valles cálidos, aplastaban nubes de mosquitos y moscas.

Σε ζεστές κοιλάδες, χτυπούσαν σύννεφα από κουνούπια και μύγες.

Recogieron bayas dulces cerca de los glaciares en plena floración del verano.

Μάζευαν γλυκά μούρα κοντά σε παγετώνες σε πλήρη καλοκαιρινή άνθιση.

Las flores que encontraron eran tan hermosas como las de las Tierras del Sur.

Τα λουλούδια που βρήκαν ήταν τόσο όμορφα όσο αυτά στο Σάουθλαντ.

Ese otoño llegaron a una región solitaria llena de lagos silenciosos.

Εκείνο το φθινόπωρο έφτασαν σε μια μοναχική περιοχή γεμάτη με σιωπηλές λίμνες.

La tierra estaba triste y vacía, una vez llena de pájaros y bestias.

Η γη ήταν θλιβερή και άδεια, κάποτε γεμάτη με πουλιά και ζώα.

Ahora no había vida, sólo el viento y el hielo formándose en charcos.

Τώρα δεν υπήρχε ζωή, μόνο ο άνεμος και ο πάγος που σχηματίζονταν σε λίμνες.

Las olas golpeaban las orillas vacías con un sonido suave y triste.

Τα κύματα χτυπούσαν τις άδειες ακτές με έναν απαλό, θλιβερό ήχο.

Llegó otro invierno y volvieron a seguir los viejos y tenues senderos.

Ένας ακόμη χειμώνας ήρθε και ακολούθησαν ξανά αχνά, παλιά μονοπάτια.

Éstos eran los rastros de hombres que habían buscado mucho antes que ellos.

Αυτά ήταν τα ίχνη ανδρών που είχαν ψάξει πολύ πριν από αυτούς.

Un día encontraron un camino que se adentraba profundamente en el bosque oscuro.

Κάποτε βρήκαν ένα μονοπάτι σκαμμένο βαθιά μέσα στο σκοτεινό δάσος.

Era un sendero antiguo y sintieron que la cabaña perdida estaba cerca.

Ήταν ένα παλιό μονοπάτι, και ένιωθαν ότι η χαμένη καλύβα ήταν κοντά.

Pero el sendero no conducía a ninguna parte y se perdía en el espeso bosque.

Αλλά το μονοπάτι δεν οδηγούσε πουθενά και χανόταν μέσα στο πυκνό δάσος.

Nadie sabe quién hizo el sendero ni por qué lo hizo.

Όποιος και αν ήταν αυτός που έφτιαξε το μονοπάτι, και γιατί το έφτιαξε, κανείς δεν ήξερε.

Más tarde encontraron los restos de una cabaña escondidos entre los árboles.

Αργότερα, βρήκαν τα ερείπια ενός καταλύματος κρυμμένα ανάμεσα στα δέντρα.

Mantas podridas yacían esparcidas donde alguna vez alguien había dormido.

Σαπισμένες κουβέρτες ήταν σκορπισμένες εκεί που κάποιος κάποτε κοιμόταν.

John Thornton encontró una pistola de chispa de cañón largo enterrada en el interior.

Ο Τζον Θόρντον βρήκε ένα μακρύκαρο πυρόλιθο θαμμένο μέσα.

Sabía que se trataba de un cañón de la Bahía de Hudson desde los primeros días de su comercialización.

Ήξερε ότι αυτό ήταν ένα όπλο του Χάντσον Μπέι από τις πρώτες μέρες του εμπορίου.

En aquella época, estas armas se intercambiaban por montones de pieles de castor.

Εκείνες τις μέρες, τέτοια όπλα ανταλλάσσονταν με στοίβες από δέρματα κάστορα.

Eso fue todo: no quedó ninguna pista del hombre que construyó el albergue.

Αυτό ήταν όλο—δεν είχε απομείνει καμία ένδειξη για τον άνθρωπο που έχτισε το καταφύγιο.

Llegó nuevamente la primavera y no encontraron ninguna señal de la Cabaña Perdida.

Η άνοιξη ήρθε ξανά, και δεν βρήκαν κανένα ίχνος της Χαμένης Καλύβας.

En lugar de eso encontraron un valle amplio con un arroyo poco profundo.

Αντ' αυτού βρήκαν μια πλατιά κοιλάδα με ένα ρηχό ρυάκι.

El oro se extendía sobre el fondo de las sartenes como mantequilla suave y amarilla.

Χρυσός βρισκόταν στον πάτο του τηγανιού σαν λείο, κίτρινο βούτυρο.

Se detuvieron allí y no buscaron más la cabaña.

Σταμάτησαν εκεί και δεν έψαξαν άλλο για την καλύβα.

Cada día trabajaban y encontraban miles en polvo de oro.

Κάθε μέρα δούλευαν και έβρισκαν χιλιάδες σε χρυσόσκονη.

Empaquetaron el oro en bolsas de piel de alce, de cincuenta libras cada una.

Συσκευάσανε το χρυσάφι σε σακούλες με δέρμα άλκης, πενήντα λίρες η καθεμία.

Las bolsas estaban apiladas como leña afuera de su pequeña cabaña.

Οι τσάντες ήταν στοιβαγμένες σαν καυσόξυλα έξω από το μικρό τους καταφύγιο.

Trabajaron como gigantes y los días pasaban como sueños rápidos.

Δούλευαν σαν γίγαντες, και οι μέρες περνούσαν σαν γρήγορα όνειρα.

Acumularon tesoros a medida que los días interminables transcurrían rápidamente.

Συσσώρευαν θησαυρούς καθώς οι ατελείωτες μέρες κυλούσαν γρήγορα.

Los perros no tenían mucho que hacer excepto transportar carne de vez en cuando.

Δεν υπήρχαν πολλά να κάνουν τα σκυλιά εκτός από το να κουβαλούν κρέας πού και πού.

Thornton cazó y mató el animal, y Buck se quedó tendido junto al fuego.

Ο Θόρντον κυνηγούσε και σκότωνε το θήραμα, και ο Μπακ έμεινε ξαπλωμένος δίπλα στη φωτιά.

Pasó largas horas en silencio, perdido en sus pensamientos y recuerdos.

Πέρασε πολλές ώρες σιωπηλός, χαμένος στις σκέψεις και τις αναμνήσεις.

La imagen del hombre peludo venía cada vez más a la mente de Buck.

Η εικόνα του τριχωτού άντρα ερχόταν πιο συχνά στο μυαλό του Μπακ.

Ahora que el trabajo escaseaba, Buck soñaba mientras parpadeaba ante el fuego.

Τώρα που η δουλειά ήταν λιγοστή, ο Μπακ ονειρεύτηκε ενώ ανοιγοκλείνει τα μάτια του κοιτάζοντας τη φωτιά.

En esos sueños, Buck vagaba con el hombre en otro mundo.

Σε εκείνα τα όνειρα, ο Μπακ περιπλανήθηκε με τον άντρα σε έναν άλλο κόσμο.

El miedo parecía el sentimiento más fuerte en ese mundo distante.

Ο φόβος φαινόταν το πιο δυνατό συναίσθημα σε εκείνον τον μακρινό κόσμο.

Buck vio al hombre peludo dormir con la cabeza gacha.

Ο Μπακ είδε τον τριχωτό άντρα να κοιμάται με το κεφάλι σκυμμένο χαμηλά.

Tenía las manos entrelazadas y su sueño era inquieto y entrecortado.

Τα χέρια του ήταν ενωμένα και ο ύπνος του ήταν ανήσυχος και διαταραγμένος.

Solía despertarse sobresaltado y mirar con miedo hacia la oscuridad.

Συνήθιζε να ξυπνάει απότομα και να κοιτάζει φοβισμένος στο σκοτάδι.

Luego echaba más leña al fuego para mantener la llama brillante.

Έπειτα έριχνε κι άλλα ξύλα στη φωτιά για να κρατήσει τη φλόγα φωτεινή.

A veces caminaban por una playa junto a un mar gris e interminable.

Μερικές φορές περπατούσαν κατά μήκος μιας παραλίας δίπλα σε μια γκρίζα, ατελείωτη θάλασσα.

El hombre peludo recogía mariscos y los comía mientras caminaba.

Ο τριχωτός άντρας μάζευε οστρακοειδή και τα έτρωγε καθώς περπατούσε.

Sus ojos buscaban siempre peligros ocultos en las sombras.

Τα μάτια του έψαχναν πάντα για κρυμμένους κινδύνους στις σκιές.

Sus piernas siempre estaban listas para correr ante la primera señal de amenaza.

Τα πόδια του ήταν πάντα έτοιμα να τρέξουν τρέχοντας με το πρώτο σημάδι απειλής.

Se arrastraron por el bosque, silenciosos y cautelosos, uno al lado del otro.

Σέρνονταν μέσα στο δάσος, σιωπηλοί και επιφυλακτικοί, ο ένας δίπλα στον άλλον.

Buck lo siguió de cerca y ambos se mantuvieron alerta.

Ο Μπακ τον ακολούθησε από πίσω, και οι δύο παρέμειναν σε εγρήγορση.

Sus orejas se movían y temblaban, sus narices olfateaban el aire.

Τα αυτιά τους τρεμόπαιζαν και κινούνταν, οι μύτες τους μύριζαν τον αέρα.

El hombre podía oír y oler el bosque tan agudamente como Buck.

Ο άντρας μπορούσε να ακούσει και να μυρίσει το δάσος τόσο έντονα όσο ο Μπακ.

El hombre peludo se balanceó entre los árboles con una velocidad repentina.

Ο τριχωτός άντρας περπάτησε μέσα από τα δέντρα με ξαφνική ταχύτητα.

Saltaba de rama en rama sin perder nunca su agarre.

Πηδούσε από κλαδί σε κλαδί, χωρίς ποτέ να χάνει τη λαβή του.

Se movió tan rápido sobre el suelo como sobre él.

Κινούνταν τόσο γρήγορα πάνω από το έδαφος όσο και πάνω σε αυτό.

Buck recordó las largas noches bajo los árboles, haciendo guardia.

Ο Μπακ θυμόταν τις μακριές νύχτες κάτω από τα δέντρα, παρακολουθώντας.

El hombre dormía recostado en las ramas, aferrado fuertemente.

Ο άντρας κοιμόταν κουρνιάζοντας στα κλαδιά, κρατώντας τον σφιχτά.

Esta visión del hombre peludo estaba estrechamente ligada al llamado profundo.

Αυτό το όραμα του τριχωτού άντρα ήταν στενά συνδεδεμένο με το βαθύ κάλεσμα.

El llamado aún resonaba en el bosque con una fuerza inquietante.

Το κάλεσμα εξακολουθούσε να αντηχεί μέσα στο δάσος με στοιχειωτική δύναμη.

La llamada llenó a Buck de anhelo y una inquieta sensación de alegría.

Το τηλεφώνημα γέμισε τον Μπακ με λαχτάρα και ένα αίσθημα ανήσυχης χαράς.

Sintió impulsos y agitaciones extrañas que no podía nombrar.

Ένιωθε παράξενες παρορμήσεις και αναταραχές που δεν μπορούσε να ονομάσει.

A veces seguía la llamada hasta lo profundo del tranquilo bosque.

Μερικές φορές ακολουθούσε το κάλεσμα βαθιά μέσα στο ήσυχο δάσος.

Buscó el llamado, ladrando suave o agudamente mientras caminaba.

Έψαχνε για το κάλεσμα, γαβγίζοντας απαλά ή κοφτά καθώς έφευγε.

Olfateó el musgo y la tierra negra donde crecían las hierbas.

Μύρισε τα βρύα και το μαύρο χώμα όπου φύτρωναν τα χόρτα.

Resopló de alegría ante los ricos olores de la tierra profunda.

Φυσούσε από ευχαρίστηση στις πλούσιες μυρωδιές της βαθιάς γης.

Se agazapó durante horas detrás de troncos cubiertos de hongos.

Έμεινε κουλουριασμένος για ώρες πίσω από κορμούς καλυμμένους με μύκητες.

Se quedó quieto, escuchando con los ojos muy abiertos cada pequeño sonido.

Έμεινε ακίνητος, ακούγοντας με μάτια ορθάνοιχτα κάθε παραμικρό ήχο.

Quizás esperaba sorprender al objeto que le había hecho el llamado.

Μπορεί να ήλπιζε να αιφνιδιάσει αυτό που έδωσε το κάλεσμα.

Él no sabía por qué actuaba así: simplemente lo hacía.

Δεν ήξερε γιατί ενεργούσε με αυτόν τον τρόπο — απλώς το έκανε.

Los impulsos venían desde lo más profundo, más allá del pensamiento o la razón.

Οι παρορμήσεις προέρχονταν από βαθιά μέσα μου, πέρα από τη σκέψη ή τη λογική.

Impulsos irresistibles se apoderaron de Buck sin previo aviso ni razón.

Ακαταμάχητες παρορμήσεις κατέλαβαν τον Μπακ χωρίς προειδοποίηση ή λόγο.

A veces dormitaba perezosamente en el campamento bajo el calor del mediodía.

Κατά καιρούς κοιμόταν νωχελικά στο στρατόπεδο κάτω από τη ζέστη του μεσημεριού.

De repente, su cabeza se levantó y sus orejas se levantaron en alerta.

Ξαφνικά, το κεφάλι του σήκωσε και τα αυτιά του σηκώθηκαν σε εγρήγορση.

Entonces se levantó de un salto y se lanzó hacia lo salvaje sin detenerse.

Έπειτα πετάχτηκε πάνω και όρμησε στην άγρια φύση χωρίς διακοπή.

Corrió durante horas por senderos forestales y espacios abiertos.

Έτρεχε για ώρες μέσα από δασικά μονοπάτια και ανοιχτούς χώρους.

Le encantaba seguir los lechos de los arroyos secos y espiar a los pájaros en los árboles.

Του άρεσε να ακολουθεί τις ξερές κοίτες των ρυακιών και να κατασκοπεύει πουλιά στα δέντρα.

Podría permanecer escondido todo el día, mirando a las perdices pavonearse.

Μπορούσε να είναι κρυμμένος όλη μέρα, παρακολουθώντας τις πέρδικες να περπατούν τριγύρω.

Ellos tamborilearon y marcharon, sin percatarse de la presencia todavía de Buck.

Χτύπαγαν τύμπανα και παρέλασαν, αγνοώντας την ακίνητη παρουσία του Μπακ.

Pero lo que más le gustaba era correr al atardecer en verano.

Αλλά αυτό που αγαπούσε περισσότερο ήταν να τρέχει το λυκόφως το καλοκαίρι.

La tenue luz y los sonidos soñolientos del bosque lo llenaron de alegría.

Το αμυδρό φως και οι νυσταγμένοι ήχοι του δάσους τον γέμισαν χαρά.

Leyó las señales del bosque tan claramente como un hombre lee un libro.

Διάβασε τις πινακίδες του δάσους τόσο καθαρά όσο ένας άνθρωπος διαβάζει ένα βιβλίο.

Y siempre buscaba aquella cosa extraña que lo llamaba.

Και έψαχνε πάντα για το παράξενο πράγμα που τον καλούσε.

Ese llamado nunca se detuvo: lo alcanzaba despierto o dormido.

Αυτό το κάλεσμα δεν σταματούσε ποτέ — τον έφτανε είτε ξύπνιος είτε κοιμισμένος.

Una noche, se despertó sobresaltado, con los ojos alerta y las orejas alerta.

Ένα βράδυ, ξύπνησε απότομα, με μάτια κοφτερά και αυτιά ψηλά.

Sus fosas nasales se crisparon mientras su melena se erizaba en ondas.

Τα ρουθούνια του συσπάστηκαν καθώς η χαίτη του σχηματιζόταν σε κύματα.

Desde lo profundo del bosque volvió a oírse el sonido, el viejo llamado.

Από βαθιά μέσα στο δάσος ακούστηκε ξανά ο ήχος, το παλιό κάλεσμα.

Esta vez el sonido sonó claro, un aullido largo, inquietante y familiar.

Αυτή τη φορά ο ήχος αντήχησε καθαρά, ένα μακρόσυρτο, στοιχειωτικό, οικείο ουρλιαχτό.

Era como el grito de un husky, pero extraño y salvaje en tono.

Ήταν σαν κραυγή χάσκι, αλλά με παράξενο και άγριο τόνο.

Buck reconoció el sonido al instante: había oído exactamente el mismo sonido hacía mucho tiempo.

Ο Μπακ αναγνώρισε αμέσως τον ήχο — είχε ακούσει τον ίδιο ακριβώς ήχο πριν από πολύ καιρό.

Saltó a través del campamento y desapareció rápidamente en el bosque.

Πήδηξε μέσα από το στρατόπεδο και εξαφανίστηκε γρήγορα στο δάσος.

A medida que se acercaba al sonido, disminuyó la velocidad y se movió con cuidado.

Καθώς πλησίαζε τον ήχο, επιβράδυνε και κινήθηκε με προσοχή.

Pronto llegó a un claro entre espesos pinos.

Σύντομα έφτασε σε ένα ξέφωτο ανάμεσα σε πυκνά πεύκα.

Allí, erguido sobre sus cuartos traseros, estaba sentado un lobo de bosque alto y delgado.

Εκεί, όρθιος στα οπίσθιά του, καθόταν ένας ψηλός, αδύνατος δασόβιος λύκος.

La nariz del lobo apuntaba hacia el cielo, todavía haciendo eco del llamado.

Η μύτη του λύκου έδειξε τον ουρανό, αντηχώντας ακόμα το κάλεσμα.

Buck no había emitido ningún sonido, pero el lobo se detuvo y escuchó.

Ο Μπακ δεν είχε βγάλει κανέναν ήχο, κι όμως ο λύκος σταμάτησε και άκουσε.

Sintiendo algo, el lobo se tensó y buscó en la oscuridad.

Νιώθοντας κάτι, ο λύκος τεντώθηκε, ψάχνοντας στο σκοτάδι.

Buck apareció sigilosamente, con el cuerpo agachado y los pies quietos sobre el suelo.

Ο Μπακ εμφανίστηκε ύπουλα, με το σώμα του χαμηλά και τα πόδια του ήσυχα στο έδαφος.

Su cola estaba recta y su cuerpo enroscado por la tensión.

Η ουρά του ήταν ίσια, το σώμα του κουλουριασμένο σφιχτά από την ένταση.

Mostró al mismo tiempo una amenaza y una especie de amistad ruda.

Έδειξε τόσο απειλή όσο και ένα είδος σκληρής φιλίας.

Fue el saludo cauteloso que compartían las bestias salvajes.

Ήταν ο επιφυλακτικός χαιρετισμός που μοιράζονταν τα θηρία της άγριας φύσης.

Pero el lobo se dio la vuelta y huyó tan pronto como vio a Buck.

Αλλά ο λύκος γύρισε και έφυγε τρέχοντας μόλις είδε τον Μπακ.

Buck lo persiguió, saltando salvajemente, ansioso por alcanzarlo.

Ο Μπακ τον καταδίωξε, πηδώντας άγρια, ανυπόμονος να το προσπεράσει.

Siguió al lobo hasta un arroyo seco bloqueado por un atasco de madera.

Ακολούθησε τον λύκο σε ένα ξερό ρυάκι που είχε μπλοκαριστεί από ένα ξυλεία.

Acorralado, el lobo giró y se mantuvo firme.

Στραβωμένος στη γωνία, ο λύκος γύρισε και στάθηκε στη θέση του.

El lobo gruñó y mordió a su presa como un perro husky atrapado en una pelea.

Ο λύκος γρύλισε και κράξατε σαν παγιδευμένο χάσκι σκυλί σε καβγά.

Los dientes del lobo chasquearon rápidamente y su cuerpo se erizó de furia salvaje.

Τα δόντια του λύκου έκαναν ένα γρήγορο κλικ, και το σώμα του έσφυζε από άγρια οργή.

Buck no atacó, sino que rodeó al lobo con cautelosa amabilidad.

Ο Μπακ δεν επιτέθηκε, αλλά περικύκλωσε τον λύκο με προσεκτική φιλικότητα.

Intentó bloquear su escape con movimientos lentos e inofensivos.

Προσπάθησε να εμποδίσει τη διαφυγή του με αργές, ακίνδυνες κινήσεις.

El lobo estaba cauteloso y asustado: Buck pesaba tres veces más que él.

Ο λύκος ήταν επιφυλακτικός και φοβισμένος—ο Μπακ τον ξεπέρασε τρεις φορές.

La cabeza del lobo apenas llegaba hasta el enorme hombro de Buck.

Το κεφάλι του λύκου μόλις που έφτανε μέχρι τον τεράστιο ώμο του Μπακ.

Al acecho de un hueco, el lobo salió disparado y la persecución comenzó de nuevo.

Παρατηρώντας για ένα κενό, ο λύκος έφυγε τρέχοντας και το κυνήγι ξεκίνησε ξανά.

Varias veces Buck lo acorraló y el baile se repitió.

Αρκετές φορές ο Μπακ τον στρίμωξε στη γωνία και ο χορός επαναλήφθηκε.

El lobo estaba delgado y débil, de lo contrario Buck no podría haberlo atrapado.

Ο λύκος ήταν αδύνατος και αδύνατος, αλλιώς ο Μπακ δεν θα μπορούσε να τον είχε πιάσει.

Cada vez que Buck se acercaba, el lobo giraba y lo enfrentaba con miedo.

Κάθε φορά που ο Μπακ πλησίαζε, ο λύκος γύριζε και τον κοίταζε φοβισμένος.

Luego, a la primera oportunidad, se lanzó de nuevo al bosque.

Έπειτα, με την πρώτη ευκαιρία, έτρεξε ξανά στο δάσος.

Pero Buck no se dio por vencido y finalmente el lobo comenzó a confiar en él.

Αλλά ο Μπακ δεν τα παράτησε και τελικά ο λύκος τον εμπιστεύτηκε.

Olió la nariz de Buck y los dos se pusieron juguetones y alertas.

Μύρισε τη μύτη του Μπακ, και οι δυο τους έγιναν παιχνιδιάρικοι και σε εγρήγορση.

Jugaban como animales salvajes, feroces pero tímidos en su alegría.

Έπαιζαν σαν άγρια ζώα, άγρια αλλά ντροπαλά στη χαρά τους.

Después de un rato, el lobo se alejó trotando con calma y propósito.

Μετά από λίγο, ο λύκος έφυγε τρέχοντας με ήρεμη αποφασιστικότητα.

Le demostró claramente a Buck que tenía la intención de que lo siguieran.

Έδειξε ξεκάθαρα στον Μπακ ότι σκόπευε να τον ακολουθήσουν.

Corrieron uno al lado del otro a través de la penumbra del crepúsculo.

Έτρεχαν δίπλα-δίπλα μέσα στο λυκόφως.

Siguieron el lecho del arroyo hasta el desfiladero rocoso.

Ακολούθησαν την κοίτη του ρυακιού μέχρι το βραχώδες φαράγγι.

Cruzaron una divisoria fría donde había comenzado el arroyo.

Διέσχισαν ένα κρύο χώρισμα από το σημείο που είχε ξεκινήσει το ρέμα.

En la ladera más alejada encontraron un extenso bosque y numerosos arroyos.

Στην μακρινή πλαγιά βρήκαν ένα πλατύ δάσος και πολλά ρυάκια.

Por esta vasta tierra corrieron durante horas sin parar.

Μέσα από αυτή την απέραντη γη, έτρεχαν για ώρες ασταμάτητα.

El sol salió más alto, el aire se calentó, pero ellos siguieron corriendo.

Ο ήλιος ανέβαινε ψηλότερα, ο αέρας ζέσταινε, αλλά αυτοί συνέχιζαν να τρέχουν.

Buck estaba lleno de alegría: sabía que estaba respondiendo a su llamado.

Ο Μπακ ήταν γεμάτος χαρά — ήξερε ότι ανταποκρινόταν στο κάλεσμά του.

Corrió junto a su hermano del bosque, más cerca de la fuente del llamado.

Έτρεξε δίπλα στον αδερφό του από το δάσος, πιο κοντά στην πηγή του καλέσματος.

Los viejos sentimientos regresaron, poderosos y difíciles de ignorar.

Τα παλιά συναισθήματα επέστρεψαν, δυνατά και δύσκολο να τα αγνοήσεις.

Éstas eran las verdades detrás de los recuerdos de sus sueños.

Αυτές ήταν οι αλήθειες πίσω από τις αναμνήσεις από τα όνειρά του.

Todo esto ya lo había hecho antes, en un mundo distante y sombrío.

Τα είχε κάνει όλα αυτά και πριν σε έναν μακρινό και σκιώδη κόσμο.

Ahora lo hizo de nuevo, corriendo salvajemente con el cielo abierto encima.

Τώρα το έκανε ξανά, τρέχοντας ξέφρενα με τον ανοιχτό ουρανό από πάνω του.

Se detuvieron en un arroyo para beber del agua fría que fluía.

Σταμάτησαν σε ένα ρυάκι για να πιουν από το κρύο τρεχούμενο νερό.

Mientras bebía, Buck de repente recordó a John Thornton.

Καθώς έπινε, ο Μπακ θυμήθηκε ξαφνικά τον Τζον Θόρντον.

Se sentó en silencio, desgarrado por la atracción de la lealtad y el llamado.

Κάθισε σιωπηλός, σπαρασσόμενος από την έλξη της αφοσίωσης και του καλέσματος.

El lobo siguió trotando, pero regresó para impulsar a Buck a seguir adelante.

Ο λύκος συνέχισε να τρέχει, αλλά επέστρεψε για να σπρώξει τον Μπακ να προχωρήσει.

Le olisqueó la nariz y trató de convencerlo con gestos suaves.

Μύρισε τη μύτη του και προσπάθησε να τον πείσει με απαλές χειρονομίες.

Pero Buck se dio la vuelta y comenzó a regresar por donde había venido.

Αλλά ο Μπακ γύρισε και ξεκίνησε να επιστρέφει από τον δρόμο που είχε έρθει.

El lobo corrió a su lado durante un largo rato, gimiendo silenciosamente.

Ο λύκος έτρεξε δίπλα του για πολλή ώρα, κλαψουρίζοντας σιγανά.

Luego se sentó, levantó la nariz y dejó escapar un largo aullido.

Έπειτα κάθισε, σήκωσε τη μύτη του και έβγαλε ένα μακρόσυρτο ουρλιαχτό.

Fue un grito triste, que se suavizó cuando Buck se alejó.

Ήταν μια θλιβερή κραυγή, που μαλάκωσε καθώς ο Μπακ απομακρύνθηκε.

Buck escuchó mientras el sonido del grito se desvanecía lentamente en el silencio del bosque.

Ο Μπακ άκουγε καθώς ο ήχος της κραυγής χανόταν αργά στη σιωπή του δάσους.

John Thornton estaba cenando cuando Buck irrumpió en el campamento.

Ο Τζον Θόρντον έτρωγε δείπνο όταν ο Μπακ εισέβαλε τρέχοντας στο στρατόπεδο.

Buck saltó sobre él salvajemente, lamiéndolo, mordiéndolo y haciéndolo caer.

Ο Μπακ πήδηξε πάνω του άγρια, γλείφοντάς τον,
δαγκώνοντάς τον και ανατρέποντάς τον.

Lo derribó, se subió encima y le besó la cara.

Τον έριξε κάτω, σκαρφάλωσε από πάνω και τον φίλησε στο
πρόσωπο.

Thornton lo llamó con cariño "hacer el tonto en general".

Ο Θόρντον το αποκάλεσε αυτό «παίζοντας τον γενικό
βλάκα» με στοργή.

**Mientras tanto, maldijo a Buck suavemente y lo sacudió de
un lado a otro.**

Όλο αυτό το διάστημα, έβριζε απαλά τον Μπακ και τον
κουνούσε πέρα δώθε.

**Durante dos días y dos noches enteras, Buck no abandonó el
campamento ni una sola vez.**

Για δύο ολόκληρες μέρες και δύο νύχτες, ο Μπακ δεν έφυγε
ούτε μία φορά από το στρατόπεδο.

Se mantuvo cerca de Thornton y nunca lo perdió de vista.

Έμεινε κοντά στον Θόρντον και δεν τον άφηνε ποτέ από τα
μάτια του.

Lo siguió mientras trabajaba y lo observó mientras comía.

Τον ακολουθούσε καθώς δούλευε και τον παρακολουθούσε
ενώ έτρωγε.

**Acompañaba a Thornton con sus mantas por la noche y lo
salía cada mañana.**

Έβλεπε τον Θόρντον τυλιγμένο στις κουβέρτες του τη
νύχτα και έξω κάθε πρωί.

**Pero pronto el llamado del bosque regresó, más fuerte que
nunca.**

Αλλά σύντομα το κάλεσμα του δάσους επέστρεψε, πιο
δυνατό από ποτέ.

**Buck volvió a inquietarse, agitado por los pensamientos del
lobo salvaje.**

Ο Μπακ έγινε ξανά ανήσυχος, αναστατωμένος από τις
σκέψεις του άγριου λύκου.

Recordó el terreno abierto y correr uno al lado del otro.

Θυμόταν την ανοιχτή γη και το τρέξιμο δίπλα-δίπλα.

Comenzó a vagar por el bosque una vez más, solo y alerta.

Άρχισε να περιπλανιέται ξανά στο δάσος, μόνος και σε εγρήγορση.

Pero el hermano salvaje no regresó y el aullido no se escuchó.

Αλλά ο άγριος αδερφός δεν επέστρεψε και το ουρλιαχτό δεν ακούστηκε.

Buck comenzó a dormir a la intemperie, manteniéndose alejado durante días.

Ο Μπακ άρχισε να κοιμάται έξω, μένοντας μακριά για μέρες ολόκληρες.

Una vez cruzó la alta divisoria donde había comenzado el arroyo.

Μόλις διέσχισε το ψηλό διαχωριστικό από όπου ξεκινούσε το ρυάκι.

Entró en la tierra de la madera oscura y de los arroyos anchos y fluidos.

Μπήκε στη γη των σκοτεινών δασών και των πλατιών ρεμάτων.

Durante una semana vagó en busca de señales del hermano salvaje.

Για μια εβδομάδα περιπλανήθηκε, ψάχνοντας για σημάδια του άγριου αδελφού.

Mataba su propia carne y viajaba con pasos largos e incansables.

Σκότωνε το κρέας του και ταξίδευε με μακριά, ακούραστα βήματα.

Pescaba salmón en un ancho río que llegaba al mar.

Ψάρευε σολομό σε ένα πλατύ ποτάμι που έφτανε μέχρι τη θάλασσα.

Allí luchó y mató a un oso negro enloquecido por los insectos.

Εκεί, πάλεψε και σκότωσε μια μαύρη αρκούδα που την είχαν τρελάνει έντομα.

El oso estaba pescando y corrió ciegamente entre los árboles.

Η αρκούδα ψάρευε και έτρεχε στα τυφλά μέσα από τα δέντρα.

La batalla fue feroz y despertó el profundo espíritu de lucha de Buck.

Η μάχη ήταν σφοδρή, ξυπνώντας το βαθύ μαχητικό πνεύμα του Μπακ.

Dos días después, Buck regresó y encontró glotones en su presa.

Δύο μέρες αργότερα, ο Μπακ επέστρεψε για να βρει αδηφάγους στο θήραμά του.

Una docena de ellos se pelearon con furia y ruidosidad por la carne.

Μια ντουζίνα από αυτούς μάλωναν για το κρέας με θορυβώδη μανία.

Buck cargó y los dispersó como hojas en el viento.

Ο Μπακ όρμησε και τους σκόρπισε σαν φύλλα στον άνεμο.

Dos lobos permanecieron atrás, silenciosos, sin vida e inmóviles para siempre.

Δύο λύκοι έμειναν πίσω—σιωπηλοί, άψυχοι και ακίνητοι για πάντα.

La sed de sangre se hizo más fuerte que nunca.

Η δίψα για αίμα γινόταν πιο δυνατή από ποτέ.

Buck era un cazador, un asesino, que se alimentaba de criaturas vivas.

Ο Μπακ ήταν κυνηγός, δολοφόνος, που τρεφόταν με ζωντανά πλάσματα.

Sobrevivió solo, confiando en su fuerza y sus sentidos agudos.

Επέζησε μόνος, βασιζόμενος στη δύναμη και τις οξυμένες αισθήσεις του.

Prosperó en la naturaleza, donde sólo los más resistentes podían vivir.

Ευδοκιμούσε στην άγρια φύση, όπου μόνο οι πιο σκληροτράχηλοι μπορούσαν να ζήσουν.

A partir de esto, un gran orgullo surgió y llenó todo el ser de Buck.

Από αυτό, μια μεγάλη υπερηφάνεια ξεπήδησε και γέμισε ολόκληρο το είναι του Μπακ.

Su orgullo se reflejaba en cada uno de sus pasos, en el movimiento de cada músculo.

Η υπερηφάνειά του φαινόταν σε κάθε του βήμα, στο κυματισμό κάθε μυός του.

Su orgullo era tan claro como sus palabras, y se reflejaba en su manera de comportarse.

Η υπερηφάνειά του ήταν τόσο καθαρή όσο η ομιλία, που φαινόταν στον τρόπο που συμπεριφερόταν.

Incluso su grueso pelaje parecía más majestuoso y brillaba más.

Ακόμα και το πυκνό παλτό του φαινόταν πιο μεγαλοπρεπές και έλαμπε πιο φωτεινά.

Buck podría haber sido confundido con un lobo gigante.

Ο Μπακ θα μπορούσε να είχε περάσει για γιγάντιο λύκο των δασών.

A excepción del color marrón en el hocico y las manchas sobre los ojos.

Εκτός από το καφέ στο ρύγχος του και τις κηλίδες πάνω από τα μάτια του.

Y la raya blanca de pelo que corría por el centro de su pecho.

Και η άσπρη λωρίδα γούνας που έτρεχε στη μέση του στήθους του.

Era incluso más grande que el lobo más grande de esa feroz raza.

Ήταν ακόμη μεγαλύτερος από τον μεγαλύτερο λύκο εκείνης της άγριας ράτσας.

Su padre, un San Bernardo, le dio tamaño y complexión robusta.

Ο πατέρας του, ένας Άγιος Βερνάρδος, του έδωσε μέγεθος και βαρύ σώμα.

Su madre, una pastora, moldeó esa masa hasta darle forma de lobo.

Η μητέρα του, μια βοσκή, διαμόρφωσε αυτόν τον όγκο σε μορφή λύκου.

Tenía el hocico largo de un lobo, aunque más pesado y ancho.

Είχε το μακρύ ρύγχος ενός λύκου, αν και βαρύτερο και πλατύτερο.

Su cabeza era la de un lobo, pero construida en una escala enorme y majestuosa.

Το κεφάλι του ήταν λύκου, αλλά είχε μια τεράστια, μεγαλοπρεπή κλίμακα.

La astucia de Buck era la astucia del lobo y de la naturaleza.

Η πονηριά του Μπακ ήταν η πονηριά του λύκου και της άγριας φύσης.

Su inteligencia provenía tanto del pastor alemán como del san bernardo.

Η νοημοσύνη του προερχόταν τόσο από τον Γερμανικό Ποιμενικό όσο και από τον Άγιο Βερνάρδο.

Todo esto, más la dura experiencia, lo convirtieron en una criatura temible.

Όλα αυτά, σε συνδυασμό με τις σκληρές εμπειρίες, τον έκαναν ένα τρομακτικό πλάσμα.

Era tan formidable como cualquier bestia que vagaba por las tierras salvajes del norte.

Ήταν τόσο τρομερός όσο οποιοδήποτε θηρίο που περιπλανιόταν στην άγρια φύση του βορρά.

Viviendo sólo de carne, Buck alcanzó el máximo nivel de su fuerza.

Τρέφοντας μόνο με κρέας, ο Μπακ έφτασε στο απόγειο της δύναμής του.

Rebosaba poder y fuerza masculina en cada fibra de él.

Ξεχείλιζε από δύναμη και ανδρική δύναμη σε κάθε του ίνα.

Cuando Thornton le acarició la espalda, sus pelos brillaron con energía.

Όταν ο Θόρντον χάιδεψε την πλάτη του, οι τρίχες άστραψαν από ενέργεια.

Cada cabello crujió, cargado con el toque de un magnetismo vivo.

Κάθε τρίχα έτριζε, φορτισμένη με το άγγιγμα ενός ζωντανού μαγνητισμού.

Su cuerpo y su cerebro estaban afinados al máximo nivel posible.

Το σώμα και το μυαλό του ήταν συντονισμένα στον καλύτερο δυνατό τόνο.

Cada nervio, fibra y músculo trabajaba en perfecta armonía.

Κάθε νεύρο, ίνα και μυς λειτουργούσαν σε τέλεια αρμονία.

Ante cualquier sonido o visión que requiriera acción, él respondía instantáneamente.

Σε κάθε ήχο ή θέαμα που χρειαζόταν δράση, ανταποκρινόταν αμέσως.

Si un husky saltaba para atacar, Buck podía saltar el doble de rápido.

Αν ένα χάσκι πηδούσε για να επιτεθεί, ο Μπακ μπορούσε να πηδήξει δύο φορές πιο γρήγορα.

Reaccionó más rápido de lo que los demás pudieron verlo o escuchar.

Αντέδρασε πιο γρήγορα από όσο μπορούσαν να δουν ή να ακούσουν οι άλλοι.

La percepción, la decisión y la acción se produjeron en un momento fluido.

Η αντίληψη, η απόφαση και η δράση ήρθαν όλα σε μια ρευστή στιγμή.

En realidad, estos actos fueron separados, pero demasiado rápidos para notarlos.

Στην πραγματικότητα, αυτές οι πράξεις ήταν ξεχωριστές, αλλά πολύ γρήγορες για να γίνουν αντιληπτές.

Los intervalos entre estos actos fueron tan breves que parecían uno solo.

Τόσο σύντομα ήταν τα κενά μεταξύ αυτών των πράξεων, που έμοιαζαν με μία.

Sus músculos y su ser eran como resortes fuertemente enrollados.

Οι μύες και η ύπαρξή του ήταν σαν σφιχτά κουλουριασμένα ελατήρια.

Su cuerpo rebosaba de vida, salvaje y alegre en su poder.

Το σώμα του έσφυζε από ζωή, άγριο και χαρούμενο στη δύναμή του.

A veces sentía como si la fuerza fuera a estallar fuera de él por completo.

Κατά καιρούς ένιωθε ότι η δύναμη θα ξεσπούσε εντελώς από μέσα του.

"Nunca vi un perro así", dijo Thornton un día tranquilo.

«Ποτέ δεν υπήρξε τέτοιο σκυλί», είπε ο Θόρντον μια ήσυχη μέρα.

Los socios observaron a Buck alejarse orgullosamente del campamento.

Οι σύντροφοι παρακολουθούσαν τον Μπακ να απομακρύνεται περήφανα από το στρατόπεδο.

"Cuando lo crearon, cambió lo que un perro puede ser", dijo Pete.

«Όταν δημιουργήθηκε, άλλαξε αυτό που μπορεί να είναι ένας σκύλος», είπε ο Πιτ.

—¡Por Dios! Yo también lo creo —respondió Hans rápidamente.

«Μα τον Ιησού! Κι εγώ έτσι νομίζω», συμφώνησε γρήγορα ο Χανς.

Lo vieron marcharse, pero no el cambio que vino después.

Τον είδαν να απομακρύνεται, αλλά όχι την αλλαγή που ακολούθησε.

Tan pronto como entró en el bosque, Buck se transformó por completo.

Μόλις μπήκε στο δάσος, ο Μπακ μεταμορφώθηκε εντελώς.

Ya no marchaba, sino que se movía como un fantasma salvaje entre los árboles.

Δεν περπατούσε πια, αλλά κινούνταν σαν άγριο φάντασμα ανάμεσα σε δέντρα.

Se quedó en silencio, con pasos de gato, un destello que pasaba entre las sombras.

Έγινε σιωπηλός, σαν να είχε τα πόδια της γάτας, μια λάμψη που περνούσε μέσα από σκιές.

Utilizó la cubierta con habilidad, arrastrándose sobre su vientre como una serpiente.

Χρησιμοποιούσε την κάλυψη με επιδεξιότητα, σέρνοντας με την κοιλιά του σαν φίδι.

Y como una serpiente, podía saltar hacia adelante y atacar en silencio.

Και σαν φίδι, μπορούσε να πηδήξει μπροστά και να χτυπήσει σιωπηλά.

Podría robar una perdiz nival directamente de su nido escondido.

Θα μπορούσε να κλέψει έναν βοτάνικα κατευθείαν από την κρυμμένη φωλιά του.

Mató conejos dormidos sin hacer un solo sonido.

Σκότωνε κοιμισμένα κουνέλια χωρίς να κάνει ούτε έναν ήχο.

Podía atrapar ardillas en el aire cuando huían demasiado lentamente.

Μπορούσε να πιάσει τα σκιουράκια στον αέρα καθώς έφευγαν πολύ αργά.

Ni siquiera los peces en los estanques podían escapar de sus ataques repentinos.

Ούτε τα ψάρια στις πισίνες δεν μπορούσαν να ξεφύγουν από τα ξαφνικά χτυπήματά του.

Ni siquiera los castores más inteligentes que arreglaban presas estaban a salvo de él.

Ούτε καν οι έξυπνοι κάστορες που έφτιαχναν φράγματα δεν ήταν ασφαλείς από αυτόν.

Él mataba por comida, no por diversión, pero prefería matar a sus propias víctimas.

Σκότωνε για φαγητό, όχι για διασκέδαση — αλλά του άρεσαν περισσότερο τα δικά του θύματα.

Aun así, un humor astuto impregnaba algunas de sus cacerías silenciosas.

Παρόλα αυτά, ένα πονηρό χιούμορ διαπερνούσε μερικά από τα σιωπηλά του κυνήγια.

Se acercó sigilosamente a las ardillas, pero las dejó escapar.

Σύρθηκε κοντά σε σκίουρους, μόνο και μόνο για να τους αφήσει να ξεφύγουν.

Iban a huir hacia los árboles, parloteando con terrible indignación.

Επρόκειτο να φύγουν προς τα δέντρα, φλυαρώντας με τρομακτική οργή.

A medida que llegaba el otoño, los alces comenzaron a aparecer en mayor número.

Καθώς ερχόταν το φθινόπωρο, οι άλκες άρχισαν να εμφανίζονται σε μεγαλύτερους αριθμούς.

Avanzaron lentamente hacia los valles bajos para encontrarse con el invierno.

Κινήθηκαν αργά στις χαμηλές κοιλάδες για να αντιμετωπίσουν τον χειμώνα.

Buck ya había derribado a un ternero joven y perdido.

Ο Μπακ είχε ήδη σκοτώσει ένα νεαρό, αδέσποτο μοσχαράκι.

Pero anhelaba enfrentarse a presas más grandes y peligrosas.

Αλλά λαχταρούσε να αντιμετωπίσει μεγαλύτερο, πιο επικίνδυνο θήραμα.

Un día, en la divisoria, a la altura del nacimiento del arroyo, encontró su oportunidad.

Μια μέρα στο διαχωριστικό όριο, στην αρχή του ρυακιού, βρήκε την ευκαιρία του.

Una manada de veinte alces había cruzado desde tierras boscosas.

Ένα κοπάδι από είκοσι άλκες είχε περάσει από δασωμένες εκτάσεις.

Entre ellos había un poderoso toro; el líder del grupo.

Ανάμεσά τους ήταν ένας πανίσχυρος ταύρος· ο αρχηγός της ομάδας.

El toro medía más de seis pies de alto y parecía feroz y salvaje.

Ο ταύρος είχε ύψος πάνω από δύο μέτρα και φαινόταν άγριος και άγριος.

Lanzó sus anchas astas, con catorce puntas ramificándose hacia afuera.

Κούνησε τα φαρδιά του κέρατα, με δεκατέσσερις αιχμές να διακλαδίζονται προς τα έξω.

Las puntas de esas astas se extendían siete pies de ancho.

Οι άκρες αυτών των κεράτων εκτείνονταν σε πλάτος επτά πόδια.

Sus pequeños ojos ardieron de rabia cuando vio a Buck cerca.

Τα μικρά του μάτια έκαιγαν από οργή όταν εντόπισε τον Μπακ εκεί κοντά.

Soltó un rugido furioso, temblando de furia y dolor.

Έβγαλε μια μανιασμένη βρυχηθμό, τρέμοντας από οργή και πόνο.

Una punta de flecha sobresalía cerca de su flanco, emplumada y afilada.

Μια άκρη βέλους προεξείχε κοντά στο πλευρό του, φτερωτή και αιχμηρή.

Esta herida ayudó a explicar su humor salvaje y amargado.

Αυτή η πληγή βοήθησε να εξηγηθεί η άγρια, πικρή διάθεσή του.

Buck, guiado por su antiguo instinto de caza, hizo su movimiento.

Ο Μπακ, καθοδηγούμενος από ένα αρχαίο κυνηγετικό ένστικτο, έκανε την κίνησή του.

Su objetivo era separar al toro del resto de la manada.

Στόχος του ήταν να ξεχωρίσει τον ταύρο από το υπόλοιπο κοπάδι.

No fue una tarea fácil: requirió velocidad y una astucia feroz.

Αυτό δεν ήταν εύκολο έργο—χρειαζόταν ταχύτητα και απίστευτη πονηριά.

Ladró y bailó cerca del toro, fuera de su alcance.

Γάβγιζε και χόρευε κοντά στον ταύρο, ακριβώς εκτός εμβέλειας.

El alce atacó con enormes pezuñas y astas mortales.

Η άλκη όρμησε με τεράστιες οπλές και θανατηφόρα κέρατα.

Un golpe podría haber acabado con la vida de Buck en un instante.

Ένα χτύπημα θα μπορούσε να είχε δώσει τέλος στη ζωή του Μπακ στη στιγμή.

Incapaz de dejar atrás la amenaza, el toro se volvió loco.

Μη μπορώντας να αφήσει πίσω του την απειλή, ο ταύρος τρελάθηκε.

Él cargó con furia, pero Buck siempre se le escapaba.
Όρμησε με μανία, αλλά ο Μπακ πάντα ξεγλιστρούσε
μακριά.
Buck fingió debilidad, lo que lo alejó aún más de la manada.
Ο Μπακ προσποιήθηκε αδυναμία, παρασύροντάς τον πιο
μακριά από το κοπάδι.
**Pero los toros jóvenes estaban a punto de atacar para
proteger al líder.**
Αλλά νεαροί ταύροι επρόκειτο να ορμήσουν πίσω για να
προστατεύσουν τον αρχηγό.
**Obligaron a Buck a retirarse y al toro a reincorporarse al
grupo.**
Ανάγκασαν τον Μπακ να υποχωρήσει και τον ταύρο να
επανενταχθεί στην ομάδα.
Hay una paciencia en lo salvaje, profunda e imparable.
Υπάρχει μια υπομονή στην άγρια φύση, βαθιά και
ασταμάτητη.
**Una araña espera inmóvil en su red durante incontables
horas.**
Μια αράχνη περιμένει ακίνητη στον ιστό της αμέτρητες
ώρες.
**Una serpiente se enrosca sin moverse y espera hasta que
llega el momento.**
Ένα φίδι κουλουριάζεται χωρίς να τινάζεται και περιμένει
μέχρι να έρθει η ώρα.
Una pantera acecha hasta que llega el momento.
Ένας πάνθηρας βρίσκεται σε ενέδρα, μέχρι να φτάσει η
κατάλληλη στιγμή.
**Ésta es la paciencia de los depredadores que cazan para
sobrevivir.**
Αυτή είναι η υπομονή των αρπακτικών που κυνηγούν για
να επιβιώσουν.
**Esa misma paciencia ardía dentro de Buck mientras se
quedaba cerca.**
Η ίδια υπομονή έκαιγε και μέσα στον Μπακ καθώς έμενε
κοντά του.

Se quedó cerca de la manada, frenando su marcha y sembrando el miedo.

Έμεινε κοντά στο κοπάδι, επιβραδύνοντας την πορεία του και σπέρνοντας φόβο.

Provocaba a los toros jóvenes y acosaba a las vacas madres.

Πείραζε τους νεαρούς ταύρους και παρενοχλούσε τις μητέρες αγελάδες.

Empujó al toro herido hacia una rabia más profunda e impotente.

Έφερε τον τραυματισμένο ταύρο σε μια βαθύτερη, αβοήθητη οργή.

Durante medio día, la lucha se prolongó sin descanso alguno.

Για μισή μέρα, η μάχη συνεχίστηκε χωρίς καμία ανάπαυλα.

Buck atacó desde todos los ángulos, rápido y feroz como el viento.

Ο Μπακ επιτέθηκε από κάθε γωνία, γρήγορος και σφοδρός σαν άνεμος.

Impidió que el toro descansara o se escondiera con su manada.

Εμπόδισε τον ταύρο να ξεκουραστεί ή να κρυφτεί με το κοπάδι του.

Buck desgastó la voluntad del alce más rápido que su cuerpo.

Ο Μπακ εξάντλησε τη θέληση της άλκης πιο γρήγορα από το σώμα της.

El día transcurrió y el sol se hundió en el cielo del noroeste.

Η μέρα πέρασε και ο ήλιος έδυσε χαμηλά στον βορειοδυτικό ουρανό.

Los toros jóvenes regresaron más lentamente para ayudar a su líder.

Οι νεαροί ταύροι επέστρεψαν πιο αργά για να βοηθήσουν τον αρχηγό τους.

Las noches de otoño habían regresado y la oscuridad ahora duraba seis horas.

Οι φθινοπωρινές νύχτες είχαν επιστρέψει και το σκοτάδι διαρκούσε τώρα έξι ώρες.

El invierno los estaba empujando cuesta abajo hacia valles más seguros y cálidos.

Ο χειμώνας τους πίεζε να κατηφορίσουν προς ασφαλέστερες, θερμότερες κοιλάδες.

Pero aún así no pudieron escapar del cazador que los retenía.

Αλλά και πάλι δεν μπορούσαν να ξεφύγουν από τον κυνηγό που τους κρατούσε πίσω.

Sólo una vida estaba en juego: no la de la manada, sino la de su líder.

Μόνο μία ζωή διακυβευόταν — όχι του κοπαδιού, μόνο του αρχηγού τους.

Eso hizo que la amenaza fuera distante y no su preocupación urgente.

Αυτό έκανε την απειλή μακρινή και όχι επείγουσα ανησυχία τους.

Con el tiempo, aceptaron ese coste y dejaron que Buck se llevara al viejo toro.

Με τον καιρό, αποδέχτηκαν αυτό το κόστος και άφησαν τον Μπακ να πάρει τον γέρο-ταύρο.

Al caer la tarde, el viejo toro permanecía con la cabeza gacha.

Καθώς έπεφτε το σούρουπο, ο γέρος ταύρος στάθηκε με το κεφάλι σκυμμένο.

Observó cómo la manada que había guiado se desvanecía en la luz que se desvanecía.

Παρακολουθούσε το κοπάδι που είχε οδηγήσει να εξαφανίζεται στο φως που έσβηνε.

Había vacas que había conocido, terneros que una vez había engendrado.

Υπήρχαν αγελάδες που γνώριζε, μοσχάρια που είχε κάποτε γεννήσει.

Había toros más jóvenes con los que había luchado y gobernado en temporadas pasadas.

Υπήρχαν νεότεροι ταύροι με τους οποίους είχε πολεμήσει και είχε κυβερνήσει σε προηγούμενες εποχές.

No pudo seguirlos, pues frente a él estaba agazapado nuevamente Buck.

Δεν μπορούσε να τους ακολουθήσει—γιατί μπροστά του σκυμμένος ήταν ξανά ο Μπακ.

El terror despiadado con colmillos bloqueó cualquier camino que pudiera tomar.

Ο ανελέητος, τρομερός τρόμος εμπόδιζε κάθε μονοπάτι που θα μπορούσε να ακολουθήσει.

El toro pesaba más de trescientos kilos de densa potencia.

Ο ταύρος ζύγιζε περισσότερο από τριακόσια βάρη πυκνής δύναμης.

Había vivido mucho tiempo y luchado con ahínco en un mundo de luchas.

Είχε ζήσει πολύ και είχε αγωνιστεί σκληρά σε έναν κόσμο γεμάτο αγώνες.

Pero ahora, al final, la muerte vino de una bestia muy inferior a él.

Κι όμως, στο τέλος, ο θάνατος ήρθε από ένα θηρίο πολύ κατώτερό του.

La cabeza de Buck ni siquiera llegó a alcanzar las enormes rodillas del toro.

Το κεφάλι του Μπακ δεν υψωνόταν καν στα τεράστια, σφιγμένα γόνατα του ταύρου.

A partir de ese momento, Buck permaneció con el toro noche y día.

Από εκείνη τη στιγμή και μετά, ο Μπακ έμεινε με τον ταύρο νύχτα μέρα.

Nunca le dio descanso, nunca le permitió pastar ni beber.

Δεν του έδινε ποτέ ανάπαυση, δεν του επέτρεπε ποτέ να βόσκει ή να πίνει.

El toro intentó comer brotes tiernos de abedul y hojas de sauce.

Ο ταύρος προσπάθησε να φάει νεαρούς βλαστούς σημύδας και φύλλα ιτιάς.

Pero Buck lo ahuyentó, siempre alerta y siempre atacando.

Αλλά ο Μπακ τον έδιωχνε, πάντα σε εγρήγορση και πάντα επιθετικός.

Incluso ante arroyos que goteaban, Buck bloqueó cada intento de sed.

Ακόμα και στα ρυάκια που έπεφταν γρήγορα, ο Μπακ
εμπόδιζε κάθε διψασμένη προσπάθεια.

A veces, desesperado, el toro huía a toda velocidad.

Μερικές φορές, μέσα στην απελπισία του, ο ταύρος έφευγε
τρέχοντας με τρομερή ταχύτητα.

Buck lo dejó correr, trotando tranquilamente detrás, nunca muy lejos.

Ο Μπακ τον άφησε να τρέξει, περνώντας ήρεμα ακριβώς
από πίσω, ποτέ μακριά.

Cuando el alce se detuvo, Buck se acostó, pero se mantuvo listo.

Όταν η άλκη σταμάτησε, ο Μπακ ξάπλωσε, αλλά
παρέμεινε έτοιμος.

Si el toro intentaba comer o beber, Buck atacaba con toda furia.

Αν ο ταύρος προσπαθούσε να φάει ή να πιει, ο Μπακ
χτυπούσε με πλήρη οργή.

La gran cabeza del toro se hundió aún más bajo sus enormes astas.

Το μεγάλο κεφάλι του ταύρου έπεσε χαμηλότερα κάτω από
τα τεράστια κέρατά του.

Su paso se hizo más lento, el trote se hizo pesado, un paso tambaleante.

Το βήμα του επιβραδύνθηκε, ο τροχασμός έγινε βαρύς· ένα
παραπατώντας βήμα.

A menudo se quedaba quieto con las orejas caídas y la nariz pegada al suelo.

Συχνά στεκόταν ακίνητος με τα αυτιά και τη μύτη πεσμένα
στο έδαφος.

Durante esos momentos, Buck se tomó tiempo para beber y descansar.

Εκείνες τις στιγμές, ο Μπακ αφιέρωσε χρόνο για να πιει και
να ξεκουραστεί.

Con la lengua afuera y los ojos fijos, Buck sintió que la tierra estaba cambiando.

Με τη γλώσσα έξω, τα μάτια καρφωμένα, ο Μπακ ένιωσε
ότι η γη άλλαζε.

Sintió algo nuevo moviéndose a través del bosque y el cielo.

Ένιωσε κάτι καινούργιο να κινείται μέσα στο δάσος και τον ουρανό.

A medida que los alces regresaban, también lo hacían otras criaturas salvajes.

Καθώς επέστρεφαν οι άλκες, το ίδιο έκαναν και άλλα πλάσματα της άγριας φύσης.

La tierra se sentía viva, con presencia, invisible pero fuertemente conocida.

Η γη έμοιαζε ζωντανή με παρουσία, αόρατη αλλά έντονα γνωστή.

No fue por el sonido, ni por la vista, ni por el olfato que Buck supo esto.

Ο Μπακ δεν το γνώριζε αυτό ούτε από τον ήχο, ούτε από την όραση, ούτε από την οσμή.

Un sentimiento más profundo le decía que nuevas fuerzas estaban en movimiento.

Μια βαθύτερη αίσθηση του έλεγε ότι νέες δυνάμεις ήταν εν κινήσει.

Una vida extraña se agitaba en los bosques y a lo largo de los arroyos.

Παράξενη ζωή αναδεύτηκε μέσα στα δάση και κατά μήκος των ρυακιών.

Decidió explorar este espíritu, después de que la caza se completara.

Αποφάσισε να εξερευνήσει αυτό το πνεύμα, αφού είχε ολοκληρωθεί το κυνήγι.

Al cuarto día, Buck finalmente logró derribar al alce.

Την τέταρτη μέρα, ο Μπακ κατέβασε επιτέλους την άλκη.

Se quedó junto a la presa durante un día y una noche enteros, alimentándose y descansando.

Έμεινε κοντά στο θήραμα μια ολόκληρη μέρα και μια νύχτα, τρεφόμενος και ξεκουραζόμενος.

Comió, luego durmió, luego volvió a comer, hasta que estuvo fuerte y lleno.

Έφαγε, μετά κοιμήθηκε, και μετά έφαγε ξανά, μέχρι που έγινε δυνατός και χορτάτος.

Cuando estuvo listo, regresó hacia el campamento y Thornton.

Όταν ήταν έτοιμος, γύρισε πίσω προς το στρατόπεδο και το Θόρντον.

Con ritmo constante, inició el largo viaje de regreso a casa.

Με σταθερό ρυθμό, ξεκίνησε το μακρύ ταξίδι της επιστροφής.

Corría con su incansable galope, hora tras hora, sin desviarse jamás.

Έτρεχε ακούραστος ρυθμός, ώρα με την ώρα, χωρίς να παρεκκλίνει ούτε μια φορά.

A través de tierras desconocidas, se movió recto como la aguja de una brújula.

Μέσα από άγνωστες χώρες, κινούνταν ευθεία σαν βελόνα πυξίδας.

Su sentido de la orientación hacía que el hombre y el mapa parecieran débiles en comparación.

Η αίσθηση του προσανατολισμού του έκανε τον άνθρωπο και τον χάρτη να φαίνονται αδύναμοι σε σύγκριση.

A medida que Buck corría, sentía con más fuerza la agitación en la tierra salvaje.

Καθώς ο Μπακ έτρεχε, ένιωθε πιο έντονα την αναταραχή στην άγρια γη.

Era un nuevo tipo de vida, diferente a la de los tranquilos meses de verano.

Ήταν ένα νέο είδος ζωής, σε αντίθεση με εκείνη των ήρεμων καλοκαιρινών μηνών.

Este sentimiento ya no llegaba como un mensaje sutil o distante.

Αυτό το συναίσθημα δεν ερχόταν πλέον ως ένα ανεπαίσθητο ή μακρινό μήνυμα.

Ahora los pájaros hablaban de esta vida y las ardillas parloteaban sobre ella.

Τώρα τα πουλιά μιλούσαν για αυτή τη ζωή, και οι σκίουροι φλυαρούσαν γι' αυτήν.

Incluso la brisa susurraba advertencias a través de los árboles silenciosos.

Ακόμα και το αεράκι ψιθύριζε προειδοποιήσεις μέσα από τα σιωπηλά δέντρα.

Varias veces se detuvo y olió el aire fresco de la mañana.

Σταμάτησε αρκετές φορές και μύρισε τον καθαρό πρωινό αέρα.

Allí leyó un mensaje que le hizo avanzar más rápido.

Διάβασε ένα μήνυμα εκεί που τον έκανε να πηδήξει μπροστά πιο γρήγορα.

Una fuerte sensación de peligro lo llenó, como si algo hubiera salido mal.

Ένα έντονο αίσθημα κινδύνου τον κατέκλυσε, σαν κάτι να είχε πάει στραβά.

Temía que se avecinara una calamidad, o que ya hubiera ocurrido.

Φοβόταν ότι η συμφορά ερχόταν—ή είχε ήδη έρθει.

Cruzó la última cresta y entró en el valle de abajo.

Διέσχισε την τελευταία κορυφογραμμή και μπήκε στην κοιλάδα από κάτω.

Se movió más lentamente, alerta y cauteloso con cada paso.

Κινούνταν πιο αργά, πιο σε εγρήγορση και προσεκτικός με κάθε βήμα.

A tres millas de distancia encontró un nuevo rastro que lo hizo ponerse rígido.

Τρία μίλια μακριά βρήκε ένα φρέσκο ίχνος που τον έκανε να νιώσει άκαμπτος.

El cabello de su cuello se onduló y se erizó en señal de alarma.

Τα μαλλιά κατά μήκος του λαιμού του κυματίζονταν και φουσκώνονταν από ανησυχία.

El sendero conducía directamente al campamento donde Thornton esperaba.

Το μονοπάτι οδηγούσε κατευθείαν προς το στρατόπεδο όπου περίμενε ο Θόρντον.

Buck se movió más rápido ahora, su paso era silencioso y rápido.

Ο Μπακ κινούνταν πιο γρήγορα τώρα, με το βήμα του σιωπηλό και γρήγορο.

Sus nervios se tensaron al leer señales que otros no verían.

Τα νεύρα του σφίχτηκαν καθώς διάβαζε σημάδια που άλλοι θα προσπερνούσαν.

Cada detalle del recorrido contaba una historia, excepto la pieza final.

Κάθε λεπτομέρεια στο μονοπάτι έλεγε μια ιστορία — εκτός από το τελευταίο κομμάτι.

Su nariz le contaba sobre la vida que había transcurrido por allí.

Η μύτη του τού έλεγε για τη ζωή που είχε περάσει με αυτόν τον τρόπο.

El olor le dio una imagen cambiante mientras lo seguía de cerca.

Η μυρωδιά του έδωσε μια μεταβαλλόμενη εικόνα καθώς τον ακολουθούσε από κοντά.

Pero el bosque mismo había quedado en silencio; anormalmente quieto.

Αλλά το ίδιο το δάσος είχε ηρεμήσει· αφύσικα ακίνητο.

Los pájaros habían desaparecido, las ardillas estaban escondidas, silenciosas y quietas.

Τα πουλιά είχαν εξαφανιστεί, οι σκίουροι ήταν κρυμμένοι, σιωπηλοί και ακίνητοι.

Sólo vio una ardilla gris, tumbada sobre un árbol muerto.

Είδε μόνο έναν γκρίζο σκίουρο, πεσμένο πάνω σε ένα ξερό δέντρο.

La ardilla se mimetizó, rígida e inmóvil como una parte del bosque.

Ο σκίουρος ενσωματώθηκε, άκαμπτος και ακίνητος σαν ένα κομμάτι του δάσους.

Buck se movía como una sombra, silencioso y seguro entre los árboles.

Ο Μπακ κινούνταν σαν σκιά, σιωπηλός και σίγουρος μέσα από τα δέντρα.

Su nariz se movió hacia un lado como si una mano invisible la tirara.

Η μύτη του τινάχτηκε στο πλάι σαν να την τράβηξε κάποιο αόρατο χέρι.

Se giró y siguió el nuevo olor hasta lo profundo de un matorral.

Γύρισε και ακολούθησε τη νέα μυρωδιά βαθιά μέσα σε ένα πυκνό δάσος.

Allí encontró a Nig, que yacía muerto, atravesado por una flecha.

Εκεί βρήκε τον Νιγκ, ξαπλωμένο νεκρό, τρυπημένο από ένα βέλος.

La flecha atravesó su cuerpo y aún se le veían las plumas.

Το βέλος πέρασε καθαρά μέσα από το σώμα του, με τα φτερά να φαίνονται ακόμα.

Nig se arrastró hasta allí, pero murió antes de llegar para recibir ayuda.

Ο Νιγκ είχε φτάσει εκεί συρόμενος, αλλά πέθανε πριν φτάσει σε βοήθεια.

Cien metros más adelante, Buck encontró otro perro de trineo.

Εκατό μέτρα πιο πέρα, ο Μπακ βρήκε ένα άλλο σκυλί για έλκηθρο.

Era un perro que Thornton había comprado en Dawson City.

Ήταν ένας σκύλος που ο Θόρντον είχε αγοράσει πίσω στο Ντόσον Σίτι.

El perro se encontraba en una lucha a muerte, agitándose con fuerza en el camino.

Ο σκύλος πάλευε με τον θάνατο, σπαρταρώντας με δύναμη στο μονοπάτι.

Buck pasó a su alrededor, sin detenerse, con los ojos fijos hacia adelante.

Ο Μπακ πέρασε από δίπλα του, χωρίς να σταματήσει, με τα μάτια καρφωμένα μπροστά.

Desde la dirección del campamento llegaba un canto distante y rítmico.

Από την κατεύθυνση του στρατοπέδου ακουγόταν μια μακρινή, ρυθμική ψαλμωδία.

Las voces subían y bajaban en un tono extraño, inquietante y cantarín.

Οι φωνές υψώνονταν και χαμήλωναν σε έναν παράξενο, απόκοσμο, τραγουδιστό τόνο.

Buck se arrastró hacia el borde del claro en silencio.

Ο Μπακ σύρθηκε σιωπηλός προς την άκρη του ξέφωτου.

Allí vio a Hans tendido boca abajo, atravesado por muchas flechas.

Εκεί είδε τον Χανς να είναι ξαπλωμένος μπρούμυτα, τρυπημένος με πολλά βέλη.

Su cuerpo parecía el de un puercoespín, erizado de plumas.

Το σώμα του έμοιαζε με ακανθόχοιρο, γεμάτο φτερωτά στελέχη.

En ese mismo momento, Buck miró hacia la cabaña en ruinas.

Την ίδια στιγμή, ο Μπακ κοίταξε προς το ερειπωμένο καταφύγιο.

La visión hizo que se le erizara el pelo de la nuca y de los hombros.

Το θέαμα έκανε τις τρίχες να σηκώνονται άκαμπτες στον λαιμό και τους ώμους του.

Una tormenta de furia salvaje recorrió todo el cuerpo de Buck.

Μια θύελλα άγριας οργής σάρωσε ολόκληρο το σώμα του Μπακ.

Gruñó en voz alta, aunque no sabía que lo había hecho.

Γρύλισε δυνατά, αν και δεν ήξερε ότι το είχε κάνει.

El sonido era crudo, lleno de furia aterradora y salvaje.

Ο ήχος ήταν ωμός, γεμάτος τρομακτική, άγρια οργή.

Por última vez en su vida, Buck perdió la razón ante la emoción.

Για τελευταία φορά στη ζωή του, ο Μπακ έχασε τη λογική του προς όφελος του συναισθήματος.

Fue el amor por John Thornton lo que rompió su cuidadoso control.

Ήταν η αγάπη για τον Τζον Θόρντον που έσπασε τον προσεκτικό του έλεγχο.

Los Yeehats estaban bailando alrededor de la cabaña de abetos en ruinas.

Οι Γίχατς χόρευαν γύρω από το κατεστραμμένο σπιτάκι από έλατα.

Entonces se escuchó un rugido y una bestia desconocida cargó hacia ellos.

Τότε ακούστηκε ένα βρυχηθμό—και ένα άγνωστο θηρίο όρμησε προς το μέρος τους.

Era Buck; una furia en movimiento; una tormenta viviente de venganza.

Ήταν ο Μπακ· μια οργή σε κίνηση· μια ζωντανή θύελλα εκδίκησης.

Se arrojó en medio de ellos, loco por la necesidad de matar.

Ρίχτηκε ανάμεσά τους, τρελός από την ανάγκη να σκοτώσει.

Saltó hacia el primer hombre, el jefe Yeehat, y acertó.

Όρμησε πάνω στον πρώτο άντρα, τον αρχηγό των Γίχατ, και χτύπησε άψογα.

Su garganta fue desgarrada y la sangre brotó a chorros.

Ο λαιμός του ήταν σκισμένος και το αίμα έτρεχε σαν ρυάκι.

Buck no se detuvo, sino que desgarró la garganta del siguiente hombre de un salto.

Ο Μπακ δεν σταμάτησε, αλλά έσκισε το λαιμό του διπλανού άντρα με ένα πήδημα.

Era imparable: desgarraba, cortaba y nunca se detenía a descansar.

Ήταν ασταμάτητος—ξεσκίζοντας, κόβοντας κομμάτια, χωρίς να σταματά ποτέ για να ξεκουραστεί.

Se lanzó y saltó tan rápido que sus flechas no pudieron tocarlo.

Πήδηξε και όρμησε τόσο γρήγορα που τα βέλη τους δεν μπορούσαν να τον αγγίξουν.

Los Yeehats estaban atrapados en su propio pánico y confusión.

Οι Γίχατς είχαν παγιδευτεί στον πανικό και τη σύγχυση τους.

Sus flechas no alcanzaron a Buck y se alcanzaron entre sí.

Τα βέλη τους αστόχησαν στον Μπακ και αντ' αυτού χτυπήθηκαν το ένα το άλλο.

Un joven le lanzó una lanza a Buck y golpeó a otro hombre.

Ένας νεαρός πέταξε ένα δόρυ στον Μπακ και χτύπησε έναν άλλο άντρα.

La lanza le atravesó el pecho y la punta le atravesó la espalda.

Το δόρυ διαπέρασε το στήθος του, με την αιχμή του να διαπερνά την πλάτη του.

El terror se apoderó de los Yeehats y se retiraron por completo.

Ο τρόμος κατέκλυσε τους Γίχατς και οπισθοχώρησαν πλήρως.

Gritaron al Espíritu Maligno y huyeron hacia las sombras del bosque.

Φώναξαν για το Κακό Πνεύμα και έφυγαν τρέχοντας στις σκιές του δάσους.

En verdad, Buck era como un demonio mientras perseguía a los Yeehats.

Πραγματικά, ο Μπακ ήταν σαν δαίμονας καθώς κυνηγούσε τους Γιχατς.

Él los persiguió a través del bosque, derribándolos como si fueran ciervos.

Τους κυνηγούσε τρέχοντας μέσα στο δάσος, φέρνοντάς τους κάτω σαν ελάφια.

Se convirtió en un día de destino y terror para los asustados Yeehats.

Έγινε μια μέρα μοίρας και τρόμου για τους φοβισμένους Γίχατς.

Se dispersaron por toda la tierra, huyendo lejos en todas direcciones.

Σκορπίστηκαν σε όλη τη γη, τρέχοντας μακριά προς κάθε κατεύθυνση.

Pasó una semana entera antes de que los últimos supervivientes se reunieran en un valle.

Πέρασε μια ολόκληρη εβδομάδα προτού οι τελευταίοι επιζώντες συναντηθούν σε μια κοιλάδα.

Sólo entonces contaron sus pérdidas y hablaron de lo sucedido.

Μόνο τότε μέτρησαν τις απώλειές τους και μίλησαν για το τι συνέβη.

Buck, después de cansarse de la persecución, regresó al campamento en ruinas.

Ο Μπακ, αφού κουράστηκε από την καταδίωξη, επέστρεψε στο ερειπωμένο στρατόπεδο.

Encontró a Pete, todavía en sus mantas, muerto en el primer ataque.

Βρήκε τον Πιτ, ακόμα σκεπασμένο με τις κουβέρτες του, νεκρό στην πρώτη επίθεση.

Las señales de la última lucha de Thornton estaban marcadas en la tierra cercana.

Σημάδια της τελευταίας μάχης του Θόρντον ήταν εμφανή στο χώμα κοντά.

Buck siguió cada rastro, olfateando cada marca hasta un punto final.

Ο Μπακ ακολούθησε κάθε ίχνος, μυρίζοντας κάθε σημάδι μέχρι το τελευταίο σημείο.

En el borde de un estanque profundo, encontró al fiel Skeet, tumbado inmóvil.

Στην άκρη μιας βαθιάς λίμνης, βρήκε τον πιστό Σκιτ, ξαπλωμένο ακίνητο.

La cabeza y las patas delanteras de Skeet estaban en el agua, inmóviles por la muerte.

Το κεφάλι και τα μπροστινά πόδια του Σκιτ ήταν μέσα στο νερό, ακίνητα μέσα στον θάνατο.

La piscina estaba fangosa y contaminada por el agua que salía de las compuertas.

Η πισίνα ήταν λασπωμένη και μολυσμένη με τα νερά των υδροφρακτών.

Su superficie nublada ocultaba lo que había debajo, pero Buck sabía la verdad.

Η θολή επιφάνειά του έκρυβε ό,τι βρισκόταν από κάτω, αλλά ο Μπακ ήξερε την αλήθεια.

Siguió el rastro del olor de Thornton hasta la piscina, pero el olor no lo condujo a ningún otro lugar.

Ακολούθησε τη μυρωδιά του Θόρντον μέσα στην πισίνα—
αλλά η μυρωδιά δεν οδηγούσε πουθενά αλλού.

No había ningún olor que indicara que salía, solo el silencio de las aguas profundas.

Δεν υπήρχε καμία μυρωδιά που να προεξείχε — μόνο η
σιωπή του βαθιού νερού.

Buck permaneció todo el día cerca de la piscina, paseando de un lado a otro del campamento con tristeza.

Όλη μέρα ο Μπακ έμεινε κοντά στην πισίνα, περπατώντας
μέσα στο στρατόπεδο με θλίψη.

Vagaba inquieto o permanecía sentado en silencio, perdido en pesados pensamientos.

Περιπλανιόταν ανήσυχα ή καθόταν ακίνητος, χαμένος σε
βαριές σκέψεις.

Él conocía la muerte; el fin de la vida; la desaparición de todo movimiento.

Γνώριζε τον θάνατο· το τέλος της ζωής· την εξαφάνιση
κάθε κίνησης.

Comprendió que John Thornton se había ido y que nunca regresaría.

Κατάλαβε ότι ο Τζον Θόρντον είχε φύγει και δεν θα
επέστρεφε ποτέ.

La pérdida dejó en él un vacío que palpitaba como el hambre.

Η απώλεια άφησε μέσα του ένα κενό που πάλλονταν σαν
πείνα.

Pero ésta era un hambre que la comida no podía calmar, por mucho que comiera.

Αλλά αυτή ήταν μια πείνα που η τροφή δεν μπορούσε να
καταπραΰνει, όσο κι αν έτρωγε.

A veces, mientras miraba a los Yeehats muertos, el dolor se desvanecía.

Κατά καιρούς, καθώς κοίταζε τους νεκρούς Γίχατς, ο πόνος
υποχωρούσε.

Y entonces un orgullo extraño surgió dentro de él, feroz y completo.

Και τότε μια παράξενη υπερηφάνεια ανέβηκε μέσα του, άγρια και ολοκληρωτική.

Había matado al hombre, la presa más alta y peligrosa de todas.

Είχε σκοτώσει τον άνθρωπο, το πιο ύπουλο και επικίνδυνο παιχνίδι από όλα.

Había matado desafiando la antigua ley del garrote y el colmillo.

Είχε σκοτώσει παραβιάζοντας τον αρχαίο νόμο του μπαστουνιού και του κυνόδοντα.

Buck olió sus cuerpos sin vida, curioso y pensativo.

Ο Μπακ μύρισε τα άψυχα σώματά τους, περίεργος και σκεπτικός.

Habían muerto con tanta facilidad, mucho más fácil que un husky en una pelea.

Είχαν πεθάνει τόσο εύκολα—πολύ πιο εύκολα από ένα χάσκι σε μια μάχη.

Sin sus armas, no tenían verdadera fuerza ni representaban una amenaza.

Χωρίς τα όπλα τους, δεν είχαν καμία πραγματική δύναμη ή απειλή.

Buck nunca volvería a temerles, a menos que estuvieran armados.

Ο Μπακ δεν επρόκειτο να τους φοβηθεί ποτέ ξανά, εκτός κι αν ήταν οπλισμένοι.

Sólo tenía cuidado cuando llevaban garrotes, lanzas o flechas.

Μόνο όταν κουβαλούσαν ρόπαλα, δόρατα ή βέλη θα πρόσεχε.

Cayó la noche y la luna llena se elevó por encima de las copas de los árboles.

Η νύχτα έπεσε και ένα ολόγιομο φεγγάρι ανέβηκε ψηλά πάνω από τις κορυφές των δέντρων.

La pálida luz de la luna bañaba la tierra con un resplandor suave y fantasmal, como el del día.

Το χλωμό φως του φεγγαριού έλουζε τη γη με μια απαλή, φαντασματική λάμψη σαν μέρα.

A medida que la noche avanzaba, Buck seguía de luto junto al estanque silencioso.

Καθώς η νύχτα βάθυνε, ο Μπακ εξακολουθούσε να θρηνεί δίπλα στη σιωπηλή λίμνη.

Entonces se dio cuenta de que había un movimiento diferente en el bosque.

Τότε αντιλήφθηκε μια διαφορετική αναταραχή στο δάσος.

El movimiento no provenía de los Yeehats, sino de algo más antiguo y más profundo.

Η αναστάτωση δεν προερχόταν από τους Γιχατς, αλλά από κάτι παλαιότερο και βαθύτερο.

Se puso de pie, con las orejas levantadas y la nariz palpando la brisa con cuidado.

Σηκώθηκε όρθιος, με τα αυτιά σηκωμένα και τη μύτη του να δοκιμάζει προσεκτικά το αεράκι.

Desde lejos llegó un grito débil y agudo que rompió el silencio.

Από μακριά ακούστηκε ένα αχνό, κοφτό ουρλιαχτό που διέκοψε τη σιωπή.

Luego, un coro de gritos similares siguió de cerca al primero.

Έπειτα, μια χορωδία παρόμοιων κραυγών ακολούθησε από κοντά την πρώτη.

El sonido se acercaba cada vez más y se hacía más fuerte a cada momento que pasaba.

Ο ήχος πλησίαζε όλο και πιο κοντά, δυναμώνοντας με κάθε λεπτό που περνούσε.

Buck conocía ese grito: venía de ese otro mundo en su memoria.

Ο Μπακ ήξερε αυτή την κραυγή — προερχόταν από εκείνον τον άλλο κόσμο που θυμόταν.

Caminó hasta el centro del espacio abierto y escuchó atentamente.

Περπάτησε μέχρι το κέντρο του ανοιχτού χώρου και άκουσε προσεκτικά.

El llamado resonó, múltiple y más poderoso que nunca.

Το κάλεσμα αντήχησε, πολύ γνωστό και πιο ισχυρό από ποτέ.

Y ahora, más que nunca, Buck estaba listo para responder a su llamado.

Και τώρα, περισσότερο από ποτέ, ο Μπακ ήταν έτοιμος να ανταποκριθεί στο κάλεσμά του.

John Thornton había muerto y ya no tenía ningún vínculo con el hombre.

Ο Τζον Θόρντον ήταν νεκρός και κανένας δεσμός με τον άνθρωπο δεν είχε απομείνει μέσα του.

El hombre y todos sus derechos humanos habían desaparecido: él era libre por fin.

Ο άνθρωπος και όλες οι ανθρώπινες αξιώσεις είχαν εξαφανιστεί—ήταν επιτέλους ελεύθερος.

La manada de lobos estaba persiguiendo carne como lo hicieron alguna vez los Yeehats.

Η αγέλη λύκων κυνηγούσε κρέας όπως κάποτε οι Γίχατς.

Habían seguido a los alces desde las tierras boscosas.

Είχαν ακολουθήσει άλκες κάτω από τις δασώδεις εκτάσεις.

Ahora, salvajes y hambrientos de presa, cruzaron hacia su valle.

Τώρα, άγριοι και πεινασμένοι για θήραμα, διέσχισαν την κοιλάδα του.

Llegaron al claro iluminado por la luna, fluyendo como agua plateada.

Μπήκαν στο φεγγαρόλουστο ξέφωτο, ρέοντας σαν ασημένιο νερό.

Buck permaneció quieto en el centro, inmóvil y esperándolos.

Ο Μπακ έμεινε ακίνητος στο κέντρο, ακίνητος και τους περίμενε.

Su tranquila y gran presencia dejó a la manada en un breve silencio.

Η ήρεμη, μεγαλοπρεπής παρουσία του άφησε την αγέλη άναυδη και σε μια σύντομη σιωπή.

Entonces el lobo más atrevido saltó hacia él sin dudarlo.

Τότε ο πιο τολμηρός λύκος όρμησε κατευθείαν πάνω του χωρίς δισταγμό.

Buck atacó rápidamente y rompió el cuello del lobo de un solo golpe.

Ο Μπακ χτύπησε γρήγορα και έσπασε τον λαιμό του λύκου με ένα μόνο χτύπημα.

Se quedó inmóvil nuevamente mientras el lobo moribundo se retorcía detrás de él.

Στάθηκε ξανά ακίνητος καθώς ο ετοιμοθάνατος λύκος στριφογύριζε πίσω του.

Tres lobos más atacaron rápidamente, uno tras otro.

Τρεις ακόμη λύκοι επιτέθηκαν γρήγορα, ο ένας μετά τον άλλον.

Todos retrocedieron sangrando, con la garganta o los hombros destrozados.

Ο καθένας υποχωρούσε αιμορραγώντας, με κομμένους τους λαιμούς ή τους ώμους.

Eso fue suficiente para que toda la manada se lanzara a una carga salvaje.

Αυτό ήταν αρκετό για να πυροδοτήσει ολόκληρη την αγέλη σε μια άγρια επιδρομή.

Se precipitaron juntos, demasiado ansiosos y apiñados para golpear bien.

Όρμησαν όλοι μαζί, πολύ πρόθυμοι και συνωστισμένοι για να χτυπήσουν καλά.

La velocidad y habilidad de Buck le permitieron mantenerse por delante del ataque.

Η ταχύτητα και η επιδεξιότητα του Μπακ του επέτρεψαν να προηγείται της επίθεσης.

Giró sobre sus patas traseras, chasqueando y golpeando en todas direcciones.

Γυρίστηκε στα πίσω του πόδια, σπάζοντας και χτυπώντας προς όλες τις κατευθύνσεις.

Para los lobos, esto parecía como si su defensa nunca se abriera ni flaqueara.

Στους λύκους, αυτό φαινόταν σαν η άμυνά του να μην άνοιξε ποτέ ή να μην έχασε.

Se giró y atacó tan rápido que no pudieron alcanzarlo.

Γύρισε και χτύπησε τόσο γρήγορα που δεν μπορούσαν να τον ακολουθήσουν.

Sin embargo, su número le obligó a ceder terreno y retroceder.

Παρ 'όλα αυτά, ο αριθμός τους τον ανάγκασε να υποχωρήσει και να υποχωρήσει.

Pasó junto a la piscina y bajó al lecho rocoso del arroyo.

Πέρασε την πισίνα και κατέβηκε στην βραχώδη κοίτη του ρυακιού.

Allí se topó con un empinado banco de grava y tierra.

Εκεί συνάντησε μια απότομη πλαγιά από χαλίκια και χώμα.

Se metió en un rincón cortado durante la antigua excavación de los mineros.

Έπεσε σε μια γωνιακή τομή κατά τη διάρκεια του παλιού σκάψιματος των ανθρακωρύχων.

Ahora, protegido por tres lados, Buck se enfrentaba únicamente al lobo frontal.

Τώρα, προστατευμένος από τρεις πλευρές, ο Μπακ αντιμετώπιζε μόνο τον μπροστινό λύκο.

Allí se mantuvo a raya, listo para la siguiente ola de asalto.

Εκεί, στεκόταν σε απόσταση, έτοιμος για το επόμενο κύμα επίθεσης.

Buck se mantuvo firme con tanta fiereza que los lobos retrocedieron.

Ο Μπακ κράτησε τη θέση του τόσο σθεναρά που οι λύκοι υποχώρησαν.

Después de media hora, estaban agotados y visiblemente derrotados.

Μετά από μισή ώρα, ήταν εξαντλημένοι και εμφανώς ηττημένοι.

Sus lenguas colgaban y sus colmillos blancos brillaban a la luz de la luna.

Οι γλώσσες τους κρέμονταν έξω, τα λευκά τους δόντια έλαμπαν στο φως του φεγγαριού.

Algunos lobos se tumbaron, con la cabeza levantada y las orejas apuntando hacia Buck.

Μερικοί λύκοι ξάπλωσαν, με τα κεφάλια σηκωμένα, τα αυτιά τεντωμένα προς τον Μπακ.

Otros permanecieron inmóviles, alertas y observando cada uno de sus movimientos.

Άλλοι στέκονταν ακίνητοι, σε εγρήγορση και παρακολουθούσαν κάθε του κίνηση.

Algunos se acercaron a la piscina y bebieron agua fría.

Μερικοί περιπλανήθηκαν στην πισίνα και ήπιαν κρύο νερό.

Entonces un lobo gris, largo y delgado, se acercó sigilosamente.

Τότε ένας ψηλός, αδύνατος γκρίζος λύκος σέρθηκε μπροστά με απαλό τρόπο.

Buck lo reconoció: era el hermano salvaje de antes.

Ο Μπακ τον αναγνώρισε — ήταν ο άγριος αδερφός από πριν.

El lobo gris gimió suavemente y Buck respondió con un gemido.

Ο γκρίζος λύκος γκρίνιαξε απαλά, και ο Μπακ απάντησε με ένα γκρίνια.

Se tocaron las narices, en silencio y sin amenaza ni miedo.

Άγγιξαν μύτες, αθόρυβα και χωρίς απειλή ή φόβο.

Luego vino un lobo más viejo, demacrado y lleno de cicatrices por muchas batallas.

Στη συνέχεια ήρθε ένας μεγαλύτερος σε ηλικία λύκος, αδύνατος και σημαδεμένος από πολλές μάχες.

Buck empezó a gruñir, pero se detuvo y olió la nariz del viejo lobo.

Ο Μπακ άρχισε να γρυλίζει, αλλά σταμάτησε και μύρισε τη μύτη του γέρου λύκου.

El viejo se sentó, levantó la nariz y aulló a la luna.

Ο γέρος κάθισε, σήκωσε τη μύτη του και ούρλιαξε στο φεγγάρι.

El resto de la manada se sentó y se unió al largo aullido.

Η υπόλοιπη αγέλη κάθισε και συμμετείχε στο μακρύ ουρλιαχτό.

Y ahora el llamado llegó a Buck, inconfundible y fuerte.

Και τώρα το κάλεσμα ήρθε στον Μπακ, αλάνθαστο και δυνατό.

Se sentó, levantó la cabeza y aulló con los demás.

Κάθισε, σήκωσε το κεφάλι του και ούρλιαξε μαζί με τους άλλους.

Cuando terminaron los aullidos, Buck salió de su refugio rocoso.

Όταν σταμάτησαν τα ουρλιαχτά, ο Μπακ βγήκε από το βραχώδες καταφύγιό του.

La manada se cerró a su alrededor, olfateando con amabilidad y cautela.

Η αγέλη σφίχτηκε γύρω του, οσφραίνοντάς τον ευγενικά και επιφυλακτικά.

Entonces los líderes dieron un grito y salieron corriendo hacia el bosque.

Τότε οι αρχηγοί έβγαλαν μια κραυγή και έτρεξαν στο δάσος.

Los demás lobos los siguieron, aullando a coro, salvajes y rápidos en la noche.

Οι άλλοι λύκοι ακολούθησαν, ουρλιάζοντας σε χορωδία, άγριοι και γρήγοροι μέσα στη νύχτα.

Buck corrió con ellos, al lado de su hermano salvaje, aullando mientras corría.

Ο Μπακ έτρεξε μαζί τους, δίπλα στον άγριο αδερφό του, ουρλιάζοντας καθώς έτρεχε.

Aquí la historia de Buck llega bien a su fin.

Εδώ, η ιστορία του Μπακ φτάνει για τα καλά στο τέλος της.

En los años siguientes, los Yeehat notaron lobos extraños.

Στα χρόνια που ακολούθησαν, οι Yeehats παρατήρησαν παράξενους λύκους.

Algunos tenían la cabeza y el hocico de color marrón y el pecho de color blanco.

Κάποιοι είχαν καφέ χρώμα στο κεφάλι και τη μουσούδα τους, άσπρο στο στήθος.

Pero aún más temían una figura fantasmal entre los lobos.

Αλλά ακόμη περισσότερο, φοβόντουσαν μια φαντασματική φιγούρα ανάμεσα στους λύκους.

Hablaban en susurros del Perro Fantasma, líder de la manada.

Μιλούσαν ψιθυριστά για τον Σκύλο-Φάντασμα, τον αρχηγό της αγέλης.

Este perro fantasma tenía más astucia que el cazador Yeehat más audaz.

Αυτό το Σκυλί-Φάντασμα είχε περισσότερη πονηριά από τον πιο τολμηρό κυνηγό Γίχατ.

El perro fantasma robó de los campamentos en pleno invierno y destrozó sus trampas.

Το σκυλί-φάντασμα έκλεβε από καταυλισμούς μέσα στο βαθύ χειμώνα και έσκιζε τις παγίδες τους.

El perro fantasma mató a sus perros y escapó de sus flechas sin dejar rastro.

Το σκυλί-φάντασμα σκότωσε τα σκυλιά τους και ξέφυγε από τα βέλη τους χωρίς να αφήσει ίχνη.

Incluso sus guerreros más valientes temían enfrentarse a este espíritu salvaje.

Ακόμα και οι πιο γενναίοι πολεμιστές τους φοβόντουσαν να αντιμετωπίσουν αυτό το άγριο πνεύμα.

No, la historia se vuelve aún más oscura a medida que pasan los años en la naturaleza.

Όχι, η ιστορία γίνεται ακόμη πιο σκοτεινή, καθώς τα χρόνια περνούν στην άγρια φύση.

Algunos cazadores desaparecen y nunca regresan a sus campamentos distantes.

Μερικοί κυνηγοί εξαφανίζονται και δεν επιστρέφουν ποτέ στα μακρινά τους στρατόπεδα.

Otros aparecen con la garganta abierta, muertos en la nieve.

Άλλοι βρίσκονται με ανοιχτούς τους λαιμούς, σκοτωμένοι στο χιόνι.

Alrededor de sus cuerpos hay huellas más grandes que las que cualquier lobo podría dejar.

Γύρω από τα σώματά τους υπάρχουν ίχνη—μεγαλύτερα από όσα θα μπορούσε να κάνει οποιοσδήποτε λύκος.

Cada otoño, los Yeehats siguen el rastro del alce.

Κάθε φθινόπωρο, οι Yeehats ακολουθούν τα ίχνη της άλκης.

Pero evitan un valle con el miedo grabado en lo profundo de sus corazones.

Αλλά αποφεύγουν μια κοιλάδα με τον φόβο χαραγμένο βαθιά στην καρδιά τους.

Dicen que el valle fue elegido por el Espíritu Maligno para vivir.

Λένε ότι η κοιλάδα έχει επιλεγεί από το Κακό Πνεύμα για το σπίτι του.

Y cuando se cuenta la historia, algunas mujeres lloran junto al fuego.

Και όταν λέγεται η ιστορία, μερικές γυναίκες κλαίνε δίπλα στη φωτιά.

Pero en verano, un visitante llega a ese tranquilo valle sagrado.

Αλλά το καλοκαίρι, ένας επισκέπτης έρχεται σε εκείνη την ήσυχη, ιερή κοιλάδα.

Los Yeehats no saben de él, ni tampoco pueden entenderlo.

Οι Γίχατς δεν τον γνωρίζουν, ούτε μπορούν να τον καταλάβουν.

El lobo es grande, revestido de gloria, como ningún otro de su especie.

Ο λύκος είναι ένας σπουδαίος λύκος, ντυμένος με δόξα, σαν κανέναν άλλον του είδους του.

Él solo cruza el bosque verde y entra en el claro.

Μόνος του διασχίζει ένα καταπράσινο δάσος και μπαίνει στο ξέφωτο του δάσους.

Allí, el polvo dorado de los sacos de piel de alce se filtra en el suelo.

Εκεί, χρυσή σκόνη από σάκους από δέρμα άλκης εισχωρεί στο χώμα.

La hierba y las hojas viejas han ocultado el amarillo al sol.

Το γρασίδι και τα παλιά φύλλα έχουν κρύψει το κίτρινο από τον ήλιο.

Aquí, el lobo permanece en silencio, pensando y recordando.

Εδώ, ο λύκος στέκεται σιωπηλός, σκεπτόμενος και θυμούμενος.

Aúlla una vez, largo y triste, antes de darse la vuelta para irse.

Ουρλιάζει μια φορά —μακριά και θλιμμένη— πριν γυρίσει να φύγει.

Pero no siempre está solo en la tierra del frío y la nieve.

Ωστόσο, δεν είναι πάντα μόνος στη χώρα του κρύου και του χιονιού.

Cuando las largas noches de invierno descienden sobre los valles inferiores.

Όταν οι μακριές χειμωνιάτικες νύχτες πέφτουν στις χαμηλότερες κοιλάδες.

Cuando los lobos persiguen a la presa a través de la luz de la luna y las heladas.

Όταν οι λύκοι ακολουθούν το θήραμα μέσα στο φως του φεγγαριού και τον παγετό.

Luego corre a la cabeza del grupo, saltando alto y salvajemente.

Έπειτα τρέχει επικεφαλής της αγέλης, πηδώντας ψηλά και ξέφρενα.

Su figura se eleva sobre las demás y su garganta está llena de canciones.

Το σχήμα του υψώνεται πάνω από τους άλλους, ο λαιμός του ζει από το τραγούδι.

Es la canción del mundo más joven, la voz de la manada.

Είναι το τραγούδι του νεότερου κόσμου, η φωνή της αγέλης.

Canta mientras corre: fuerte, libre y eternamente salvaje.

Τραγουδάει καθώς τρέχει—δυνατός, ελεύθερος και για πάντα άγριος.